당신이 아직 결혼하지 않은 이유

당신이 아직 결혼하지 않은 이유

연애만 하고 싶은 여자들에게 날리는 돌직구

트레이시 맥밀런 지음 | 이주혜 옮김

21세기북스

이 책이 필요한 38가지 이유

솔직하게 답하고 확신이 서지 않는 문항은 그냥 넘어가도 좋다.

사실 혹은 거짓

☐ **01** 가끔 연애란 게 뭐 그리 대수인가 하는 생각이 든다.

☐ **02** 나는 언제나 내가 이기는 게 좋다.

☐ **03** 있는 그대로의 내 모습으로 사랑받고 싶다.

☐ **04** 늘 일에 파묻혀 산다. 그래서 사무실 칸막이에 페인트칠을 해볼까 생각해본 적도 있다.

☐ **05** 다정한 사람들을 보면 짜증이 솟는다.

☐ **06** 대자녀가 두 명 이상 있다(대자녀가 늘어날 때마다 1점씩 추가).

☐ **07** 남자가 가난하거나 어리석지 않다면 외모는 별로 중요하지 않다.

☐ **08** 직업과 상관없는 분야의 석·박사 학위가 있다.

☐ **09** 누구하고도 바람을 피워본 적이 없다 – 그때 딱 한 번만 빼고.

☐ **10** 임신과 출산을 생각해보면 내 나이는 "흥, 그쯤이야"와 "오, 말도 안 돼" 사이에 위치한다.

☐ **11** 남자들은 "아잉" 몇 번이면 사랑에 빠진다.

☐ **12** 남자의 휴대전화나 컴퓨터를 뒤져본 적이 있다.

☐ **13** 남자의 휴대전화나 컴퓨터에서 이메일이나 문자메시지를 내 것으로 재전송한 적이 있다(3점 추가).

☐ **14** 일하는 남자 앞에 예고 없이 나타난 적이 있다.

☐ **15** 내 투자도 받지 않고 어떻게 중국의 만리장성을 쌓았는지 가끔 궁금하다.

☐ **16** '애정 결핍'이라는 말을 들어본 적이 있다. 정말 말도 안 되는 소리다.

☐ **17** 문자나 음성메시지로 결별한 적이 있다.

☐ **18** 인터넷에서 남자의 사진을 보고 그와의 결혼을 진지하게 생각해본 적이 있다(실제로 그 남자와 결혼했다면 10점 추가).

☐ **19** 나는 분명히 신기가 있다.

☐ **20** 모두 합해 5년 이상 상담치료를 받아보았다.

☐ **21** 연예잡지를 정기 구독한다.

☐ **22** 남편감이 나타나면 곧장 그만두겠다고 다짐한 행동이나 습관이 있다.

☐ **23** 쿨하게 보내주기는 별로 쿨하지 않다. 나는 매달리는 게 좋다.

☐ **24** 나보다 직업, 외모, 집안이 뛰어난 사람과 사귀고 싶다.

☐ **25** 때로 내가 뚱뚱하다고/못생겼다고/어리석다고 생각한다. 하지만 자존감이 낮은 것은 아니다.

☐ **26** 책장에 자기계발서가 가득하다.

☐ **27** 『트와일라잇』을 읽어봤다(다 읽었다면 3점, 영화를 예매하고 봤다면 7점, 밤새 줄을 서서 기다렸다면 23점 추가).

☐ **28** 「싱글 레이디」 춤을 춰본 적이 있다.

☐ **29** 만난 지 일주일도 안 된 남자의 별자리를 찾아본다.

☐ **30** 인물 검색 사이트를 알고 있다.

☐ **31** 남자에게 귀여운 이메일이나 문자메시지 그리고 동물 인형 등을 보낸 적이 있다. 심지어 사귀지 않는 남자에게도.

☐ **32** 내 아빠는 거짓말쟁이, 사기꾼, 도박꾼, 범죄자, 비열한 남자였다.

☐ **33** 내 엄마는 술꾼, 우울증환자, 버럭증환자, 뛰어난 미인, 패셔니스타였다.

☐ **34** 내 형제자매는 나보다 외모가 뛰어나고 영리하고 튼튼하고 거만했다.

☐ **35** 우리 집 개는 걸핏하면 발정이 났거나 다른 심리적인 문제가 있었다.

☐ **36** 내 아이들을 위해 미리 정해놓은 이름이 있다.

☐ **37** 내가 싱글인 이유를 이해할 수가 없다.

☐ **38** 결혼은 미친 짓이다. 그리고 남자들은 재수 없다.

점수를 합산해보라.

대답이 '그렇다'일 경우 1점씩 더하고 괄호에 적힌 대로 추가 점수를 더하라. 솔직할 것.

1~9점 당신은 어쩌면 이 책이 필요한 사람

그러나 당신은 이미 이 책에 실린 내용을 다 안다고 확신할 것이다. 그러니 빨리 읽어치우고 아직 싱글인 친구, 자매, 직장 동료에게 한 권 사줘라. 완전히 어이없고 한심한 책이라서 주는 거라고 말해라. 다 읽고 나서 둘이 만나 책이 얼마나 틀렸는지 실컷 비웃어보자고 제안해라. 그러나 어쨌든 그녀가 뭔가를 배우게 될 테니, 당신의 거짓말을 용서해달라고 하늘에 빌어라.

10~19점 당신은 이 책이 필요한 사람

의학계에는 '괜찮습니다'가 있고 '괜찮기는 하지만 아무래도 조심하는 게 좋겠습니다'가 있다. 당신은 후자다. 자신에게 무슨 일이 벌어지는지 몰라도 절대로 행복한 연애를 하지 못할 정도는 아니다. 다만 자신에 대해 안다면 훨씬 더 빨리 행복한 연애를 할 수 있다. 마치 곰팡이 감염처럼 오래 기다릴수록 악화된다. 먼저 어떤 곰팡이를 상대하고 있는지 정확히 알아야 한다. 그리고 이 책을 다 읽고 나면 알게 될 것이다.

20~29점 당신은 이 책이 정말로 필요한 사람

당신의 애정생활은 먹고 마시고 담배를 피우며 날려 보낸 한 해의 마지막 날과 같다. 녹초가 되어 있는 것이다. 누구도 당신이 실컷 놀았음을 부인하지 않지만 이제 한 해가 끝나 뭔가를 결심하고 또 그 결심을 깨뜨리느라 분주한 새해가 왔음에 당신은 안도하고 있다. 당신에게 이 책은 1월 1일과 같다. 모든 것을 새로 시작할 기회다. 그리고 이번에는 제대로 할 수 있다. 작심삼일이 될까 두렵더라도 너무 걱정하지 마라. 책에서 배운 것들이 그 결심을 끝까지 지켜줄 것이다.

30점 이상 당신은 이 책이 정말, 정말, 정말 필요한 사람

당신은 이미 당신의 애정생활이 삐걱대고 있음을 안다. 다만 애정생활이 통째로 삐걱대고 있음을 몰랐을 뿐. 그러나 실망하지 마라. 지금 상태로 남아 있기보다는 개선을 위해 노력하는 것이 훨씬 쉽고 즐거울 것이다. 지금 상태란 부정적인 상태를 의미한다. 그 편이 훨씬 힘들다.

20대는 괜찮았다. 일하고, 쇼핑하고, 주말에는 술 마시고, 남자 친구와 (혹은 그 누구와) 섹스를 했다. 반드시 이 순서대로는 아니었지만. 그리고 무슨 일이 생겼다. 어쩌면 또 한 번의 생일이었을 수도 있고 애인과의 결별이었을 수도 있다. 가장 친한 친구의 결혼식이었을지도 모르겠다. 그 일은 갑자기 찾아왔다. 당신은 제이크루의 그럭저럭 봐줄 만한 옷을 입고 결혼식장으로 들어가고 있다—귀여운 부츠와 청재킷을 곁들였다면 전혀 다른 느낌을 주었을 텐데. 그러다 문득 친구의 신랑을 바라보면서 생애 처음으로 미칠 것 같은 뭔가—감정?—를 느낀다. 심지어 그가 평소 특별히 원했던 이상형도 아닌데 말이다.

왜 나는 아직 결혼을 못했지? 왜 결혼할 기미조차 보이지 않는 거지?

이성적으로는 결혼하지 않은 게 전혀 잘못이 아님을 알면서도 왜 그런 감정이 생기는 것일까? 인생의 기차가 막 역을 떠나려고 하는데 자기 혼자 고장 난 발권기에서 표를 사느라 고전하는 기분이랄까? 신용카드를 긁으려고 하는데 아무 일도 일어나지 않는다. 혹시 마법 칩이 붙어 있어야만 작동되는 유럽식인가? 의문이 들기 시작한다.

당신이 내가 아는 수많은 여성과 같다면 이 책의 전반적인 목표는 그 일을 원한다는 사실을 인정하는 것만으로도 고통스러운 일을 할 수 있게 돕는 것이다. 그 일이란 바로 결혼이다.

그러나 일단 한 가지는 분명히 짚고 넘어가자. 이 책은 남자를 찾는 법에 관한 책이 아니다. 사실 남자에 대한 책도 절대 아니다. 지금쯤은 이해했을 테지만 결혼이란 결코 남자를 찾는 일이 아니다. 남자는 세상에 널리고 널렸다. 문제는 어쩌다가 당신이 그 많은 남자 중에 그 누구와도 결혼을 하지 못하고 있느냐는 것이다.

이 책은 당신에 관한 책이다. 당신이 어떤 여자인지 알아보는 책이다. 구체적으로 말하자면 당신이 결혼할 준비가 되어 있는지를 보는 책이다. 그리고 만약 아니라면 어떻게 결혼할 수 있는 여자가 되는지 알려주는 책이다. 당연히 당신은 이미 그런 여자라고 생각할 것이다. 누군들 그렇게 생각하지 않겠는가? 그러나 당신이 지닌 부정적인 속성이 무엇이고 어떻게 당신의 발목을 붙들고 있는지를 제대로 평가하기 위해 지금 당신의 위치를 제대로 솔직하게(좋다, 더 제대로 더 솔직하게) 바라보아야 한다는 것이 이 책 뒤에 숨은 생각 중 하나다. 당신이 모든 일을 잘못하고 있지는 않을 것이다. 그러나 모든 일을 잘하고 있지도 않을 것이다. 기꺼이 자신의 영혼을 솔직히 탐색해보고 그 안에서 발견한 것들을 따뜻한 마음으로 지켜본다면 한 명의 인간으로서 발전할 것이며 그 결과 결혼도 비로소 (혹은 더) 가능해질 것이다.

전제는 결혼이 사랑과 관련 있다는 점이다. 의료 브랜드인 바나나 리퍼블릭의 환상적인 광고에 나오는 그런 사랑이 아니다. 위험을 무릅쓰고, 자신의 에고를 제쳐놓고, 방어 장치를 내려놓고, 남자에게 뭔가 원해서가 아니라 그의 모습 그대로를 사랑하겠다고 결심하는 그런 사랑이다.

간단하게 말하면 다음과 같다. 당신이 아직 미혼이고 결혼하고 싶다면 사랑을 더 많이 표현해야 한다. 사랑은 더 많은 사랑을 받는 것이 아니다. 사랑을 표현하라. 사랑을 느껴라. 사랑이 되라. 곳곳에서 사랑을 보아라.

싸구려 표현이지만 마돈나의 말처럼 당신의 마음을 활짝 열어라.

남자는 마약

그렇다면 대체 내가 누구이기에 당신이 내 말에 귀를 기울여야한다는 말인가? 먼저 밝히건대, 나는 완벽한 연애 경험과 결혼 경험을 바탕으로 관련 정보를 널리 전파하는 전문가가 아니다. 오히려 정반대다. 나는 연애에 관한 한 (과거에는) 엉망진창이었지만 이를 치유하기 위해 정말 열심히 노력했다. 결국 바닥까지 내려간 여자 로버트 다우니 주니어라고 할까(남자가 마약, 금반지가 권총이라면 말이다)?

지난 10여 년간 나는 풋내기 치료사와 사랑 코치와 '교제가 아닌 성적인 관계' 후원자를 뒤섞어놓은 사람이었다. 나의 '진료'는 자판기 앞에서, 식당에서, 커피숍에서, 여자 화장실에서 이루어졌다(나는 방송작가이자 영화작가이고 그전에는 15년 동안 방송 뉴스를 썼다).

'손님'을 찾아 나선 적은 없다. 그보다는 나 자신을 진화시키기위해(나는 진정 진화가 필요했다) 온갖 주제를 파고들었고 어느새 배운 것들을 사람들에 관한 통찰력과 연애에 관한 경험을 뒤섞어서전파하게 되었다. 시간이 흐를수록 나조차 놀라울 정도로 사람들을 돕기 시작했다. 나는 베벌리힐스의 대형 쇼핑몰에서 아는 여자를 우연히 만났던 순간을 결코 잊지 못할 것이다. 그녀는 반색하며나를 붙잡았다. 2년 전 우리가 커피숍에서 나눴던 정말 멋진 대화

덕분에 지금은 사랑하는 남자와 잘살고 있다는 것이었다. 멋지지 않은가! 나는 정말 행복했다. 내가 작게나마 이 세상에 도움이 되었다니(그 커피숍에서 나눴던 대화는 '잘나가는 커리어우먼의 함정'에 담겨 있다).

그 후 그런 만남이 수없이 일어났다. 나는 수많은 여자가 결혼으로 가는 길 위에 오를 수 있게 도와주었다. 보통은 남자 구하는 법을 보여주어서가 아니라 여자로 사는 법을 알려주었기 때문이다. 그들은 자신에 대한 생각과 세상을 살아가는 법을 바꾸었고 어느새 결혼식장에 들어섰다.

나는 또한 10대 소년의 어머니이기도 하다. 이전에도 말했고 앞으로도 말하겠지만 열네 살짜리 남자아이들이란 남편의 단세포 원생동물 단계와 같다. 가끔 싱글인 여자친구들을 우리 집에 초대해 하루 동안 남자들에 관해 똑똑히 보여주고 싶다. 모든 남자가 다 철이 없다는 말은 아니다. 모든 남자의 내면에는 중학교 3학년 시절에서 절대로 벗어나지 못한 나의 내면과 일치하는 부분이 있다는 말이다. 그들을 사랑하려면 (그리고 자신을 사랑하려면) 그 부분에 대해 현실적이 되어야 한다.

나에 대해 또 알릴 게 있다. 나는 결혼과 이혼을 세 번 했다(그렇다, 세 번이다). 1980년대, 1990년대, 2000년대에 각각 한 번씩이다. 또 정신없이 바쁜 와중에도 동거했던 남자가 셋에 조금 가볍게 만나던 남자가 넷이었고 나를 사랑할 수 없었거나 사랑하지 않았던 남자가 수십 명이었다. 나는 바쁜 여자였다.

교제(와 결혼)를 수십 년 하는 동안 나는 제대로 된 관계를 수없이 망쳐버렸고 잘못된 관계를 수없이 쫓아다니면서 결국 어떤 관계가 좋고 어떤 것은 나쁜지에 대해 많이 배웠다. 이제 나는 하도 교도소에 드나들어 변호사급 법률 상식을 터득하게 된 죄수처럼 다른 사람들의 문제를 도울 수 있게 되었다. 당신이 무엇을 잘못하고 있는지 내가 이미 해봤기 때문에 안다. 게다가 나는 결혼생활과 관련해서는 상당히 수상쩍은 경력을 갖고 있음을 인정한 최초의 인간이다.

그러나 결혼한다는 것, 그것은 다른 이야기다. 내게 이유는 묻지 마라. 그러나 기꺼이 나와 결혼하고자 하는 남자를, 혹은 적어도 기꺼이 함께 살고자 하는 남자를 매료시키는 것은 내가 지닌 주요 초능력과 같다(수다스러운 것이 아주 근사한 차이로 두 번째 초능력이다). 오랜 생각 끝에 나는 다정하고 믿음직하며 남자를 심심하게 하지 않는다는 점을 제외하면 내게 딱히 특별한 점은 없다는 결론에 이르렀다. 세상에는 나보다 결혼할 능력이 많은데도 행동은 내 3분의 1도 보여주지 않는 여자들이 많다.

이 분야에서 내가 성공한 것은 기꺼이 관계에 충실하고자 하는 남자들을 향해 움직이고 그들을 선택한 나의 준비성 덕분이라고 생각한다. 게다가 (이 대목이 최고로 중요하고 그만큼 더 어렵다) 그렇지 않은 남자들을 놓아주는 자발성 덕분이기도 하다.

이 모두가 내 공이라는 생각은 하지 않는다. 크게는 내가 보육원에서 자랐다는 사실과 관계가 있다. 나는 나를 버릴 남자는 만나지 않겠다는 한 가지 목표를 가지고 있었다. 미국 대통령 중에는 신사답고 사려 깊어서 욕망은 오직 가슴에만 품는 지미 카터를 최고로 친다. 빌 클린턴 같은 남자는 다른 여자의 침대에서도 색소폰을 불 수 있다. 그런 남자와 사귀는 것보다 더 나쁜 일은 그런 남자와 결혼하는 것이고 나는 결혼을 몹시 중요하게 생각했다.

여기서 잠깐. 내가 어떻게 흰머리가 생기기 전에 결혼식장에 들어갈 수 있었는지 다들 궁금할 것이다. 그것도 몇 번씩이나. 많은 사람이 내가 세 번이나 이혼했기 때문에 나쁜 남자들과 결혼했거나 결혼이라면 아주 지긋지긋해할 것으로 생각한다. 그러나 그렇지 않다. 그간의 사연을 간단히 정리해보겠다.

남편 1 내가 두 번째로 같이 잔 남자이자 열일곱 살부터 사귄 남자(내가 거짓말을 하는 바람에 그는 내가 열아홉 살인 줄 알았다). 아주 합리적인 2년간의 구애 끝에 (배 위에서) 결혼식을 올렸다. 나보다 열 살이 많았고 MBA 학위를 소지하고 있었으며 〈포춘〉이 선정한 세계 500대 기업에 다녔다(28년이 지난 지금도 그곳에서 일한다). 한마디로 좋은 가문 출신의 좋은 남자였다. 유일한 문제는…… 나였다. 나는 너무 어려서 그런 성실함을 보여주지도 지켜주지도 못했다.

🕊 **남편 2** 13년 후 직장에서 아주 멋진 목사 아들 댄을 만났다. 사귄 지 6개월 만인 내 나이 서른한 살에 임신한 걸 알았다. 어렸을 때부터 그런 가족을 열망했기에 나는 무엇을 해야 할지 알고 있었지만 어떻게 해야 할지는 몰랐다. 버림받았다는 뼛속 깊이 박힌 생각을 극복하지 못하고 결혼 3년 만에 자연스럽게 그를 떠났다. 겨우 5킬로미터 떨어진 곳으로 이사했지만 그래도 떠난 건 떠난 것이었다. 나는 사랑할 줄 아는 남자와의 결혼생활에 뒤따르는 친밀감을 견딜 수 없었다. 변명이 아니다. 그냥 사실이다. 우리는 현재 모범적으로 공동 양육을 실천하고 있다.

🕊 **남편 3** 마지막이지만 최악은 아니었던 남자 폴. 내 나이 마흔 살에 결혼했고 마흔한 살에 이혼했다. 평생 찾아 헤맸던 남자로 한마디로 미친 듯이 끌렸다. 결국 '소울 메이트'란 '어린 시절의 가장 깊은 상처를 한꺼번에 촉발시키는 사람'이라는 뜻임을 깨닫게 해주었다. 그때는 몰랐지만 폴은 내 아버지(바람 피우기가 취미를 뛰어넘어 아예 직업이었던 남자)의 가장 좋은 점과 가장 나쁜 점을 모두 갖춘 남자였다. 결혼 8개월 만에 폴은 스물한 살짜리 여자와 사귀었고 무척 현명하게도 나는 그를 쫓아냈다. 나나 내 아들에게나 고통스럽고도 고통스러운 시기였지만 사는 것이 원래 그렇듯이 그 관계를 겪고 난 뒤 나는 많이 자유로워졌다. 진짜 자유 말이다.

특정 유형의 남자(열정적이고 섹시하지만 내 것이 될 수 없는 남자)를 향한 욕망에 사로잡혀 수많은 연애관계를 거친 뒤 나는 비로소 나의 '미스터 빅'이 무엇인지 알게 되었다. 그건 고통이다. 솔직히 나는 「섹스 앤드 더 시티」에서 미스터 빅과의 연애가 바람직하거나 심지어 있을 법하게 그려지는 것 자체가 큰 불만이다. 사실 환상적인 남자는 말 그대로 환상일 뿐이다. 마약중독자에게 물어봐라. 매일 현실을 벗어나고자 하는 것은 시간낭비일 뿐만 아니라 고통스럽기까지 하다. 그렇지 않다면 이 친구야, 누가 마약을 하지 않겠는가?

간단히 말해 내 결혼이 '실패'(사실 '몰락'이 더 적당한 표현이다)한 것은 매우 단순한 한 가지 이유 때문이다. 나는 결혼에 적당한 여자가 아니었다.

오, 그래서 그랬던 거야?

좋다. 당신이 아직 도망가지 않았다면 더 많이 사랑하고 더 멋지게 사랑하는 법을 담은, 이 재미있고, 자기계발적이고, 큰언니나 친구 같고, 영적이고, 결코 농담이 아닌 책으로 초대하고 싶다. 이 책에 담긴 원칙은 당신의 삶을 변화시킬 힘을 갖고 있다. 책을 다 읽고 나면 몇 년 만에 처음으로 희망이 느껴질 것이다. 자발적으로 해결에 나선다면 그동안 당신을 따라다녔던 문제를 해결할 수 있다는 것을 깨달았을 테니까.

총 열 개의 장이 있다. 각 장은 연애할 때 당신의 능력을 방해하는 커다란 문제를 하나씩 다루고 있다. 머리와 가슴을 열고 일단 한 번 죽 읽어보길 권한다. 그다음 당신과 관계가 있는 장으로 돌아가 일주일간 책에 담긴 생각을 품고 살아봐라. 책 안에서 제안하는 변화를 실천해보라. 그리고 다음 문제로 생각되는 장으로 넘어가라. 사랑과 연애에 관한 새로운 사고방식이 서서히 구체화할 것이다. 이는 단거리 경주가 아니다. 그렇다고 마라톤도 아니다. 바싹 마른 가을날 오래도록 근사한 산책을 하는 것과 같다. 언덕이 나타날지도 모르지만 대부분은 편안하게 즐길 수 있을 것이다. 이는 평생의 일이다.

각 장에서는 당면한 기본 문제를 먼저 논의할 것이다. 그다음 숨어 있는 핵심 문제를 살펴볼 것이다. 각 장마다 '내 삶이 들려주는 이야기'라는 코너를 마련하고 지금 당신이 저지르는 실수와 비슷한 내 실수담들을 털어놓을 것이다. 또 '그 여자가 결혼하지 않은 이유'라는 부분에서 멋진 여자들이 어떻게 일을 망치고 있는지를 잠시 엿볼 것이다. 다른 사람의 인생을 바라보면 문제를 발견해내기가 한결 쉬워서 자신의 문제를 발견하는 데도 도움이 될 것이다.

모든 장에 '그 남자가 결혼하지 않은 이유'라는 코너를 마련하고 내가 남자들로부터 배운 것들을 공유하고자 한다. 흔히 남자들이 당신을 겨냥하고 어떤 일을 하는 것이 아니라 그냥 그 일을 하고 있을 뿐인데 어쩌다가 당신이 그 근처에 있게 되었다는 사실을 이해하는 데 도움이 될 것이다. 나는 이 사실을 알고부터 남자들에게 심하게 화를 내지 않게 되었다.

그다음으로 '변화를 위한 전략'이라는 부분에서는 해결책을 알아볼 것이다. 화장을 하거나 머리를 손질하거나 남자들이 많이 다니는 슈퍼마켓 냉동식품 코너를 얼쩡거리는 것과는 아무런 상관이 없다. 남자들에 관한, 결혼에 관한, 그리고 자신에 관한 마음을 바꾸는 것과 관계가 있다. 변화는 어렵기 때문에(그렇지 않다면 다들 변화했겠지!) '변화를 위한 실천'이라는 부분으로 나갈 것이다. 예상대로 문제를 영적인 맥락에 놓아보고(걱정하지 마라, 지나치게 오글거리는 말은 하지 않을 것이다) 실질적인 변화를 이끌어내는 데 도움이 될 실천 과제를 제시해볼 것이다. 마지막으로 '당신의 친구(엄마, 직장 동료, 전 남자친구)가 알고는 있지만 말하지 않는 것들이 당신의 진짜 얼굴'이라는 부분으로 각 장을 마무리할 것이다. 여기에는 당신을 사랑하는 사람들이 엄청난 용기를 쥐어짜야만 겨우 당신에게 할 수 있는 이야기가 담겨 있다. 당신은 그런 이야기를 낯선 사람인 내게서 듣게 될 것이다. 책을 다 읽고 나면 나에 관해 당혹스러운 일들을 무척 많이 알게 되어 내가 친한 친구처럼 느껴질지도 모른다. 그게 당신의 결혼식에 나를 초대할까 말까를 잠시나마 생각이라도 해보게 된다는 뜻이기를 바란다.

미리 경고한다. 모든 것을 말하고 실천한 뒤 완벽하게 펑크록 같은 제안을 할 것이다. 즉 신을 하나 구하라고 제안할 것이다. 잠깐, 도망가지 마라. 천장에 페인트칠을 한 커다란 교회와 하늘에 사는 그 수염 기른 남자여야 하는 것은 아니다. 그저 당신에게 나쁜 영향력을 발휘하지 않는 무엇인가면 충분하다. 이성과 지성을 넘어서는 공간이 있어야 한다. 궁극적으로 결혼이란 영적인 여행이기 때문이다. 당신 같은 어린 여자에게도 예외는 아니다.

요점은 결혼이 자격 없는 사람까지 사랑해줄 장기적인 기회라는 것이다. 그리고 사랑은 언제나 영적이다. 사람은 누구나 결점이 있고 그 결점까지 사랑하는 것은 어렵기 때문이다. 대부분의 경우 남자는 당신이 원하는 대로 하지 않을 것이다. 하지만 어쨌든 그 남자를 사랑하기 때문에 그리고 자신을 친절하고 고결하고 믿음직하고 자비롭고, 무엇보다 자아를 인정하는 사람으로 변화시키고자 결심했기 때문에 당신이 내내 원했던 바로 그것, 즉 사랑을 경험하게 될 것이다.

그러니 당신이 마침내 결혼을 하게 되었다고 해도 나는 전혀 놀라지 않을 것이다.

| 차례 |

분노는 그녀의 힘
이겨야 사는 여자

1. 주위 사람들이 당신 눈치를 보는가? 그 사실이 은근히 좋은가?
2. 남자에게 잘해줘야 한다고 생각하면 열불이 나는가?
3. 과거 남자친구들에게서 방어적이라거나 다가가기 어렵다는 말을 들어본 적이 있는가?

사실 남자라면 누구나 자신에게 잘해주는 사람과 결혼하고 싶어 한다. 잘해준다는 것에는 섹스, 웃어주기, 가끔은 자발적으로 요리해주기, 빨래 개주기 등 남자가 게을러서 하기 싫어하는 일들이 포함된다. 그저 여자가 남자를 사랑한다는 이유만으로 해주는 일들. 그게 남자들이 생각하는 '잘해주기'다.

당신도 그렇게 생각하는가? 질문 자체에 열이 치솟는다면 당신은 아마 긍정의 대답을 하지 않을 것이다.

그러나 그것만으로는 '못된 여자'라고 보기 어렵다. 남자가 그런 일들을 원한다는 사실 하나만으로도 불처럼 화를 내야 진정으로 못된 여자다. 남자보다(그리고 남자를 원하는 여자보다) 자신이 더 우월하다고 느끼고 자신도 모르게 콧방귀를 끼고 입가에 늘 긴장을 달고 살기 때문에 못된 여자가 되는 것이다. 주위 사람들을 오싹하게 하는 기운을 뿜어내는 것, 그게 바로 못된 여자다. 그러나 당신은 그런 일 따위에는 조금도 신경을 쓰지 않을뿐더러 오히려 즐기고 있음을 인정해야 할 것이다. 물론 약간이지만.

그게 바로 못된 여자다.

못된 여자는 성격이라기보다 일종의 에너지에 가깝다. 그 자체로 나쁠 것은 없다. 누구나 내면에는 못된 여자가 살고 있다. 그녀는 남들에게 이용당하지 않게 우리를 보호하고 지켜주는 힘센 동지다. 그러나 인간관계에서나 삶에서나 무기는 주머니 깊숙한 곳에 감춰두어야 한다. 다시 말해 못된 여자를 발동시킬 때와 장소가 따로 있다는 말이다. 업무상 깐깐한 협상이 필요하거나 위협을 당할 때 꺼내 들어야지 데이트를 하면서 꺼내 들어서는 안 된다.

안타깝게도 못된 여자 에너지는 미혼 여자들 사이에서는 비참할 정도로 일상적이다. 아마도 못된 여자가 현대적인 여자와 동의어로 받아들여지기 때문일 것이다. 내가 성인기에 접어들었던 1980년대와 1990년대에는 못된 여자가 되는 것이 자랑스럽게 여겨지기도 했다. 심지어 못된 여자bitch가 "자기는 내 손바닥 위에 있어babe in total control, honey"나 "여기선 내 마음대로니까because

I take charge here"의 약자라는 우스개도 유행했다. 못된 여자는 침실뿐만 아니라 회의실에서도 제자리를 요구했다. 남성이 지배해온 유구한 세월로부터 일종의 보상을 받는 것이었으므로 정당했다. 그럴만했다.

그러나 연애와 결혼(그리고 그로 인한 어머니 되기까지)에 관해서라면 "자기는 내 손바닥 위에 있어"라는 말이 엄청나게 불공평하다. 사실 대부분의 남자, 그리고 여자도 이를 절대적인 계약 위반 요인으로 생각한다. 제정신이라면 어떤 남자나 여자가 자기를 완전히 쥐고 흔드는 짝을 원하겠는가?

당신이 외면한 불편한 진실들

그러므로 내가 '당신은 못된 여자'라고 하는 것은 '당신은 분노한다'는 뜻이다. 아마 당신은 자신이 분노하고 있지 않다고 생각할 것이다. 유달리 똑똑하거나 스스로 선을 긋고 있거나 왕성한 지적 호기심 탓에 논쟁을 무척 즐길 뿐이라고 생각할 것이다. 그러나 실상은 잔뜩 골을 내는 것이다. 엄마를 향해. 제약 산업을 향해. 정치인 세라 페일린을 향해. 그리고 무엇보다 남자들에게 화를 내고 있는 것이다. 남자들이 당신에게 상처를 입힐 수 있음에, 당신을 거절할 수 있음에, 그리고 그들이 당신처럼 힘 있는 여자보다 머리에 든 것 없는 스물세 살짜리 여자애들을 원한다는 사실에 분노하고 있는 것이다.

적어도 당신은 그렇게 생각하고 있다. 그러나 내 경험상 남자들은 힘 있는 여자를 싫어하지 않는다. 그들이 싫어하는 것은 감정적으로 불안정하고, 걸핏하면 짜증을 내고, 무섭고 혹독하고 차갑고, 무엇보다 사랑할 줄 모르는 여자다.

여자의 분노는 남자를 두려움에 빠뜨린다. 그렇다고 남자들이 당신에게 그런 이야기를 털어놓지는 않을 것이다. 대개 남자들도 그런 사실을 잘 모르니까. 적어도 의식적으로는 알지 못하니까. 그러나 아들을 키우고 보니 여자가 남자의 삶에 얼마나 큰 힘을 행사하고 있는지, 우리의 분노가(여기서 말하는 분노는 '양말 좀 아무 데나 벗지 마'라는 식의 분노가 아니라 '난 이렇게 생겨먹었는데 어쩌라고!' 식의 분노다) 그들에게 얼마나 깊은 영향을 끼치고 있는지 분명히 알 것 같다. 우선 남자라면 누구나 어머니가 있지 않은가!

우리 여자들이 남녀관계에서 아버지로부터 물려받은 유전적 특성을 외면할 수 없듯이 남자들 역시 어머니로부터 완전히 자유로울 수는 없다. 생후 몇 년간은 어머니가 사랑도 좌절도 꾸중도 과자도, 그야말로 모든 것을 주는 원천이기 때문이다. 어머니가 남자의 정신에 미치는 영향은 실로 엄청나다. 특별한 어머니만 그런 것이 아니다. 어떤 남자든 어머니가 한 명씩은 있기 마련이라는 소리다. 게다가 남자는 한때 어머니의 몸 안에서 살지 않았던가. 그 생각만 하면 미칠 것 같지 않은가?

그런 이유로 우리 여자들은 분노를 어떻게 표현하는지를 매우 잘 알고 있어야 한다(남자들도 마찬가지다). 결혼 한 번 하려고 남자의 두려움과 불안감까지 없애줘야 한다니, 언뜻 불공평하게 느껴질 수도 있겠다. 그러나 남자의 두려움과 불안감을 없애주는 것이야말로 아내의 역할이므로 사실 불공평한 것이 아니라 완벽한 일이다. 빈정거리는 말이 아니다. 엄마라면 아이의 두려움과 불안감을 없애주어야 한다. 직원이라면 사장의 두려움과 불안감을 없애주어야 한다. 친구 역시 마찬가지다.

자, 대충 이해가 되었다면 이제 당신의 분노에 대해 알아보자.

내 삶이 들려주는 이야기

스무 살의 나는 젊고 못된 기혼녀였다. 못된 기혼녀에 대해 잘 안다고 말하는 사람들이 가끔 있는데, 내가 바로 그런 여자였기 때문에 확실히 말할 수 있다. 내 경험상 좋은 결혼에는 못된 여자의 결혼에는 없는 사랑의 온기와 애정이 있다(그리고 이건 아둔한 남자의 결혼에서도 찾아볼 수 없다).

모두 내가 나빴기 때문이라는 말이 아니다. 나는 재미있는 대화 상대였고 대체로 상황을 흥미롭게 만들어가는 모험심도 있었다. 그러나 내 행동 반경에 경계를 세우지는 않았다. 안 그런 척하면서 다른 사람들을 깔봤다. 이 세상을 내 입맛대로 바꿔야 한다는 생

웃어라, 세상이 함께 웃을 것이다

왜 남자를 시각적인 동물이라고 하는지 아는가? 남자들이 에로틱 소설보다 포르노를 더 좋아한다는 뜻만은 아니다. 남자들이 당신에 대한 정보를 시각적으로 수집한다는 뜻이기도 하다. 다시 말해 표정과 몸짓에 주의해야 한다는 뜻이다. 괴상하게 들리겠지만 중요한 이야기다. 최고로 못된 여자에 속하는 내 친구는 자신이 어떤 표정을 짓는지 전혀 모르는 경우가 있다. 만약 알았다면 분명히 바꾸고 싶었을 것이다!

자신의 얼굴과 자세를 내면의 생각과 감정을 전달하는 시각적인 표현으로 여겨라. 습관적으로 분노와 스트레스를 생각하면 얼굴에 고스란히 드러난다. 입매가 단단히 굳고 눈빛이 딱딱해지고 입술이 뒤틀리고 버릇처럼 어깨나 팔이 경직되고 의도와는 다른 의미의 몸짓이 나타날 수 있다. 다행히 이를 다스릴 정말로 쉬운 방법이 하나 있다. 웃어라! 그리고 진심으로 웃어라. 주변 사람들의 하루가 밝아질 뿐만 아니라 당신의 기분도 한결 좋아질 것이다. 게다가 당신을 천 배는 더 매력적으로 만들어줄 것이다.

각을 적극적으로 두둔했다. 다른 사람이 (감정적인) 희생을 치르더라도 말이다.

한마디로 나는 못된 여자였다. 그리고 다음과 같이 못된 여자 노릇을 했다.

나는 강압적이었다 못된 여자의 무기고에 있는 제1의 무기다. 누군가 당신이 좋아하지 않는 일을 못하게 막을 수 있는 방법이다. 어떻게? 모든 이들이 살얼음판을 걷는 것처럼 아슬아슬한 분위기를 만드는 것이다. 나는 누구라도 내가 좋아하지 않는 화제를 꺼내려고 하거나 좋아하지 않는 일을 시작하면 곧바로 온몸을 긴장시키고 얼굴을 찡그리며(필요하면 소리도 내며) 불쾌감을 표시했다. 내 곁에 6개월 이상 머물러본 사람은 이게 무슨 뜻인지 알고 질겁하며 뒤로 물러났다. 얼마 지나지 않아 내 곁에 남은 사람은 그런 내게 동조하는 이들뿐이었고 그 탓에 나는 내가 완벽하게 싹싹한 여자라고 생각하게 되었다. 실상은 전혀 그렇지 않았음에도.

나는 조종에 능했다 조종에 능하다는 것은 물리적인 증거를 전혀 남기지 않고 은밀하게 사람들을 자신이 원하는 대로 움직이게 한다는 뜻이다. 당신의 파트너에게 다른 사람 이야기를 '아무렇지 않게' 하지만…… 그들의 행동 중 어떤 부분이 괘씸했는지를 분명하게 전달하는 식이다. 어제, 지난주, 혹은 지난달 내내 당신의 파트너에게 어떤 행동에 대해 끈질기게 말하면서 우연히도 그가 즉시 그 행동을 그만두기를 바라는 식이다. 효과가 없으면 죄책감과 위협도 등장한다. 상대방이 뭐든 당신 마음에 들지 않는 행동을 계속하면 당신은 이러다가 암에 걸리든지 곁을 떠나든지 양단간에 결정을 내릴 거라고 말한다.

나는 비판적이었다 '일을 제대로 하는 인간이 하나도 없어. 끝.' 이게 내 태도였다. 내가 다른 사람보다 낫다고 생각했고 이는 사실상 말할 필요가 없이 당연했다. 당신도 이렇게 생각한다면 당신 자신에 대해 먼저 알아야 한다.

🕊 **나는 뒤끝이 있다** 누군가 내게 어떤 일을 하면 혹은 어떤 일을 한 것으로 드러나면 주저 없이 보복에 나섰다. 상대방이 어제 했던 말을 가차 없이 지적하거나 무참하게 눌러버리거나 (개인적으로 가장 좋아하는 방식으로) 한 수 가르치는 식으로 되갚아주었다. 정말 '우웩'이다.

누가 이런 못된 아내를 원하겠는가! 무엇보다 나는 늘 이겨야 했다. 내가 무엇보다 우선으로 원한 것은, 사랑하는 사람이 되는 것보다 훨씬 많이 원했던 것은 내 남편을 지배하는 것이었다. 불합리하게 들릴 수도 있지만 사실은 그리 불합리하지 않다. 나는 쉽게 상처를 받을까 두려웠다. 그 한 사람, 그 남자에게 나를 좌우할 힘을 주는 것은 막무가내 남편이 되어도 좋다고 허락하는 것과 비슷했다. 조금 더 정확히 말하면 빛나는 검은 부츠를 신고 긴 채찍을 들고 다니다가 아무 때나 휘두르는 식으로 이 문제를 해결하려고 했다. 내가 얼마나 겁을 먹고 있었는지를 생각해보면 그런 행동이 충분히 이해되고도 남는다.

그 여자가 결혼하지 않은 이유

내 친구 리앤은 또 다른 형태의 문제를 안고 있다. 이 문제는 주로 그녀의 극단적인 독설을 통해 드러난다. 그녀는 남자도 감정을 지닌 존재임을 모르는 것 같다. 가끔은 리앤의 모습을 비디오로 찍어두었다가 그녀에게 보여주고 싶은 생각까지 든다. 리앤의 말은 폭언에 가깝기 때문이다. 자신의 모습을 본다면 잠시 속이 쓰리겠지만 최소한 남자들과의 관계에서 어떤 일이 벌어지고 있는지, 남자들이 그녀를 어떻게 느끼는지를 자신도 알게 될 것이다.

언젠가 리앤이 레스토랑에서 에릭이라는 아주 근사한 광고 감독과 만나는 장면을 지켜본 적이 있다. 나는 성실한 남자들을 알아보는 눈이 있는데 에릭도 그런 남자였다. 키는 약간 작지만 아주 귀엽고 멋졌다. 광고 감독들이 "당신은 집에서 살림만 해도 돼"라고 말할 수 있을 만큼 돈을 많이 번다는 사실은 내게 별로 중요하지 않았지만 리앤은 크게 신경 쓰는 조건이었기에 나는 이 멋진 남자가 리앤에게 관심을 보이는 것이 기뻤다.

당시 리앤은 필사적으로 남자친구를 원했지만 그 사실을 인정하는 것은 끔찍이도 싫어했다. 그녀는 필사적이고 싶지 않았다. 하지만 그때 리앤은 혼자 보낸 시간이 너무 길어지고 있어서 혹시 자신에게 뭔가 문제가 있는 것은 아닌지 고민하고 있었다. 이러한 고민을 정면으로 돌파하는 것은 너무 고통스러웠기에 그녀는 자신이 지나치게 '위협적이고' '터무니없이 멋진' 여자여서 그런 것이라고 굳게 믿기로 했다.

그때 광고 감독 에릭이 최근 작업한 맥주 광고에 대해 들려주었다. 의뢰인이 원한 편집본이 자신의 마음에 들지 않아 다시 편집했던 이야기도 말이다. 그러자 리앤이 신랄하게 비꼬았다.

"그러니까, '밀러 라이트 : 감독 판'이란 말이에요?"

남자의 얼굴에서 미소가 싹 가셨고 자신의 일에 대해 이야기를 나누던 기쁨도 사라졌다. 그녀는 자신이 무척 영리한 여자라고 생각했다.

그러나 '연애가 불가능한' 여자일 뿐이었다. 처음에는 분명 리앤에게 관심을 보였던 에릭도 결국 그녀의 전화번호를 물어보지 않았다.

리앤은 모르지만 (너무도 일반적으로 사용하는) 그녀의 방어책은 남자들이 거절하기 전에 자신이 먼저 남자들을 거절하는 것이다. 상처받을지도 모른다는 두려움, 가까워지는 것에 대한 두려움 등을 감추기 위한 가면이 바로 못된 여자다. 리앤은 남자들이 자신을 좋아하지 않는다고 비난한다. "남자들은 나를 좋아하지 않아"라고 말한다. 하지만 그녀는 사람들의 얼굴에 떠오른 미심쩍은 표정을 즐기고 있었다. 결국 그녀는 기업전문 변호사라는 성공적인 경력을 갖춘, 키가 크고 화려한 갈색 머리의 여자인 것이다. 아마 그녀는 남자들이 바라는 꿈의 여자일 것이고 바로 그 때문에 두 번째 데이트에 성공하지 못하는 현실이 곱절로 원망스러울 것이다.

리앤은 열심히 살고 있는데 남자들이 심각하게 오해하는 것처럼 보이기도 한다. 그러나 그녀는 자신에게는 전혀 잘못이 없지만 자신의 행동에는 잘못이 많다는 것을 모르고 있다. 그녀는 마치 모든 걸 아는 것처럼 굴고, 남자들의 잘못을 일일이 지적하고, 남자들이 애니메이션 「사우스 파크」와 〈스포츠 일러스트레이티드〉에 실린 수영복을 '단순 무식하게' 사랑한다고 코웃음을 치고, 남자들과 경쟁한다. 그러면서 남자들이 자신을 동반자로 생각해주기를 바라는 것은 합리적이지 않다. 남자들도 일단은 사람이다.

그 남자가 결혼하지 않은 이유

언젠가 누군가의 남편이 될 사람을 낳은 후로 남자들에 관해 정말로 알아야 할 모든 것을 배웠다고 말할 때가 종종 있다. 일례로 나의 10대 아들이 무엇을 원하는지 들어보겠는가? 마카로니 앤 치즈, 비디오 게임, 킴 카다시안(혹은 2% 부족한 킴 카다시안)이다. 킴 카다시안이 남자에게 화를 내고 모질게 구는 모습을 본 적이 있는가? 아마 없을 것이다. 그녀가 미소를 짓고 몸을 흔들며 춤을 추고 섹스비디오를 찍은 모습만 봤을 것이다. 그녀는 우리가 세탁소에 옷을 찾으러 가는 횟수보다 조금 적게 결혼하고 이혼했다. 하지만 내 아이는 그 사실을 모른다.

오해하지 마라. 남자들의 판타지의 세계에 입문하라는 말이 아니니까. 당연히 그럴 필요는 없다. 관계에 성실한 남자라면 아마 킴 카다시안 정도는 뗐을 것이다. 그녀는 집중하고 기다리기엔 너무 무모한 상대이고 관계에 성실한 남자는 진심으로 그런 일을 원하지 않는다. 그냥 내 말은 모든 남자의 내면에는 여자와 전투를 치르는 대신 여자를 즐기고 싶어 하는 매우 단순한 동물이 살고 있다는 것이다. 그러니 남자에게 그러지 말라고 말할 수는 없으며 하물며 (완벽하게 정당하더라도) 페미니스트의 주장을 펼칠 수는 없을 것이다.

그러나 못된 여자처럼 굴면 당연히 남자는 당신을 거절하게 된다. 많은 여자가 듣기 힘들어하는 말이다. 그들은 남자가 불안정하거나 여성 혐오증이 있어서 자신을 거절하는 것이라고 믿고 싶어 한다. 물론 이 세상에는 여자들이 자신을 거절할 힘을 지니고 있다는 사실에 맞서고 싶어서, 그리고 그 힘으로부터 자신을 방어하고 싶어서 불안정하게 굴고 여성 혐오증을 품는 남자들도 존재한다. 그러나 솔직히 말해 그런 남자들은 못된 남자에 불과할 뿐이다!

그러나 못된 여자를 보고 동정심을 느끼는 합리적이고 착한 남자도 있다. 이들은 못된 여자의 모습이 상처에서 비롯된 것임을 분명하게 알고는 있지만 자신에게는 그 상처를 치유할 힘이 없다는 것도 알고 있다. 그래서 시도조차 하지 않는다. 아무리 대단한 여자라고 해도 매일 온종일 공격의 위험을 무릅쓰고 그녀와 함께 지내고 싶어 하는 남자는 없을 것이다.

변화를 위한 전략

이제 핵심으로 들어왔다. 당신이 못된 여자이고 누군가의 파트너가 되고 싶다면 달라져야 한다. 다행히 정말로, 정말로 간단하게 달라질 수 있다. 그러나 불행히도 당신은 그 과정에서 성질날 일이 많을 것이다. 그러므로 그냥 이렇게 말하겠다.

"다정해져라."

다정함은 못된 여자가 뿜어내는 기운의 대안이다. 남자들은 이를 '상냥함'이라고 부른다. 남자에게 오늘 미팅에 나온 여자들에게 결여된 가장 중요한 특성이 뭔지 물어본다면 거의 확실히 이렇게 말할 것이다.

"상냥한 여자들이 정말 없네요."

바카라 도박만큼이나 위험이 큰 결혼의 세계에서는, 긁는 복권 같은 연애 시절의 열정과는 멀리 떨어진 그 세계에서는 결국 다정한 여자들이 왼손에 반지를 끼고 결승점에 도달한다.

그렇다면 대체 다정하다는 게 뭘까? 우선 다정하지 않은 게 무엇인지부터 말해보자. 거의 언제나 혹은 언제나 자신이 이겨야 하고, 뭐든 주장을 많이 해야 하고, 정말로 냉정하고 날카로운 목소

요리는 사랑

오랫동안 나는 '전자레인지 애용자 결사'의 후보 회원이었다. 뭐, 정말로 그런 조직이 있다면 말이다. 나는 정말 요리에는 젬병이었다. 여러 아파트를 옮겨가며 살아왔지만 가스레인지에 불 한 번 켜지 않고 냉장고에는 우유 하나만 달랑 넣어두고 살 때가 많았다. 길거리 포장 음식이야말로 나의 전문이었다. 그런 내게 남자를 위해 요리를 해야 한다는 생각은? 어이없는 모욕이었다. 나는 그동안 만난 남자친구들에게 하루 세끼를 평생 식당에서 사먹을 수 있을 만큼 돈을 많이 벌겠다고 큰소리쳤다.

그러던 어느 날 내 인생에 나타난 가장 현명한 여자(그녀는 다섯 아이의 어머니이자 20년째 행복한 결혼생활을 하고 있다)가 내게 간단한 한마디를 해주었다. "양육은 좋은 일이에요, 트레이시. 그리고 요리는 양육의 아주 커다란 부분을 차지해요." 나와 다른 사람들을 위해 요리를 하는 것이 나를 포함해 내가 사랑하는 사람들을 보살피는 한 가지 방법이라는 생각은 단 한 번도 해본 적이 없었다. 그저 요리는 내가 끔찍이도 서툰 일이라고만 생각했다. 그러니 나 자신을 위해서도 할 수 없는 일을 남자를 위해 할 수 없는 것은 당연했다.

그래서 나는 요리를 시작했다. 처음에는 쇠고기구이나 닭고기요리처럼 쉬운 것부터 시작했다. 그다음 파스타와 수프를 추가하는 식으로 범위를 넓혀갔다. 곧 갖가지 맛있는 음식을 자유자재로 해낼 수 있게 되었다(나만의 돼지 허릿살 요리법을 물어보시라!). 이제 내 인생에 새로운 남자가 생기면 나는 몇 번 데이트를 한 뒤에 반드시 그를 위해 요리를 한다. 재미도 있고 또 그들이 얼마나 고마워하는지 믿기가 어려울 정도다.

내가 배운 바로는 남자를 위해 기꺼이 요리하고 더불어 다정하게 대해준다면 이는 '왕중왕전'에 나가 최종 우승을 거두는 것과 같다. 요리는 단지 생명 유지의 수단만은 아니기 때문이다. 요리는 사랑이다. 사실 자녀를 위해서는 기꺼이 요리할 준비가 되어 있지 않은가? 그런데 왜 남자를 위한 요리는 마다하는가?

리를 내고, 남자가 지닌 것들보다 지니지 않은 것에 더욱 초점을 맞추고, 남자를 자신에게 아이들을 가져다주거나 자신을 부양하거나 자기 인생의 그림을 완성해주는 존재로 생각하는 것은 다정한 게 아니다.

다정한 것은 부드럽고 재미있고 친절하고, 으흠! 통할 수 있는 것이다. 남자들은 자신의 것을 당신에게 전해줄 수 있어야 한다. 그런데 당신이 너무 질기면 그렇게 할 수가 없다. 여자가 열정적이고 섹시하고 강력하고 영리하고 역동적이고 흥미롭지만 상냥하지 않다면(전부는 아니고) 대부분의 남자들은 그 여자와 결혼을 원하지 않는다. 남자가 섹스에 관심을 보일 수도 있고 여자의 날카로운 재치를 높이 살 수도 있고 직업을 존중할 수도 있고 화끈하다고 생각할 수도 있지만 거기에 상냥함이 더해지지 않는다면 모든 것이 그저 흥미로운 여행지에 불과하다. 아이슬란드의 레이캬비크처럼 말이다. 레이캬비크는 한 번 여행을 가기에는 재미있을지 몰라도 기후가 사나워서 살고 싶은 마음은 들지 않을 것이다. 하지만 레이캬비크를 캘리포니아로 옮긴다면 그것으로 거래는 끝나는 것이다.

이제 자신을 점검해보자. 많은 남자들이 다정함을 상냥함으로 생각한다는 사실에 화가 나는가? 상냥하다는 생각을 하면, 혹은 보다 정확히 말해 상냥해야 한다는 생각을 하면 열이 치솟는가? 내가 하고 싶은 이야기가 바로 그것이다. 정말로 그렇다면 당신에게 문제가 있다.

다정하게 군다고 해서 품위가 떨어지는 것은 아니다. 오히려 빌어먹을 이 세상을 원활하게 돌려준다! 특히 결혼을 가능하게 한다. 내가 아는 한 이는 모든 것을 이기는 황금률이다. 안타깝게도 내가 아는 여자 중에 결혼하고 싶어 하는 몇몇 미혼녀들은 특히 남자들에게 별로 다정하지 않다는 점이 눈에 띈다. 그들은 남자들을 이 황금률에 따라 대하지 않는다. 그 이유는 그들이 그래야 한다고 생각하지 않기 때문이다. 훨씬 더 일반적으로는 자신이 실제로는 다정하지 않으면서 다정하다고 생각하기 때문이다. 당신도 그런지 지금 당장 알아보고 싶다면 자신이 그렇지 않다고 지나치게 확신하고 있는지를 보면 된다. 또 다른 방법은 가장 가까운 친구 세 명에게 사람들이 당신을 정말 못된 여자라고 생각할 가능성이 있는지를 물어보는 것이다. 친구들이 '정말 솔직히 말해도 되나'라는 표정으로 당신을 물끄러미 바라본다면 이미 답은 나온 것이다.

친절은 우리 문화권에서 그리 큰 가치를 두는 덕목은 아니다. 우리는 냉소와 경쟁 그리고 우여곡절을 좋아한다. 적어도 수많은 리얼리티쇼의 시청률을 보면 그렇다. 그런데 흥미롭게도 친절한 남자가 좋다는 말에는 우리 모두가 동의한다. 남자가 친절해야 한다고 주장하면 누구도 문제 삼지 않는다. 누구라도 가장 친한 친구가 불친절하거나 분노하는 남자와 결혼한다면 뜯어말리고 싶어질 것이다. 그러나 여자가 친절해야 한다고 말하면, 특히 여자가 평생 남자에게 친절해야 한다고 하면 이때는 다소 다른 의미를 지닌다. 여자에게 친절이 매우, 매우 중요하다는 생각은 많은 이들에게 억압적인 인상을 풍긴다. 여자가 특히 자기 남자에게 친절을 베풀려면 자신의 일부를 억누르거나 포기해야 할 것 같은 느낌을 준다.

그러나 나는 그저 헛소리에 불과하다고 말하고 싶다.

그렇다면, 할 수만 있다면 하겠지만 할 수가 없어서 하지 못하는 행동의 변화를 어떻게 이루어낼 수 있을까?

변화를 위한 실천

영적인 일을 해야 한다. 앞서 말했듯이 이 책 전체에 결혼은 영적인 길이라는 생각이 깔려 있다. 모든 사람에게 영적인 길일 필요는 없겠지만(도널드 트럼프라면 이 모든 이야기에 콧방귀도 끼지 않을 것이다) 만약 당신이 결혼을 원하는데도 영 결혼을 못한다면 당신에게는 영적인 길일 것이다.

일반적으로 영적인 일이라고 하면 당신은 하고 싶지 않은 일, 혹은 테레사 수녀나 앤젤리나 졸리 같은 사람이 하는 일이라고 생각한다. 해봤자 시간낭비 혹은 너무 어려운 일이라고 당신의 마음은 말한다. 그러나 그 마음을 향해 잠시 타임아웃을 외쳐보자. 영적인 일은 정말로 효과가 있기 때문이다. 보드카나 필라테스, 쇼핑보다 훨씬 효과가 좋다. 그러나 영적인 일은 이미 해본 뒤에야 좋다고 느낄 수 있다. 이 대목이 중요하다.

용서는 고무줄 자르기?

용서에 대해 생각할 때는 대형 할인점에 가서 신발을 신어보는 장면을 상상해보면 된다. 신발 한쪽이 도망가지 못하게 고무줄 같은 것으로 연결한 한 켤레의 신발을 떠올려보자. 당신은 지금 당신의 분노를 일으킨 사람 혹은 일과 그 고무줄로 연결되어 있다. 그뿐만 아니라 그 사람 혹은 그것이 당신에게 저질렀다고 생각하는 일과도 연결되어 있다. 그들이 저지른 일이 당신의 현재 모습을 규정한다.

매장에서 신발을 신어볼 때 신발 양쪽이 고무줄로 연결된 걸 깜박 잊고 성큼성큼 걸어본 적이 있는가? 고무줄은 겨우 5센티미터 길이밖에 안 되기 때문에 대부분 넘어지고 만다. 분노와 두려움, 방어도 이와 똑같이 발걸음을 방해한다. 당신은 그것들에 발이 걸려 넘어지고 대형 할인점의 신발 코너 한복판에서 정말로 우스꽝스러운 모습을 연출하게 된다.

당신을 한자리에 붙들어놓는 고무줄을 잘라내기로 하는 일, 그게 바로 용서다. 그리고 고무줄을 잘라낼 수 있는 유일한 사람은 당신이다. 당신은 더는 과거에 얽매이지 않기로 결심해야 한다. 처음에는 아직도 그 작은 고무줄이 달린 것만 같아 보폭을 작게 해서 걸을지도 모른다. 그러나 용서를 실천해나갈수록 조금씩 조금씩 마음을 더 열고, 더 사랑하고, 더 자유로워지고 있음을 깨닫게 될 것이다.

앞으로 영적인 실천에 대해 더 많은 이야기를 나누겠지만 가장 먼저 이것부터 시작해보자. 못된 여자의 기운을 없앨 영적인 해결책은 무엇일까?

용서다. 진심으로 용서할 수 있다면 분노는 증발한다. 그와 함께 못된 여자를 만드는 숨은 원동력도 날아간다. 용서는 자신에게 상처를 주었던, 정말로 모진 상처를 주었던 자기 자신, 엄마, 옛 남자 친구, 그밖에 모든 이들을 이제 그만 갈고리에서 풀어주는 것이다. 당신이 더 큰 사람이어서가 아니라 마침내 갈고리는 없다는 것을 이해했기 때문이다. 우리가 갈고리라고 하는 것은 인간의 조건일 뿐이다. 인간이기에 여러 모로 깊은 흠을 갖고 있고 그러다 보니 언젠가는 다른 사람에게 상처를 입히기 마련이라는 뜻이다. 다른 사람의 일을 엉망으로 망쳐보지 않은 사람이 있는가? 없다! 물론 남보다 더 철저하게 망치는 사람도 분명히 있겠지만 그걸 자랑스럽게 생각하고 의기양양해한다면 오만이다. 살다 보면 남보다 못하게 될 때가 오기 마련이다. 인간이니까.

못된 여자로 퇴각하지 않고, 다시 말해 화를 내고 두려워하고 방어적이지 않고 삶의 한복판을 뚜벅뚜벅 걸어갈 수 있는 핵심 비결은 용서다. 그렇다면 용서는 어떻게 할 수 있을까? 가장 좋은 방법은 자신의 이야기를 바꾸는 것이다. 지나간 일에 대해 생각하는 방식, 말하는 방식을 바꿔라. 특히 실망스러웠던 일, 화났던 일에 대해서. 이야기는 우리가 가진 가장 강력한 도구 중 하나다. 당신도 그리고 다른 사람들도 자신의 경험을 만드는 방법이 바로 이야기다. 그래서 선사시대 사람들도 동굴에 벽화를 그려놓은 것이다. 그들은 이후 3만 2000년 동안 모든 사람들이 자신들이 사냥한 버펄로에 대해 알아주기를 바랐다. 그들은 그런 식으로 자신들을 규정했던 것이다.

우리도 자신에게, 그리고 다른 사람들에게 우리가 누구인지, 우리에게 어떤 일이 일어났는지, 이 세상은 어떤 곳인지에 대한 이야기를 들려준다. 데이트를 할 때마다, 연애를 할 때마다 자신의 이야기와 함께 다닌다. 그러나 자기 자신에 대한 이야기들이 결국은 사실이 된다는 점을 깨닫는 사람은 거의 없다. 이야기가 사실이 되는 이유는, 이야기가 생각을 형성하고 생각이 지각을 형성하고 지각은 선택을 형성하고 선택은 행동을 선택하고 행동은 궁극적으로 그 사람의 운명을 형성하기 때문이다.

알겠는가? 이야기라는 대목은 정말이지 중요하다.

근사한 점은 누구나 자신의 이야기에 대해 절대적으로 일방적인 힘을 갖고 있다는 것이다. 다른 사람들이 내 이야기에 대해 그들만의 판본을 만들어 인정받으려고 애쓸 수는 있지만(그리고 정말로 열심히 노력하겠지만) 사실상 그들에게는 그런 힘이 없다. 그러니 자기 이야기를 형성할 때는 분노를 자아내거나 자신을 희생자로 만드는 식이 아니라 자신에게 힘을 실어주는 식으로 만들어야 한다.

이야기와 관련해 내 인생 최고의 예를 들려주겠다. 앞서 말했듯이 나는 입양아였다. 내 이야기를 형성하기 전에 우선 기본 소재를 간단히 스케치해보자. 나는 태어났다. 내 엄마 린다는 나를 포기했다. 내 아빠 프레디는 감옥에 갔다. 그래서 나는 여러 양부모 집을 전전하다가 마침내 좋은 집에 정착해 거기서 4년을 지냈다. 그

때 내 아빠가 감옥에서 나와 나를 찾으러 왔고 자기 여자친구와 함께 사는 집으로 데려갔다. 아빠는 얼마 지나지 않아 다시 감옥으로 돌아갔고 나는 열여덟 살까지 아빠의 여자친구와 살았다. 그녀는 만만치 않은 여자였다. 뭐, 사연은 더 있지만 이 정도면 대충 이해했을 것이다.

한마디로 나는 내 인생을 「트레이시 M : 누구도 원치 않고 사랑하지 않아 홀로 남겨지다」라는 제목의 한 많고 사연 많은 '방과 후 특별 드라마' 정도로 이해했다. 나 자신을 희생자로 보려고 들면 사실 사연은 차고 넘친다. 린다와 프레디에 관해서만도 분통을 터뜨릴 것이 한둘이 아니다. 그들은 정말 끔찍한 부모였고 나는 한마디로 그들에게 된통 물을 먹었으니까. 그렇지 않은가?

그렇지 않다. 그건 사실을 조합하는 여러 방법 중 한 가지에 불과하기 때문이다.

이제 내 이야기를 영적인 형태로 빚어보자. 나는 태어났다. 딱 열두 번의 토요일 밤을 보내고 나는 비열한 범죄자 아빠와 알코올중독자인 매춘부 엄마를 보고 자신에게 이렇게 말했다.

"틀림없이 이보다는 잘살 수 있을 거야."

나는 그곳을 떠났고 (삶과 사람들에 대해 많은 것을 가르쳐주었던 불행한 화장실들을 거친 후) 루터교 목사와 그의 아내, 다섯 명의 아이들이 사는 아주 좋은 곳에 안착했다. 그곳에서 중산층의 삶을 경험했고 훌륭한 사립학교에 다녔으며 린다와 프레디와 함께 살았더라면 결코 가질 수 없었을 안정적이고 안전한 삶을 영위했다. 그후 훌륭하기는 하지만 엄청나게 보수적인 사람들과 우스꽝스러울 정도로 거대한 사춘기의 갈등 속에 빠져들 수도 있었을 텐데 마침 페미니스트이자 제1세대 힙스터(대중의 큰 흐름을 따르지 않고 자신들만의 고유한 패션과 음악 문화를 좇는 부류-옮긴이)의 집으로 옮겨가게 되었다. 그분은 내게 수많은 급진적인 사고방식을 접하게 해주었고 좋은 학교에 보내주었으며 예술을 가르쳐주었고 가장 중요하게는 텔레비전을 실컷 보게 해주었다. 아마 방송작가라는 현재의 내 직업을 위한 무대를 마련해주지 않았을까 싶다.

어떤 영화가 행복한 결말로 끝날 것 같은가?

당신이 당신 인생의 대본을 완전히 뒤집을 방법을 생각해보기 바란다. 특히 가장 고통스러운 부분에서 시작하길 바란다. 예를 들면 대학 졸업 후 힘들었던 결별이나 서른 살 이후 이어진 기나긴 외로움, 어리석었던 유년기, 경력상 굵직굵직한 실망거리 말이다. 이야기를 그렇게 나쁘지는 않은 방향으로 조금만 바꿀 방법을 생각해보자. 자신을 웃게 할 수 있다면 한결 좋아질 것이다.

새로운 신념체계를 만들어내는 일은 고속도로 출구를 영원히 봉쇄해버리는 일과 약간 비슷하다. 부모가 당신을 어떻게 망쳐놓았던가, 혹은 그동안 만난 남자들이 얼마나 멍청한 녀석들이었던가, 혹은 당신 자신에게 무슨 문제가 있었던가에 관한 옛날이야기를 향해 다시 달려가려고 할 때마다 방향을 바꿔 새로운 이야기를

향해 가는 진입로로 갈아타야 한다. 처음에는 원래 방향에서 벗어
났다는 것을 깜박 잊고 자꾸만 짜증스러운 상황에 직면하게 될 것
이다. 왔던 길을 되돌아가야 하고 길을 헤매기도 하고 몇 킬로미터
나 우회해야 할지도 모른다. 너무 늦게 달리고 있지 않나 싶을 때도
있을 것이다. 그러나 결국 새로운 출구를 찾아낼 것이다. 더는 무의
식적으로 옛날 길을 따라가지 않고 기쁜 마음으로 놀라운 일을 찾
아낼 것이다. 컴튼(미국 캘리포니아 주 로스앤젤레스카운티에 있는 도
시-옮긴이) 말고 다른 곳에 도착하게 될 것이다.

당신의 친구가 알고는 있지만 말하지 않는 것들

이제 누구도 당신 얼굴을 보고 직접 말하지 못했던 것들을 냉정하게 바라보자.

• 당신은 못된 여자

당신은 다정하지 않고 남자들은 바로 그것 때문에 당신과의 결혼을 원하지 않는다. 그들이 여성 혐오주의자라서가 아니라 늘 화만 내는 사람과 평생을 함께하고 싶지 않아서다.

• 못된 여자의 실체는 분노와 방어다

분노는 정당화될 수 있고 그래서 꽤 올바르게 보인다. 하지만 당신은 올바른 게 좋은가, 결혼하는 게 좋은가?

• 다정하라

너무 기본적인 이야기라 이미 알고 있을 것이다. 그러나 무슨 배짱인지 당신은 남자들에게 비판적으로 굴어도 그들이 평생 당신과 함께 살고 싶어 할 거라고 믿고 있다. 절대 그렇지 않다.

• 용서를 배워라

용서를 배워야 다정해질 수 있다. 사람들을, 특히 남자들을 갈고리에서 놓아줘라. 갈고리 같은 것은 없다. 사람들을 용서하면 더 많이 웃게 되고 훨씬 더 예뻐진다.

• 새로운 이야기를 만들어라

가장 좋은 용서법이다. 창조성을 발휘하라! 이것은 당신의 인생이고 인생은 오직 한 번뿐이다. 스스로 힘을 실어줄 수 있는 이야기로 바꿀 수 있다면 못된 여자 뒤에 숨은 원동력인 분노도 자연스럽게 사라질 것이다.

결혼은 조건

계산기를 두드리는 여자

오직 금발 미녀와 사귀기만을 원하는 남자를 상상해보자. 가슴은 C컵 이상을 선호할 것이다. 파티에 가서 일부 완벽하게 멋진 여자들과 수다를 떨지만 몸무게가 5킬로그램 더 나가거나 발목이 굵은 여자에게는 눈길도 주지 않는다. 친구들이 눈을 조금 낮추라고 말하면, 그러니까 갈색 머리를 만나보거나 10점 만점에 7.1점짜리 여자와도 데이트를 몇 번 해보면 불꽃이 튈지 모른다고 하면 그는 "미안하지만 8점, 9점, 10점짜리 여자들에게만 확 끌린다"고 말할 것이다.

이런 남자 어떤가? 재수 없는 빈 깡통 같지 않은가?

그런데 당신이 일정한 키와 수입, 특정한 직업·학력·집안을 갖춘 남자만을 원한다면 당신도 쭉쭉빵빵 금발 미녀만을 원하는 남자와 다를 게 없다. 당신 스스로 존경할 건더기가 조금도 없다고 생각하는 남자, 무능하고 어설프다고 생각하는 그런 남자 말이다. 그 남자가 바로 당신이다.

이 말은 정말 하고 싶지 않지만…… 당신은 얄팍하다.

얄팍하다는 것은 남자의 본래 모습보다 겉모습을 더 중시하는 것이다. 당신이 그 남자에 대해 어떻게 생각하는가보다 친구들이 어떻게 생각하는가를 더 중요하게 여기는 것이다. 그가 조금만 더 옷을 잘 입었으면 좋겠다, 조금만 더 귀여워 보였으면 좋겠다, 조금만 더 좋은 직장에 다녔으면 좋겠다, 조금만 더 부자였으면 좋겠다, 끊임없이 바라고 생각하는 것이다.

얄팍한 것은 그냥 넘길 일이 아니다. 단지 다정하지 않아서가 아니라('분노는 그녀의 힘'을 참고하라) 남자들이 얄팍한 여자 앞에서는 심장이 얼어붙어버리기 때문이다. 남자는 아주 잠깐 당신과 노닥거릴지는 몰라도 결코 당신과 결혼식장에 함께 걸어 들어가주지는 않을 것이다.

당신이 외면한 불편한 진실

얄팍함은 완벽주의와 관계가 있다. 충분히 좋은 정도로는 만족하지 못한다. 반드시 이상적이어야 한다. 당신은 모든 것을 일일이 요구하고 원하며, 전부 다 가진 사람을 찾아내 사귀고 결혼함으로써 그 욕구를, 이왕이면 지금 당장 충족시켜야 한다. 전부 다 가진 사람은 없다는 말 따위 신경 쓰지 않는다. 틀림없이 당신은 예외일 테니까!

완벽주의가 문제 되는 것은 너무도 비인간적이기 때문이다. 사람을 인간으로 보는 게 아니라 물질로 보게 한다. 대상 말이다. '완벽한 사람은 선한 사람의 적'이라는 말을 들어본 적이 있는가? 완벽주의 성향에 굴복할 때 일어나는 일이다.

완벽주의는 남자를 대상화한다. 아마 여성학 강의에서 혹은 페미니스트에게서 대상화라는 말을 들어본 적이 있을 것이다. 단지 자신에게 적용해본 적이 없을 뿐. 위키피디아는 이렇게 정의한다.

"대상화란 사람을 일용품 혹은 용도를 지닌 물건으로 여기는 태도다."

'당신은 누군가를 사용하고 있다'라는 말을 괜히 공들여 화려하게 꾸민 말이다. 사람을 마치 통조림 따개나 텔레비전 리모컨처럼 쓰고 있다는 뜻이다. 누군가를 대상화한다는 것은 목적을 위한 수단으로 삼는다는 말이다. 당신 인생에서 그 사람이 어떤 역할을 충족시켜줄 것인가를 결정하면 당신의 완벽주의가 그 역할을 충족시키기 위해 그 사람이 꼭 지니고 있어야 할 신체적, 직업적, 감정적, 지적 자질들을 결정한다. 그런 다음 당신은 그 요건을 모두 갖춘 남자를 찾기 위해 점검 리스트를 작성한다.

대부분은 자신의 파트너가 자신의 좋은 면모를 닮아 있고 지금보다 더 낫고 편안한 삶을 살게 해주기를, 다시 말해 섹스 인형 같은 사람이 되어주기를 (물론 무의식적으로) 바란다. 진짜 인간은 내가 말하는 대로만 행동하지 않고 또 최고의 내 모습을 닮아 있지도 않기 때문이다. 뭐, 결혼식 날만 빼고.

결국 당신의 파트너가 당신과 아무리 많은 공통점을 갖고 있어도 그는 결코 지금 당신 모습이 아니요, 앞으로도 당신 모습이 되지 않을 것이다. 그런데 당신의 파트너도 당신이 자신의 좋은 모습을 닮아가고 자신의 삶을 더 낫게 만들어주기를 바라며 당신과 결혼했다면 어떨까? 그래서 그 누구도 편안한 마음으로 살 수 없다는 사실이 금세 드러났다면 어떨까? 편안한 마음으로 살려고 하면 오히려 끔찍한 불편을 일으킬 가능성이 크다. 그게 바로 다른 사람을 대상화할 때 생기는 결과다. 라텍스로 만든 사랑의 대상을 껴안고 비벼서 얻을 수 있는 게 달리 무엇이 있겠는가?

여자가 대상화된다는 것은 누구나 알고 있다. 〈플레이보이〉를 보면 알 수 있지 않은가? 하지만 남자 역시 대상화된다. 반드시 식스팩이나 빛나는 머리카락 때문만은 아니다. 물론 가끔은 그런 것들 때문이기도 하지만. 우리가 남자를 대상화하는 건 다른 이유 때문이다. 남자들이 우리에게 줄 수 있는 자원들(돈이나 멋진 집, 고급 자동차)과 우리를 보호해줄 능력 그리고 가장 중요하게는 장차 우리의 아기들이 될 남자들의 정자 때문이다(남자들이여! 우리도 아기를 원한단 말이다!).

그렇다면 스스로 누군가를 대상화하고 있는지 그렇지 않은지를 어떻게 알 수 있을까? 한 가지 방법이 있다. 당신이 오직 '원하는' 것을 가진 남자에게만 관심을 보인다면 남자를 대상화하고 있는 것이다.

친구가 당신을 저녁 파티에 초대한다. 당신은 누가 오는지 물어본다. 친구가 몇몇 사람, 몇몇 부부, 그리고 수많은 남자의 이름을 열거하지만 당신이 아는 사람은 없다. 당신은 그들에 대해 묻는다. 심지어 두어 명은 곧바로 구글이나 페이스북으로 검색도 해본다. 그런데 별로 흥미로운 게 없다. 파티에 가고 싶은 마음이 시들해진다. 확실하지는 않지만 아마 그날 저녁 다른 약속이 있는 것 같다고 둘러대며 결국 파티에 못 갈 것 같다고 말한다. 뭐, 다른 약속이란 기껏해야 당신의 PVR(개인용 비디오 녹화장치)의 귀한 용량을 차지하는 「프라이빗 프랙티스」 네 편을 연달아 보는 것이지만.

평소의 신념을 하룻밤만 내려놓고 실제로 훌륭한 손님이 되어 친구의 저녁 파티에 흥을 돋워주는 일이 당신에게 절대로 일어나지 않는다면, 남자들을 만나보지도 않고 별로 대화를 나누고 싶

않다고 미리 결정을 내린다면, 데이트를 나가서도 남자들과 겨우 한두 마디 나눠놓고 상대할 수 없는 남자라고 판단한다면…… 분명히 말하는데, 당신은 얄팍하다.

누군가를 대상화하면 그 사람에 대해 정말로 중요한 점은 간과하고 중요하지 않은 점에만 집중하게 된다. 예를 들면 성격처럼 중요한 점 말이다. 대상화는 또한 사람들에게 두려움을 심어준다. 키가 크고 잘생기고 돈도 많은데 똑똑하기까지 한 남자는 이 여자가 자기 은행계좌나 얼굴이나 몸매 때문이 아니라 본래의 모습 때문에 자신을 사랑하는 것인지 아닌지 알고 싶어 한다. 바로 그런 점 때문에 어떤 여자라도 선택할 수 있을 것만 같은 완벽한 남자가 별로 빼어나지 않은 외모의 여자를 선택하는 일이 벌어지는 것이다. 그 여자는 분명히 남자의 물질적인 조건들 너머로 남자 본연의 모습을 볼 수 있는 안목을 보여준 환상적인 사람일 것이다.

내 삶이 들려주는 이야기

열아홉 살에 나의 첫 번째 남편이 될 사람과 함께 샌프란시스코로 왔다. 기술이 별로 없었기 때문에(흡연을 기술로 치지 않는다면) 메이시 백화점에서 지나가는 손님에게 향수를 뿌려주는 일을 했다. 나는 샌프란시스코 소매시장의 중심이자 모든 관광객이 결국엔 지나가게 되어 있는 유니언 스퀘어에서 주로 일했다. 미니애폴

리스 출신의 여자애에게는 단순한 흥분거리 이상이었다. 꿈속에서 사는 것 같았다.

그러나 나는 야망이 큰 사람이었기에 조르조 아르마니 향수로 사람들을 질식시키며 살아가는 것만으로는 만족하지 못했다. 곧 다음 단계로 올라섰다. 메이시 백화점에서 고객의 얼굴에 화장을 해주는 일을 하게 된 것이다. 유니언 스퀘어를 오가는 평범한 여자들에게 화장을 해주면서 한 가지 배운 게 있다. 바로 모든 사람은 아름답다는 것.

농담이 아니다. 나는 캘리포니아 주 월넛크리크나 노스캐롤라이나 주 샬럿에서 온 두 아이의 엄마를 높은 의자 위에 앉혀놓고 매장에 서 있곤 했다. 손님은 이제 막 고향을 떠나온 여자애가 불과 5센티미터도 떨어지지 않은 거리에서 검은 담비털 붓을 마구 휘두를 수 있게 얼굴을 맡기고는 내심 묘한 기분을 느꼈을지도 모른다. 파운데이션과 마스카라 사이 어느 지점에서 나는 한결같이 그녀들의 특별한 점을 발견하곤 했다. 아주 절묘하게 휘어진 눈썹이랄지, 혹은 점심시간을 틈타 급히 매장으로 달려온 직장 여성인데도 정말 아름다운 피부를 갖고 있다든지, 혹은 복잡 미묘한 초록색 눈동자에 갈색 점이 점점이 박혀 있고 진청색 테두리가 둘러져 있다든지, 그런 것들 말이다.

내가 목격한 것들은 첫 번째 데이트에서 쉽게 알아볼 수 없는 것들이다. 아무래도 나는 여자들의 얼굴을 코앞에서 들여다보아야 했고 보다 중요하게는 그들을 객관적으로 바라보아야 했다. 이 여자와 자고 싶은지, 결혼하고 싶은지, 함께 아이를 갖고 싶은지, 혹은 다시 만나고 싶은지 등을 저울질하며 그녀의 아이라인을 그리지는 않았다. 나는 그들이 나타내고자 하는 바를 열린 마음으로 바라보아야 했고 그만큼 자세히 들여다보아야 했다.

한때는 내게도, 뭐라고 말해야 좋을까, 흥미로운 외모의 남자친구가 있었다. 프랑스에서 흔히 '졸리레이드(예쁘게 못생긴)'라고 부르는, 즉 매력적이기는 하지만 관습적으로 예쁘지는 않은 그런 외모였다. 그는 턱이 조금 부실했고 코는 약간 강했고 눈은 좀…… 비대칭이었다. 처음 데이트를 시작했을 때 그의 얼굴을 보고 '잠깐, 이게 뭐지?' 하고 생각했던 적이 몇 번 있었다.

처음에는 그만 만날까도 생각했다. 그의 스타일이 훨씬 더 보수적인 내 스타일과 완전히 달라서만은 아니었다. 신체적인 면에서 그의 모든 것이 내게는 익숙하지가 않았다. 그럼에도 내가 계속 관계를 유지했던 것은 부분적으로 그가 반짝이는 성격을 지니고 있었기 때문이다. 정말로 그랬다. 그는 내가 만난 남자 중 가장 재미있고 가장 온순했으며 가장 싹싹한 사람이었다.

우리는 꽤 오래 사귀었고 그 사이 어느 순간부터 내 눈은…… 적응했다. 그는 엄청난 아름다움을 지니고 있었다. 그냥 다른 방식으로 보기만 하면 되었다. 학창 시절에 라디오를 들을 때처럼 주파수만 맞추면 되었다. 오른쪽으로 다이얼을 미세하게 돌리면 최고의 옛 노래를 틀어주는 환상적인 채널을 잡아낼 수 있는 것과 비슷했다. 그에게도 이런 다른 점들을 발견할 수 있었다. 그의 눈이 얼마나 밝게 빛나는지, 축구를 할 때(해도 너무 많이 하기는 했다) 그의 피부색이 얼마나 경이로운지, 신체 협응력과 우아함이 얼마나 대단한지. 결국 그다지 완벽한 외모를 지니지 못한 남자를 사랑한 덕분에 나는 다른 차원의 아름다움을 인지하게 되었고, 그와 헤어지고 나서도 여전히 그런 아름다움을 알아볼 수 있게 되었다.

몇 년이 흐르고 이번에는 브랜던이라는 정말 잘생긴 남자친구 때문에 같은 교훈을 전혀 다른 방식으르 배웠다. 그는 숱이 많은 검정 곱슬머리에 큼직한 파란 눈, 균형 잡힌 얼굴을 한 아름다운 남자로, 보자마자 호텔을 찾고 싶게 하는 외모의 소유자였다. 백설공주가 정말 섹시한 남자라고 친다면 브랜던은 꼭 백설공주처럼 생겼다. 우리가 사귄 3년 동안 나는 (안타깝게도) 아름다움의 효과는 결국 시들고 만다는 것을 깨달았다. 보통은 그 무엇보다 빨리 시든다. 브랜던이 갑자기 아름답기를 그만두어서가 아니었다. 다른 여자들이 개떼처럼 쿵쿵대며 여전히 그의 주변을 얼쩡거렸던 걸 보면 알 수 있다. 그의 아름다움이 그에 대한 내 느낌을 바꿔주지 못했기 때문에 벌어진 일이었다. 그가 아무리 아름다워도 그의 허튼짓을 더 이상 참아줄 수가 없었고(그는 20대 초반이었기에 허튼짓을 수도 없이 저질렀다) 아름답다고 해서 더 빨리 철이 드는 것도 아니었다.

결국 내 이야기는 '아름다움은 보는 사람의 눈에 달려 있다'는 격언과 다르지 않다. 그리고 무엇을 볼 것인가를 선택하는 것은 당신의 몫이다. 물론 저마다 매력적이라고 느끼는 신체적인 기준이 있겠지만(이 부분은 잠시 후 더 자세히 이야기할 것이다) 그렇더라도 현명하게 선택하고 싶을 것이다. 어떤 사람도, 심지어 당신도, 영원히 젊고 아름답게 보일 수는 없는 법이니까.

그 여자가 결혼하지 않은 이유

외모에만 완벽주의가 있는 것은 아니다. 내 친구 나탈리의 경우를 보자. 나탈리는 커다란 갈색 눈에 아주 귀여운 몸매를 가진 예쁜 여자다. 스타일리스트라는 자기 직업도 몹시 사랑한다. 그러나 그녀는 연애에 있어서만큼은 마치 과일 가공 공장 근로자처럼 군다. 그녀가 매의 눈을 하고 컨베이어벨트 옆에 서서 흠이나 점이나 멍, 새가 쪼아 먹은 자국이 있는 남자 사과를 골라 옆으로 집어던지는 모습이 선명하게 그려진다. 나탈리는 대형 슈퍼마켓에서나 팔 법한 사과, 한마디로 흠이 없는 사과만을 원한다. 대단한 직업에, 대단한 몸에, 대단한 성격에, 대단한 가문까지 지닌 남자.

나는 나탈리에게 겨우 완벽해 보이는 남자 사과 하나를 찾아내더라도 얼마 안 가서 컨베이어벨트 위에 있을 때는 미처 보지 못하고 지나친 흠이나 새가 쪼아 먹은 자국을 발견하게 될 것이라고 누누이 말한다(그런 것들은 늘 있기 마련이다). 그렇게 되면 그녀는 관계 안에 존재하는 그 흠집들에 집중하면서 전전긍긍하게 될 것이고 결국은 패배할 것이다. 반드시. 그녀는 완벽주의자니까. 여기 이 세상에서 가장 진실한 진실이 있다. 완벽해 보이는 과일은 어떤 맛도 나지 않는다!

나탈리는 자신만의 기준이 있다고 생각한다. 그러나 나는 나탈리가 비현실적으로 까다롭게 군다고 생각한다. 나탈리가 남자에게 원하는 조건은 너무도 까다롭다. 우선 직업이 정말로 훌륭해야 하고 학벌이 좋아야 하고 제 집을 소유하고 있어야 하고 옷을 잘 입어야 하고 예술계의 신성들을 두루 꿰고 있어야 하고 펠리니 감독의 영화와 태국 음식을 즐겨야 하고 가능하면 채식주의자여야 하고 하이브리드 자동차를 몰아야 하고 요가를 해야 하고 이왕이면 영적인 실천도 해야 한다. 그래서 그 조건을 모두 갖춘 남자는 절대로 찾을 수가 없을 것이다. 어느 정도는 그녀도 알 것이다. 그녀는 이제 서른여덟 살에 25년의 데이트 경력을 갖추고 있으면서도 아직 그 기준을 모두 충족시키는 남자를 찾지 못했다. 그 기준이라는 것이 현실적이지 못해서다.

나탈리는 이제 그 조건들에서 '거래를 깨는 조건', 즉 반드시 갖추고 있어야 하는 조건, 두세 가지를 골라내고 나머지는 버려야 한다. 사실 실제 사람을 만나보면 절대로 포기할 수 없다고 생각했던 조건들도 별것 아닌 것으로 바뀌는 경우가 종종 있다. 또 연애를 하다 보면 사람이 성숙해질 수도 있으므로 나탈리가 지금 당장은 거래를 깨는 조건으로 생각하는 것들도 5년 뒤에는 오히려 선호하는 조건이 될지 모른다. 하지만 나탈리는 여전히 여러 모로 성숙하지 못하기 때문에 그걸 모르고 있다.

그 남자가 결혼하지 않은 이유

한 친구가 이 점을 완벽하게 보여주는 10대 아들과의 일화를 들려주었다. 고등학교 입학 첫날 친구는 아들을 위해 파란색과 흰색 줄무늬 티셔츠를 세심하게 골라놓았지만 아들은 그 옷을 입지 않았다. 대신 조금 더 유행에 앞서는 티셔츠를 골라 입었다. 이유를 묻자 10대 아들은 그 줄무늬 티셔츠가 '적당하지' 않다고 대답했다. 이제 다른 사람이 어떻게 생각하는지를 신경 쓰지 않는 시절이 공식적으로 끝났음을 알려주는 사건이었다. (적어도 사춘기가 지날 때까지다. 그런데 미팅하는 모습을 보면 이 시기는 대략 마흔두 살까지 늘어나기도 한다.)

이 이야기를 굳이 여기서 꺼내는 것은 결혼을 잘하려면 당신의 조건 리스트에서 고등학교 등교 첫날 다른 사람들이 어떻게 생각할지를 고민하면서 적당한 티셔츠를 골라 입으려는 태도를 모두 제거해야 하기 때문이다. 만약 당신이 얄팍한 욕구로 채워진 기나긴 조건 리스트를 고집하고 있다면 아직도 10대처럼 생각하고 있을 가능성이 크다. 누군가의 트로피 부인(성공한 중장년 남성이 수차례의 결혼 끝에 얻은 젊고 아름다운 전업 주부―옮긴이)이 될 계획이 아니라면 사춘기적인 생각은 오히려 결혼을 더욱 멀게 만들 뿐이다. 그리고 만에 하나 조건을 모두 갖춘 남자를 손에 넣었다 하더라도 그 결혼은 자체로 얄팍할 것이다. 안 그럴 수가 있겠는가? 모든 것이 천박함에 기초하고 있는데.

성인기의 핵심적인 특징은 다른 사람이 어떻게 생각하는가를 신경 쓰지 않고, 다른 사람들이 인정하거나 이해하지 못하더라도 자신에게 적당한 일을 선택한다는 점이다. 청소년기에는 주위를 둘러보면서 '적당한' 신발과 '적당한' 셔츠를 걸치고 있는지 확인한다. 당신이 열여섯 살이라면 그래도 된다.

그러나 여전히 주변 사람들이 당신의 선택에 대해 어떻게 생각하는가를 기준으로 삶의 결정들을 해나가고 있다면 정작 좋은 기회를 놓치고 말 것이다! 성인기는 자기가 생각하는 자신의 모습 혹은 노력하면 언젠가 될 수 있는 자신의 모습에 충실한 시기다. 어른이 되면 완벽이란 존재하지 않음을 알게 된다. 그 말은 남자를 선택할 때도 다른 접근법을 택해야 한다는 뜻이다.

이제 자신을 표현하는 방식에 관해 살펴볼 것이다. 다소 민감한 주제이기는 하지만.

미네소타에서 자랄 때 우리는 낚시를 가곤 했다. 배를 타고 나가 닻을 드리우고 낚시를 했는데 루어 등 온갖 장비를 담은 낚시 가방이 있었다. 물속에는 온갖 물고기가 살고 있었다. 하지만 모든 물고기가 모든 미끼를 좋아하는 것은 아니었다. 어떤 물고기는 지렁이만 물었다. 또 어떤 물고기는 반짝이는 스피너(물속에서 날개가 돌며 움직이게 되어 있는 미끼-옮긴이)를 좋아했다. 또 피라미류를 좋아하는 물고기도 있었다. 그러니 잡고 싶은 물고기에 따라 미끼를 선택해야 했다.

짝을 만날 때도 마찬가지다. 당신이 낚고 싶은 대상이 무엇인지부터 알아야 한다. 그러려면 당신이 어떤 모습으로 비칠지도 정신 바짝 차리고 신경 써야 한다. 이 말은 '헤픈 여자처럼 입지도 행동하지도 마!'라는 말을 내 나름대로 솜씨 있게 돌려 말한 것이다.

오래 만날 짝을 구하려고 한다면 당신의 성적인 자산을 지나치게 홍보하고 싶지는 않을 것이다. 나는 지금 지나치게 홍보한다고 말했다. 그러니 어서, 귀엽게 보이라는 말이다! 몸매를 보여줘라! 마스카라를 한 번 더 칠해라! 그 정도는 괜찮다. 하지만 당신의 홍보(정말이지 나는 당신의 음부보다는 당신의 분위기에 더 치중해 말하고 있다)가 평생의 동반자보다는 섹스 파트너를 더 겨냥하고 있다면 오래 만날 짝을 매료시키는 데는 별 도움이 안 될 것이다. 남자라면 대부분 성적으로 매력적인 파트너를 원하지만 당신이 투명 하이힐을 즐겨 신는다는 이유만으로 자꾸 끼어드는 수많은 남자와 싸워가며 40년간 당신과 살고 싶어하는 남자는 없다.

얼굴이냐 몸매냐

텍사스 대학교의 진화심리학자들은 최근 헬스클럽에서 보내는 시간을 돌이켜보게 하는 흥미로운 연구 결과를 발표했다. 하룻밤의 섹스처럼 짧은 만남을 원하는 남자들이 여자의 몸매에 더 관심을 보이는 반면 장기적인 교제를 원하는 남자들은 여자의 얼굴에 더 관심을 보인다고 한다.

연구팀은 375명의 대학생에게 이성의 사진을 보여주었다. 실험 초반에는 얼굴과 몸매를 모두 숨겼다. 그런 다음 얼굴과 몸매 중 하나를 선택해서 볼 수 있지만 둘 다 볼 수는 없다고 말했다. 결과는 매력적이었다. 장기적으로 사귈 파트너를 찾는 남자는 4분의 1만이 몸매를 보겠다고 했다. 그럼 단기적인 파트너를 찾는 남자들은 어땠을까? 51퍼센트가 몸매를 보겠다고 했다.

연구팀은 몸매가 여자의 생식력을 보여주는 단서('한 번 자고 끝내기'를 계획하고 있다면 중요한 단서다)라는 이론을 제기했다. 반면 얼굴은 여자의 성격을 보여주는 단서이고 이는 장기적인 교제에 관심 있는 남자만 중요하게 생각하는 면이다.

어찌 보면 당연하게도 여자들은 단기적인 파트너를 찾거나 장기적인 파트너를 찾거나 얼굴과 몸매 사이에 큰 차이를 보이지 않았다. 우리는 우리를 사랑하는 남자와의 섹스만큼이나 나쁜 남자와의 섹스도 똑같이 즐길 것이다.

변화를 위한 전략

'원하는 것을 얻는다'는 생각부터 포기하라. 이미 드러난 것처럼 당신이 원하는 것이 실제로 필요하지는 않다. 당신이 정말로 원하는 것은 필요한 것이다. 그러니 내 생각에는 롤링스톤의 말이 틀렸다. 원하는 것은 얻을 수 있다. 그것도 자주. 나는 밖에 나가 자신이 원하는 것들을 얻는 여자애들을 수없이 보았다. 매일 일어나는 일이다. 그게 문제라면 문제일까! 사실 훨씬 더 큰 문제가 있다. 우리는 무엇을 원하는지 사실 잘 알지 못하고 알더라도 일단 얻고 나면 더는 원하지 않는다. 왜 그럴까?

인류 역사상 누구도 원하는 것을 얻었다고 행복해지지는 않았기 때문이다.

복권 당첨자나 아카데미상 수상자나 「베첼러」의 최종 우승자에게 물어봐라. 한 20분 동안은 틀림없이 행복할 것이다. 그러나 시간이 흐르면 오래 묵은 고민이 다시 찾아오고 또 다른 복권, 또 다른 아카데미상, 또 다른 독신남, 또 다른 낯선 사람과의 섹스, 또 다른 쇼핑이 그리워서 좀이 쑤실 것이다.

인간의 조건에는 무엇인가를 얻었다고 해서 영원히 행복할 수만은 없게 하는 무엇인가가 존재한다. 어떤 것을 얻어도. 심지어 완벽한 남편을 얻어도. 그러니 그런 건 잊어라. 당신이 원하는 것을 긴 목록으로 작성할 필요는 없다. 귀여운 남자를 찾아 인터넷으로 수천 장의 사진을 훑어볼 필요도 없다. 당신은 당신에게 필요한 남자를 찾아야 하니까.

그렇다면 당신에게 필요한 남자는 누구이며 어떻게 찾을 수 있을까? 이 말에 다들 '필요한 남자'(사실 '원하는 남자'의 다른 이름에

의도 상자 : 꿈을 그려라

내가 말하는 의도는 어떤 일에 대해 형식적으로 선언하는 것이다. 자신에게 선언하고 끝나는 일일지라도. 뭔가를 선언하면 실제로 작은 의식을 만들어내는 데 도움이 될 때가 있다. 아무래도 보다 현실적인 느낌이 생기는 것이다.

한 가지 방법은 의도 상자를 만드는 것이다. 보석 상자 같은 작은 상자 하나면 충분하다. 이제 종이쪽지에 의도의 내용을 적어보자. 당신이 상상하는 삶의 모습을 적을 수도 있고(나는 아이들과 함께 햇볕이 잘 드는 아름다운 집에 살고 있다) 해결책을 찾고 싶은 어떤 문제를 쓸 수도 있다. 더 재미있게 하고 싶다면 예쁜 종이와 색색의 펜을 써보자. 하지만 이런 것은 별로 중요하지 않다. 취향에 따라 그림을 그릴 수도 있다. 정말로 중요한 것은 진심으로 느껴지게 선언하는 것이다. 상자를 닫는 순간 그 안에 집어넣은 것이 이미 이루어진 것처럼 생각해라.

옆을 지나가다가 상자가 눈에 띄면 다시 한 번 그 안에 들어 있는 모든 내용이 이미 이루어진 것처럼, 이미 보살핌을 받았거나 받고 있는 것처럼 생각해라.

자신의 삶을 그림으로 그려보는 것은 정말로 강력한 방법이다. 또 다른 선언이 생각날 때마다 종이에 적어 상자에 넣어라. 1년 뒤 상자를 열고 선언들을 읽어봐라. 분명히 많은 내용이 이미 이루어져 있을 것이다.

불과하다)의 긴 목록을 훑어보는 여자를 떠올릴 것이다. 그러나 내 말은 그런 뜻이 아니다. 내가 '당신에게 필요한 남자'라고 할 때는 인간으로서 당신이 가장 고귀한 모습으로 성장할 수 있게 도와줄 자질을 갖춘 남자를 말한다. 그리고 당신 역시 그가 가장 고귀한

모습으로 성장할 수 있게 도와줄 자질을 갖추고 있어야 한다.

중요한 것은 당신이 이러한 자질들을 감쪽같이 (혹은 꽤 그럴듯하게) 모르는 것처럼 굴어야 한다는 것이다. 그러니 목록으로 만들 필요도 없다. 그러려고 해도 그럴 수 없을 테니 말이다. 어쩌면 가장 친한 친구들이 모여서 그럴듯한 것을 생각해낼 수 있을지는 몰라도 역시 쓸데없는 짓이다. 또한 온라인 설문 조사에 응답하며 45분을 허비할 필요도 없고 '플렌티 오브 피시 닷컴'(무료 온라인 데이트 사이트-옮긴이) 역사상 최고로 매력적인 프로필을 작성하며 아마추어 카피라이터를 흉내낼 필요도 없다. 당신에게 필요한 게 뭔지 알아내는 훨씬 더 쉬운 방법이 있다.

그 방법을 소개한다. 먼저 가장 고귀한 모습으로 성장할 수 있도록 당신이 도와줄 남자(그리고 당신이 가장 고귀한 모습으로 성장할 수 있게 도와줄 남자)와 함께하겠다는 의도부터 세워라. 그런 다음 누가 나타나는지를 봐라. 그러한 남자와 함께하겠다는 의도를 세우고 그 의도를 적극적으로 유지한다면 누군가 당신의 삶 속에 돌연히 나타나 당신에게 필요한 딱 그 방법으로 당신을 발전시킬 (그리고 거꾸로 당신이 그 사람을 발전시킬) 기회를 안겨줄 것이다.

그걸 어떻게 확신할 수 있느냐고? 어떤 순간에라도 당신에게 필요한 것은 순서상 가장 먼저 나타나기 마련이다. 사는 게 원래 그렇다. 비유를 해보면, 당신이 오늘 밤 꼭 입어야 하는 특별한 티셔츠를 찾고 있다면 지금 당신이 입고 있는 바지와 딱 어울리는 완벽한 윗옷이 당신 눈앞에 나타난다는 말이다. 게다가 그 옷은 깨끗하기까지 하다! 그냥 입기만 하면 된다.

원하는 것을 얻을 것인가, 아니면 자신에게 필요한 것을 삶이 가져다준다고 믿을 것인가와 관련해서 어떤 이유 때문인지 많은 여자들이 변화를 꺼린다. 내 친구 킴이 그런 경우다. 멋진 곱슬머리에 매혹적인 킴은 자신이 필요로 하는 것이 무엇인지 꽤 확신을 갖고 있다. 그녀는 요트클럽에서 찾아볼 수 있는 남자를 필요로 한다. 아마도 「댄싱 위드 더 스타」에 나갈 만한 균형 잡힌 다리를 가진, 스물일곱 살의 킴이라면 최대 어획고에 미치지 못하는 물고기에는 만족하지 못할 것이다. 그녀는 고수입에 키가 크고 어깨가 넓고 머리숱이 많고 섹시한 남자를 원한다. 그녀가 굳이 큰 소리로 이런 조건들을 말한 적은 없다. 하지만 그녀는 예뻐 보이기 위해 열심히 노력하고 있고 홍보 분야에서 돋보이는 직업을 갖고 있으며 무엇보다 그녀가 입을 떡 벌리는 만큼 그녀에게 입을 떡 벌릴 남자를 만날 자격이 있다고 스스로 생각하고 있다.

킴은 주말에 데이트하러 나갈 때가 많았다—상당수의 데이트는 그녀의 출중한 외모 덕분이었다. 나중에 우리가 이야기를 나눌 때면 킴 자신도 상대방에게 관심을 뒀어야 한다고 인정하곤 한다. 킴이 절대로 용납할 수 없는 남자의 최종 한계선은 바로 '꽁생원'이다. 그러나 킴이 꽁생원이라고 생각하는 사람은 내가 보기에는 좋은 남편감이다. 결국 그 모든 데이트가 더 이상 원하지 않는 미혼

내가 가지지 못한 게 뭐지? ··

살면서 원했으나 결국 가지지 못한 것들을 모두 떠올려보자. 중학교 2학년 때 학교 연극에서 주인공을 하지 못한 일? 발맹(프랑스 여성 의류 브랜드-옮긴이) 2009년 컬렉션의 서전트 페퍼 재킷? 피츠버그 출신의 오웬이라는 남자? 대학을 졸업하자마자 억대 연봉을 받는 직장?

그 가운데 아직도 원하는 게 몇 가지나 되는가? 그것들을 갖지 못해도 괜찮은가?

어떻게 보면 의도 상자와 비슷하다. 삶이 어떻게 보여야 한다고 생각하는가에 대해 지나치게 구체적일 필요는 없다는 가르침을 준다. 과거에 원했던 것들을 돌이켜보면 그 모든 게 반드시 필요하지는 않았음이 분명하게 드러난다. 지금 당신이 원하는 것, 원하는 사람도 상당수는 결국 타임캡슐이나 역사의 귀여운 각주 속으로 들어가게 될 것이다. 그러므로 특정 남자와 함께할 특정 삶에 대한 환상으로 시간낭비를 하느니 지금 당장 상황을 깊이 있게 이해하는 것이 좋다.

··

녀 생활 이외에 그녀에게 무엇을 안겨주었다는 말인가?

여기서 잠깐, 얄팍한 여자가 '원하는 것'이 무엇인지 살펴보자. 98퍼센트가 둘 중 한 가지를 원한다고 말한다. 섹시한 남자 그리고 부자 남자. 그들은 완벽한 섹스와 매력(그리고 물론 아름다운 아기들도)에 대한 환상을 충족시켜주고, 의미 없는 직업을 전전할 필요 없이 부유한 동네의 예쁜 집에서 살 수 있을 만큼 돈을 많이 버는 남자를 원한다. 어떻게 보면 얄팍한 여자들은 바라는 것만큼은 그리 얄팍하지 않다. 그들은 특정 종류의 남자와 특정한 삶을 꿈꾸고 결코 그 꿈을 버리고 싶어 하지 않는다. 문제는 그 꿈을 붙잡고 있다가 30대 중반을 훌쩍 넘겨버린다는 사실이다. 대체 그들이 기다리는 것은 정확히 무엇일까? 섹시한 남자들과 시작하기, 그것부터 집어치우자.

얄팍한 여자는 종종 남녀 사이에 강력한 화학반응이 꼭 필요하다고 생각한다. 그러나 사람이 어떤 면에 매료당하는가는 불가침의 영역이라는 말도 있지 않은가. 그렇게 간단하지 않다는 말이다. 내가 보기에 매력을 느끼는 유형에는 대략 세 가지가 있는 것 같다.

오, 맙소사, 안돼! 이런 남자 앞에서 맥이 빠지거나 심지어 완전한 반발심을 느끼기도 한다. 이 남자와는 유전자부터가 맞지 않으니 자연스럽게 멀리하게 되는 거라고 확신한다. 당연하다. 아니다. 그냥 우연이다. 그러니 당신은 이 남자와 데이트를 하지 않아도 좋다. 하지만, 못되게 굴지도 마라.

오, 맙소사, 좋아! 성적인 매력이 철철 넘쳐흘러 인터넷에서 사진만 봐도 당장 결혼하고 싶어지는 그런 남자다. 출발점부터 강력한 화학반응을 경험하게 하고 데이트를 할 때는 '이런 식으로 당신을 매료시키는 남자가 어떤 유형인가'를 알아내는 게 중요하다. 과거 두세 명의 남자에게(한 명만으로는 충분한 표본이 아니다) 이렇게 정신없이 끌린 적이 있는데 알고 보니 그들이 IBM에 다니고 결혼과 자녀에 성실한 유형이었다면 무조건 덤벼라! 그러나 이런 식으로 매력을 느꼈던 남자들이 성실에 공포를 느끼는 유형에다 나쁜 남자, 거짓말쟁이, 바람둥이, 소시오패스에 가깝다면 멀리하라. 왜 굳이 고통을 선택하는가? 이번에는 다를 거라고 미리 단정 짓지는 마라.

흐음, 궁금해⋯⋯ 그 남자가 파티장에 들어오는 것도 못 봤는데 어느새 그와 한 시간이나 대화를 나누고 있다. 당신은 스스로 그 대화를 즐기고 있음에 내심 놀라면서 어느 순간 그를 쳐다보고 저 남자와 키스할 수 있을까, 한다면 어떤 느낌일까 상상하기까지 한다. 확신이 서지는 않는다. 심지어 무슨 일이 벌어질지도 알 수가 없다. 그런데 어느새 당신은 가만히 앉아 그 남자를 이리저리 생각해보는 자신을 발견하게 된다. 흐음, 궁금해⋯⋯.

당신이 세 번째 유형의 남자들과 데이트를 많이 했으면 좋겠다. 최소한 그 남자와 키스를 할 때까지는, 그보다 한 90일 정도 사귀어보기 전까지는 그 남자가 당신을 위해 무엇을 준비하고 있는지 정말로 알 수 없다. 이러한 종류의 끌림에 기초한 연애는 계속 전개되는 속성이 있다. 복잡한 속성이지만 부분적으로는 성실한 관계에 도달하는 이유가 되기도 한다. 기준은 이렇다. 반드시 엄청난 섹시남이 아니라도 관심 가는 남자를 택하라.

이러지도 저러지도 못하는 곤란한 상황은 우리가 주로 가장 적절하지 못한 남자에게 화학반응을 느끼는 것처럼 보일 때다. 나 같은 경우는 엄마와 아빠가 온갖 엉망진창을 보여주었기 때문에 잘못된 남자에게 화학반응을 보이는 것 같다. 그렇다고 당신의 부모가 내 부모처럼 나쁜 사람들이었을 거라는 말은 아니다. 어쩌면 당신의 아빠는 그저 시시덕거리기를 즐기거나 술과 도박을 좋아하는 남자였을지도 모르고 당신의 엄마는 늘 화를 품고 살았거나 이래라 저래라 간섭했거나 건강염려증 환자였을지도 모른다. 그 정도 조건이라도 당신이 무능력한 남자들에게 엄청난 매력을 느낄 이유로는 충분하다. 실제로 자신이 어떻게 연애를 하는지를 계속 살펴보면 부모를 얼마나 열띠게 경험했는지를(특히 부모가 어느 지점에 상처를 입혔는지를) 알아낼 수 있다.

과거 내 문제는 겉만 번지르르한 바람둥이에게 끌리는 것이었다. 한때 내가 푹 빠졌던 저스틴이라는 남자처럼 말이다. 대단한 미남에 굵직한 할리우드 경력까지 갖춘 이 남자는 여자들이 원하는 것을 다 갖추고 있었고 본인도 그 사실을 알고 있었다. 한 번은 좁고 붐비는 미술관으로 인파에 휩쓸려 들어가고 있는데 저스틴이 내 옆을 지나갔다. 그는 스쳐 지나가면서(그의 몸 앞쪽이 내 뒤쪽에 밀착되면서, 꺄악!) 내 손에 자기 손을 포개더니 손가락으로 내 손바닥 안쪽을 어루만졌다. 손바닥 안쪽을 말이다! 지금 화학반응에 대해 말하고 있나? 다시 그때로 돌아갈 수만 있다면 큼직한 유리

당신의 이상형은 여우 같은 남자

친구가 최근 눈에 들어온 남자에 대해 이야기했다. 친구는 서른두 살로 이제 그만 결혼해서 아기를 갖고 싶어 했다. 그런 그녀가 전화로 마음에 두고 있는 남자가 '여우 같다'고 열광했다. 그게 좋은 말이라는 듯이.

친구 : 농담이 아니야, 트레이시. 그 남자 정말 여우 같아.
나 : 여우 같아? 여우 같은 남자한테 뭘 바라는 거야? 여우는 닭장에 쳐들어가 닭이나 죽이는 놈이잖아?

여우 같다는 것은 단지 잘생겼다는 말이 아니다. 여우 같다는 것은 마음 자세를 말한다. 동물의 세계에서 여우는 암탉을 사냥하고 알을 훔쳐간다. 데이트의 세계에서도 마찬가지다. 내 경험상 '여우스러움'은 성실과 반비례한다. 이제(사실은 대략 스물세 살 무렵을 지나면서부터) 나는 M&M 초콜릿 한 봉지를 다 먹지 않는 것처럼 여우 같은 남자에게도 넘어가지 않는다. 여우 같은 남자에게 넘어간 순간에는 기분이 좋을지 몰라도 이후 어느 시점에 다다르면 틀림없이 이럴 가치가 있는가 회의하며 기분이 언짢아질 것이다. 게다가 정말로 여우 같은 남자와 결혼한 두 여자를 알게 된 이후로는 (그중 한 명은 자기 집에 필라테스 운동기구를 설치하기도 했다) 여우 같은 남자가 문제를 일으킬 정도로 오래 관계를 지속하지 않을 가능성이 매우 크다는 것을 알게 되었다.

잔이 산산조각 날 만큼 비명을 질러줄 텐데.

그러나 유혹적일 수도 있었던 순간이었음에도 나는 이미 세 번째 남편 덕에 그런 남자들이 어떤지를 잘 알고 있었다. 다시는 그런 경험을 할 필요가 없었다. 당장 그만두어야 한다는 것을 알고 있었다. 그만. 자, 비판적인 생각을 시작하자. 내가 '경이로운' 화학 반응을 느낀 저스틴이라는 인물은 정확히 누구지? 자세히 들여다 보자.

- 장기적인 연애를 한 번도 해보지 않았다.
- 마흔이 코앞이면서 20대 여자들과 (사실은 여자애들과) 데이트를 한다. 왜? 할 수 있으니까. 그의 팔짱을 낀 여자들은 주로 「더 힐스」에 나오는 오드리나처럼 생겼다(그녀가 대학에 갔거나 혹은 아시아계라면).
- 페이스북 프로필에 수영복을 입고 마티니를 마시는 사진을 올려놓았다.
- 고출력의 빈티지 자동차를 몬다.

이 네 가지만으로도 이미 저스틴이 여우 중에 상여우지만 당장 누군가의 남편이 될 일은 없을 거라는 사실이 분명해 보인다. 적어도 누군가의 좋은 남편이 되지는 않을 것이다. 분명, 마흔일곱 살 정도가 되면 스물여덟 살짜리 초절정 미녀를 낚아 올려 그녀에게 아기 한둘을 낳게 해줄 것이다. 그리고 그 아이들이 다섯 살, 일곱 살이 될 무렵이면 기금 마련을 위한 대규모 학교 행사에 참가해 어느 섹시한 학부모의 손바닥을 어루만지고 있을 것이다. 어이쿠야!

내가 그의 아내가 되어 그걸 모르는 척하지 않아도 된다니, 진정 하늘에 감사드린다.

자, 이제 섹시한 남자가 그렇게 좋기만 한 것은 아니라는 사실을 알게 되었을 것이다. 이제 부유한 남자로 넘어가자. 죽여주는 직업에 아파트, 자동차, 은행계좌를 가진 남자 말이다. 당연히 좋은 직장을 지킬 줄 알고 매달 많든 적든 집세를 제대로 낼 수 있는 남자와 산다면 좋을 것이다.

그러나 미팅과 소개팅을 거치는 동안 당신이 사실상 안정적인 직업을 가진 점잖은 남자를 밀어내고 있다는 사실을 알게 될 것이다. 당신을 거침없이 끌어당길 매력적인 고소득자를 기다리기 위해서 말이다.

얄팍한 여자들은 수입이 많은 남자와 결혼하면 유리한 점만큼이나 불리한 점도 있을 것이라는 생각을 거의 하지 않는다. 누구도 이런 이야기를 하지 않는다. 그러나 14년간 엔터테인먼트 업계에 종사하다 보니 중산층 아빠와 부자 아빠 사이의 차이점을 조금이나마 목격하게 되었다.

부유한 남자는 집에 없다 아예 없지는 않다. 그러나 중산층 아빠보다는 집에 덜 들어간다. 오전 9시에 출근해 오후 5시에 퇴근하는 사람에게 천문학적인 액수의 돈을 주는 곳은 어디에도 없다.

고소득 남자와의 결혼생활은 몹시 전통적인 경향이 있다 누군가는 집에서 아이들을 보살피고 집안일을 해야 한다. 그런데 아내가 일을 하지 않는다면 양육과 집안일은 아내 몫이 될 확률이 높다. 내 경험상 이런 식의 조합은 아이들이 네 살 미만으로 아주 어릴 때 가장 효과적이다. 아이들이 자라는 동안 당신의 사회생활 경력은 서서히 사라져버리고 10년이 흐르면 심각한 불평등이 나타난다. 누구도 이런 말을 큰소리로 하지는 않는다. 보통 이 부인들은 멋진 집과 아이들, 생활을 갖고 있기 때문이다. 보다 전통적인 것을 선호하는 사람이라면 적성에 맞을지도 모르겠다. 그러므로 먼저 자신이 어떤 유형의 여자인지를 파악하고 자신의 꿈이 아닌 꿈을 향해 자신을 팔아버리는 일이 없도록 주의해야 한다.

부유한 남자의 부인도 직업이 있다 가정주부라는 직업이다. 집안일도 힘이 많이 든다. 특히 집이 크고 멋지다면 더더욱. 만약 남편이 돈을 많이 번다면 일반적으로 당신과 빨래를 50대 50으로 분담할 생각은 하지 않을 것이다. 아이들의 도시락을 싸지도 않을 것이고(사립학교는 구내식당이 없다는 사실을 아무도 알려주지 않았다!) 카풀을 하거나 배관공이 오기를 기다리지도 않을 것이다. 남편의 연봉이 50만 달러면 그 모든 게 당신 일이 된다. 그 모든 일을 대신 해줄 사람을 고용할 돈은 있겠지만 24시간 도우미를 쓰더라도 그들을 고용하고 관리하고 해고하는 것은 모두 당신 몫이 될 것이고 그들이 아프기라도 하면 그 일을 대신할 사람 역시 당신이다. 다시 말해 그 모든 일을 함께할 배우자를 가질 기회를 놓쳐버렸을 뿐만 아니라 당신의 아이들이 남자도 집안일을 잘할 수 있음을 보고 자랄 기회도 사라졌다는 뜻이다. 우리가 1970년대와 1980년대에 남녀평등을 부르짖으며 싸웠던 것이 고작 1950년대로 돌아가기 위해서였다는 말인가? 어쩌면 그럴지도 모르지.

부유한 남자들은 재혼을 어렵게 만든다 이혼은 거의 언제나 엿 같은 일이다. 하지만 부유한 남자와 결혼했다면 이혼은 한결 더 나쁠 수 있다. 물론 물질적인 보상을 받을 수는 있을 것이다. 대신 부유한 남자의 전부인은 평범한 남자의 전부인보다 훨씬 독립적일 가능성이 높다. 앞에서 말한 부유한 남자의 문제점 1번 때문이다. 또 당신이 이혼을 한다면 다른 짝을 찾기가 훨씬 더 어려워질 수 있다. 기본적으로 다른 남자의 보살핌을 받고 있는 여자와 사귀거나 결혼하는 것을 편안하게 생각할 남자는 거의 없다. 전남편이 그 여자에게 지나치게 많은 힘을 행사하고 있기 때문이다.

당신이 부유한 남자를 찾아낸다면 해결해야 할 문제가 아주 많이 생길 수 있다. 그렇다면 정말 멋진 사람과 데이트를 하기 위해 당신의 조건 목록을 두 번씩 점검하는 습관을 어떻게 버릴 수 있을까?

변화를 위한 실천

이쯤 되면 수많은 여자가 이렇게 말할 것이다. 그것도 아주 절박한 목소리로.

"그렇다면, 내가 끌리는 남자와는 데이트를 아예 할 수 없다는 말인가요?"

진정하시라, 숙녀 여러분. 좋아하는 사람을 찾는 일을 포기하라는 것이 아니다. 다만 당신이 끌린다고 생각하는 것이 무엇인지 더 깊이 들여다보고 의문을 제기해보라는 말이다. 끌림이라는 게 반드시 '우연히 발생'할 필요는 없다. 끌림이란 온갖 종류의 선택을 할 수 있는 수많은 여지를 안겨주는 역동적인 과정이고 그 선택 사항 중 어떤 것은 다른 것들보다 더 효과가 있을 수 있다.

화학반응에 관해 또 한 가지 중요한 사실이 있다. 나는 남녀 간의 화학반응에 페로몬이 개입한다는 것을 알고는 있지만, 영적인 면에서 보면 다른 게 있다. 나는 특별한 두 사람을 하나로 끌어 모으는 것, 그러니까 당신이 그를 좋아하는 이유라고 생각하는 욕망이나 돈이나 파란 눈 바로 다음에 위치하는 것은 이 두 사람이 오직 서로로부터 배워야 하는 뭔가라고 믿는다. 두 사람을 제외하고 어느 누구도 도움을 줄 수 없다. 여기서 도와준다는 것은 그들에게 너무 큰 고통을 안겨줘서 도저히 그 교훈에서 벗어날 수 없게 한다는 뜻이다.

벗어나려고 시도해볼 수는 있다. 우리는 그것을 이혼이라 부르고 사람들은 매일 이혼을 한다. 그랬다고 해서 삶의 교훈을 피했다는 의미는 결코 아니다. 다른 파트너와의 사이에서 삶의 교훈을 얻게 될 것이라는 뜻이다. 그는 당신의 불쾌한 과거를 지적하며 자신과의 관계에서 무슨 일이 벌어지든 다 당신 잘못이라고 결론 내릴 것이다. 당신은 방어할 방법이 거의 없을 것이다. 전에도 그 길을 밟아보았기 때문이다. 그러므로 지금 당신 곁에 있는 남자가 괜찮다면 관계를 고수하는 게 좋다.

이 단계에서 또 한 가지 커다란 영적인 생각이 폭풍처럼 몰려온다. 즉 당신의 현재 모습은 당신이 찾아낸 것이라는 점이다. 때로는 이를 끌림의 법칙이라고 부른다. 많은 의미가 있을 수 있지만 이 경우는 당신의 상대는 언제나, 뭐랄까, 당신의 상대가 될 것이라는 뜻이다. 당신이 얄팍하다면 당신은 얄팍함을 끌어당길 것이다. 예외는 없다. 좋아하는 것은 언제나 좋아하는 것을 끌어당긴다. 불교의 선승이라면 이렇게 말할 것이다. 위가 그러하면 아래도 그러하리라. 혹은 안이 그러하면 바깥도 그러하리라.

한 가지 예로 앞에서 말한 8점, 9점, 10점짜리 여자들하고만 데이트를 하려는 남자를 다시 살펴보자. 의사인 데릭은 키가 183센티미터이고 매력적이며 연금보장이 확실하고 미래가 매우 유망한 남자다. 데릭은 대부분의 여자가 돈을 좋아한다고 생각한다(사실 여기서 여자란 모든 여자들이 아니라 정말로 매력적인 여자들만을 말한다). 심지어 그는 자신이 이 생각에 얼마나 충실한지도 깨닫지 못하고 있다. 그래서 그는 자신이 남자를 대상화하고 있음을 알지 못하는 여자와 완벽한 한 쌍이 될 수 있다.

그러나 자세하게 귀를 기울여보면 알 수 있다. 데릭에게 술 두 잔만 줘봐라(좋다, 네 잔이다). 그리고 여자들 이야기를 들어봐라. 데릭은 자신이 내과의라서(왜 의사들은 자신을 그냥 의사라고 부르기를 한사코 거부하는 걸까?), 그리고 자신이 차를 굴리는 모습을 보면(랜드로버 레인지오버라는 걸 똑똑히 알아둬라) 돈 냄새가 풀풀 나서 여자들이 자신을 좋아하는 거라고 큰 소리로 말할 것이다. 분명 모든 여자들이 다 이렇지는 않지만 흥미롭게도 데릭에게 선택되는 여자들의 약 95퍼센트는 그렇다.

내가 보기에 훨씬 더 흥미로운 사실은 데릭의 여자친구들 가운데 실제로 8점부터 삶을 시작한 사람은 거의 없다는 것이다. 데릭이 더 높은 점수의 여자를 찾는 것처럼 데릭이 사귄 여자들도 그랬다. 그들은 일반적인 방식으로 자신의 점수에 소수점 이하의 점수를 더해갔다. 예를 들면 그들은 머리카락 색깔에 약간의 음영을 집어넣거나 일주일에 네다섯 차례 걷기 연습을 하거나 가슴을 키우거나 코를 줄이기 위해 바쁘게 뛰어다녔다.

이런 노력들이 잘못은 아니지만 이런 식의 '향상'이 데릭 같은 남자의 눈에 더욱 매력적으로 비친 것은 결코 우연이 아니었다. 남자든 여자든 다른 대상을 '잡기' 위해 스스로를 대상으로 삼는다면 결국 상대방과 똑같은 사람이 되고 만다. 때로는 효과가 있을지 몰라도 좋은 결혼생활 안에는 그보다 한결 재미있는 요소가 있다. 게다가 데릭이 이런 여자들을 분명하게 선택하고는 있지만 (또 여자들도 그를 선택하고 있지만) 그는 자신의 내면에서 오는 것과 '바깥에 존재하는 것'을 혼동해왔다.

그럼 어떻게 변화시킬지 이야기를 나눠보자. 간단하다. 깊이를 쫓아라. 당신은 남자들에게 다가가는 방식에 의식적인 변화를 주고자 한다. 당신이 관심을 느끼는 남자들만이 아니라 모든 남자들에게 말이다. 예전이었다면 말도 걸지 않았을 남자들에게 말을 걸기 위해 노력하는 것부터 시작하라. 이 방법은 두 가지 이유에서 좋다. 첫째, 남자에게 아무것도 원하지 않으면 그 남자가 어떤 사람인지에 더 쉽게 초점을 맞출 수 있다. 둘째, 분명한 의도를 품지 않고 남자와 말하는 게 익숙해지면 그 남자가 어떤 사람인지, 어떤 성격인지 등 그의 개인적인 자질을 보다 잘 알아볼 수 있게 된다.

남자의 말에 진심으로 귀를 기울여라. 어떤 이야기를 하든지 그의 성격에 관해 많은 것을 알게 될 것이다. 그는 이 세상을 어떻게 바라보고 있는가? 어떤 신념을 갖고 있는가? 자신이 어떤 사람이라고 생각하며 삶의 목적을 뭐라고 생각하는가? 아무리 강조해도 지나치지 않은 대목이다. 성격이야말로 당신에게 가장 중요한 사항이기 때문이다. 배가 나오고 주름살이 생기고 성적으로 한창 뜨거운 시기가 지나가면 남자에게 남는 건 오직 성격뿐이다. 그러니 성격이 좋아야 한다.

이런 습관을 들인다면 정말로 관심 가는 남자들과 상호작용할 때도 영향을 끼칠 것이다. 내가 원하는 사람인가 아닌가의 관점으로 그들을 바라보기보다 그들의 내면에 어떤 사람이 자리 잡고 있을까를 더 많이 생각하게 될 것이다. 스스로 물어보라. 이 남자는 중학교 1학년 때 어떤 사람이었을까? 어떤 사람이 되기를 바랐을까? 인생에서 가장 큰 소원이 무엇이며 나는 그 여정에 동반자가 될 수 있을까?

남자를 상대할 때 보다 관심(깊이)을 가질수록 그에게서 다른 것을 보게 될 것이고 자신에게서도 다른 것을 보게 될 것이다. 당신이 발산하는 에너지가 언제나, 정말로 언제나, 당신이 보낸 만큼 정확하게 돌아올 것이다. 부메랑과 같다. 깊이 보내면 깊이 돌아온다.

당신이 파트너에게서 어떤 자질을 찾든 당신이 원하는 것은 정말 간단하다. 바로 사랑. 그리고 평화. 당신은 같은 것을 원하는 사람, 함께 그것을 창조해낼 수 있는 사람과 행복하고 조화로운 동반을 원한다.

이제 근사한 남자가 한 번의 데이트로 당신과의 관계를 끝내는 이유를 알게 되었을 것이다. 이를 극복하기 위해 다시 한 번 점검해보자.

• 당신은 얄팍하다

당신은 피상적인 것에만 집중하고 성격처럼 중요한 것에는 충분히 관심을 기울이지 않는다.

• 이는 완벽주의다

얄팍하다는 것은 사실 완벽주의다. 당신은 남자를 당신이나 당신의 삶을 완성시켜줄 대상으로 취급한다. 좋은 남자라면 아무리 멀리 떨어져 있어도 이를 간파하고 당신을 피할 것이다.

• 성장하라

얄팍함은 다른 사람들의 생각을 지나치게 신경 쓰는 10대 소녀적 발상에서 나온다.

• 조건 리스트를 버려라

더 이상 원하는 것을 찾는 게 아니다. 필요한 것을 찾는 것이다.

• 더 깊이 들어가라

남자의 내면에 있는 사람을 바라보라. 무엇이 그를 자극하는지, 그의 인생은 무엇을 위한 것인지 알아보고 당신이 그 여정에 동반하고 싶은지 스스로 물어봐라.

섹스는 결혼으로 통한다?

몸으로 말하는 여자

1. 당신에게 성실하지 않은 남자들과 정기적으로 성관계를 갖는가?
2. 오직 가벼운 섹스를 위해 남자들과 엮인 적이 있는가?
3. 파트너와의 섹스에서 정말로 중요한 것은 섹스일 뿐이라고 생각하는가?

분명히 하자. 당신은 누구라도 원하는 사람과 섹스를 할 수 있다. 사람들이 몸으로 무엇을 하는가에는 관심이 없다. 도덕적인 설교를 늘어놓으려는 건 아니니까. 그러나 성적인 행동은 분명히 연애와 결혼의 한 가지 구성 요소다. 그래서 내가 연애에 대해 이야기를 나눌 때면 가장 먼저 물어보는 것이 섹스다. 당신은 새로 파트너가 생기면 언제 섹스를 하는가? 사이 사이에는 무엇을 하는가? 오직 섹스만을 나누는 친구가 있는가? 그게 제대로 되는가? 자신의 성생활은 어떠한가? 언제, 어떻게, 누구와 섹스를 하는가가 여러 측면에서 당신의 결혼 잠재성에 영향을 미칠 것 같은가?

헤픈 여자가 되는 것도 이런 방식 가운데 하나일 뿐이다. '헤프다'는 말이 매우 도발적이고 자극적이라는 것을 알고 있다. 문란한 성생활이 그 자체로 나쁘다는 말을 하는 것은 아니다. 내 말은 당신 스스로 소중한 자아를 잘 건사하는 한, 누구도 가타부타 판단할 수 없다는 뜻이다. 그러나 당신이 관계에 성실하지 않은 남자 혹은 당신에게 성실하지 않은 남자와 섹스를 하는 것은 문제가 될 수 있다. 특히 결혼과 관련해서.

섹스와 연애 그리고 짝짓기의 기저에는 생물학이 존재하고 대부분의 경우 이 생물학은 당신이 남자와 기왕이면 재미있고 가볍게 섹스할 수 있어야 한다는 생각보다 더 크고 중요하다. 이론적으로는 이런 생각이 가능하다. 그러나 현실적으로는 거의 효과가 없다(이를 성공적으로 해내는 여자를 기껏 두 명 알고 있다). 평소 내가 즐겨 쓰는 표현대로라면 가벼운 섹스는 여흥을 위한 헤로인과 같다. 그러니까 효과가 그리 오래가지는 않는다. 섹스, 특히 좋은 섹스는 습관을 형성한다. 그리고 바로 그런 점 때문에 결혼에 심각하게 방해가 될 수 있다.

당신이 외면한 불편한 진실

나는 지금 가벼운 섹스에 대해 말하고 있다. 가벼운 섹스란 성실한 관계 밖에 있는 섹스를 말한다. 지금 내가 보수적인 정치인처럼 보일까 봐 얼마나 질색하고 있는지 모를 것이다. 나는 정말이지 그런 사람이 아니니까. 하지만 30년간 데이트를 해보고 연애에 대해 여자들과 이야기를 나누는 동안 나는 완전히 다른 이유로 비슷한 결론에 이르렀다. 섹스를 완전히 끊으라는 말이 아니다. 다만 당신이 성적으로 혼란한 관계에 놓여 있고 그 탓에 결혼에 도달하지 못하고 있다면 섹스에 대한 접근법을 다시 생각해볼 필요가 있다는 말이다.

가벼운 섹스야말로 가장 큰 거짓말일지도 모르겠다. 섹스라는 게 결코 가벼울 수가 없다. 이 세상에 아기들을 데려오는 일이고 왕국을 건설하거나 멸망시키는 일이며 사람들이 배우자를 죽이게도 하는 일이다. '사랑의 여름(1967년 샌프란시스코에서 개최된 반문화 운동을 지향했던 히피들의 축제-옮긴이)'부터 '샘의 여름(1977년 뉴욕에서 일어난 연쇄살인사건-옮긴이)'까지 누구나 원하는 상대와 원하는 때 성공적으로 섹스를 할 수 있었던 10년이라는 시간이 있었다는 사실이 현대의 성생활에 혼란을 일으켰다. 그토록 멋진 음악, 영화, 드라마를 보고 우리 역시 그럴 수 있을 거라고 믿게 된 것은 불행이다.

가벼운 섹스라는 것이 모두 똑같이 이루어지지는 않는다는 사실을 알아야 한다. 가벼운 섹스에도 여러 유형이 있다. 작정하고 하는 경우, 그냥 받아들이는 경우, 상대 남자가 당신과의 관계를 중요하게 생각하지 않는다는 말을 해주지 않아 스스로 가벼운 섹스를 하고 있는지도 모르는 경우가 있다. 실상은 당신과 가벼운 섹스만을 원하는 남자들의 숫자만큼이나 가벼운 섹스의 종류도 많다. 여기서 당신이 마주치게 될지도 모르는 가장 일반적인 유형 몇 가지를 살펴보기로 한다.

비열한 남자 유형 아름다운 여자들의 사랑을 얻는 데서 기쁨을 느낀다. 그런 사랑을 얻기 위해 속임수를 쓰고 거짓말을 하고 발뺌하는 불한당이다. 당신과 정식으로 사귀는 것에 대해 노골적으로 거짓말을 하지는 않아도 당신이 스스로에게 거짓말을 하게 만들 것이다. 이런 남자는 아름다운 여자를 많이 만날 수 있는 전문직, 예를 들어 사진작가, 바텐더, 광고 책임자 사이에서 찾아볼 수 있다.

피터팬 유형 자신에 대해 진지할 수가 없어서 당신에 대해서도 진지할 수가 없는 남자다. 스케이트보드를 타고 시내를 돌아다니거나 중고 할인 매장에서 옷을 사 입어도 정말 귀여워 보인다. 당신은 그 남자가 룸메이트가 세 명이나 되는 것에 대해서도, 흡연과 음주에 대해서도, 커피전문점에서 일하는 것에 대해서도 자꾸만 당신의 친구들에게 변명을 늘어놓고 있을 것이다. 그가 시간을 지켜 찾아가는 곳은 밴드 연습실이 유일하다. 당신은 그가 하루빨리 정신을 차리고 철이 들기를 바라지만 현실을 직시하라. 그런 일은 절대 일어나지 않는다. 적어도 그가 당신과 사귈 때는 일어나지 않는다.

경력 중시 유형 자신의 경력에 집중하느라 연애를 시작할 엄두도 못 내는 남자들이 있다. 그러나 여자들은 이런 남자가 결혼 상대로는 적격이기 때문에 그를 사랑한다. 그들은 열심히 일하고 고학력에 보수가 좋은 전문직에 종사할 가능성이 크기 때문에 근사한 남편감으로 보인다. 그러나 실수하지 말 것. 자신의 경력에 모든 것을 바치려는 남자는 당신만 허락한다면 당신 인생에서 몇 년 정도는 쉽게 빼앗아갈 수 있다. 그나마 봐줄 만한 점은 이런 남자가 자신의 현재 처지에 대해 솔직하게 말하고 그에 맞는 여자를 찾는다는 것이다. 언젠가는 기꺼이 관계에 성실하겠지만 그가 상무가 될 무렵 당신이 여전히 서른한 살이 아니라면 당신에게 성실하지는 않을 것이다. 당신은 지금 서른한 살이므로 그런 일은 일어날 수가 없다.

바람둥이 유형 다른 사람에게 충실하느라 당신에게는 충실할 수 없는 남자다. 아마 최악의 경우일 것이다. 만약 당신이 이런 남자에게 매력을 느낀다면 당신의 아버지에 관해 심리상담을 받아보라는 말밖에는 할 말이 없다. 다른 세부 유형 중에는 감정적으로 당신과 몹시 가까워지고 있지만 진짜 여자친구가 따로 있기 때문에 당신과는 전혀 섹스를 하지 않는 남자도 있다. 또 같이 사는 부인이나 여자친구와의 관계에서 벗어나고 싶어서 당신을 만나는 남자도 있다. 생각할 필요도 없는 당연한 문제이지만 만약 남자가 어떤 식으로든 당신 외에 다른 여자와 감정적으로 묶여 있다면 그의 곁을 떠나라.

음모 유형 당신의 관심을 받고 싶어서 당신과 진지하게 교제할 가능성을 감질나게 내비치지만 실제로 행동에 옮기지는 않는 유형이다. 실제로는 어떤 약속도 하지 않으면서 당신의 관심을 붙들어놓을 만큼만 전화를 하거나 문자를 보내거나 우연히 마주친다. 그는 어마어마한 고가 화장품 광고의 카피 같다. 너무나 조심스럽게 말해 대체 무엇을 약속하고 있는지조차 알 수 없지만 뭔가 대단한 게 있다는 인상만은 주는 그런 카피 말이다. 크림이 들어있는 통? 정말로 아름답다. 그가 기꺼이 충실하고자 하는 여자가 존재한다는 사실은 정말이지 짜증난다. 그 여자가 당신이 아니므로. 그런 여자는 록밴드에서 드럼을 연주하는 치명적으로 아름다운 여자 혹은 그런 비슷한 여자다.

잭 니컬슨 유형 마지막으로 결코 관계에 충실하지 않을 남자가 있다. 절대로. 그러나 이 방탕한 매력 탓에 당신은 조금도 신경 쓰지 않는다! 그에게는 돈도 있고 성적 매력도 있으며 유머 감각도 있다. 어떤 경우에는 다른 남자들보다 조금 더 재미있을 뿐이지만. 그는 다른 남자들을 기죽이는 생각(그 남자 외에 다른 사람들에 대한 생각하는 것)에 크게 신경 쓰지 않는다. 그래서 그가 재미있는 것이다. 당신이 노닥거리는 곳에 이런 남자가 있다면 그는 아마 당신의 가장 쉬운 상대가 될 것이다. 정말 심각하게 망상에 사로잡힌 여자가 아니라면 잠시라도 자신이 잭 니컬슨을 안정시킬 수 있으리라고는 생각하지 않을 것이므로. 게다가 잭 니컬슨은 늙기까지 했다.

이런 남자들 가운데 누구도 나쁜 남자가 아니라는 사실에 주목하라. 이들은 개인적인 이익에 의해 움직이는 것이고 그 개인적인 이익이란 것이 한 사람 이상의 여자에게 열려 있을 뿐이다. 이걸 나쁘다고 할 수는 없다. 당신이 그들을 변화시키려고 하거나 그들이 그만두기를 기다리는 게 아니라면 말이다.

만약 당신이 둘 중 한 가지를 하고 있다면 아마 긴 시간을 기다렸을지도 모르겠다. 가벼운 관계를 유지하려는 남자에게 푹 빠졌을 경우 여자들은 자신의 삶을 몇 달이나 (혹은 몇 년이나) 포기해야 한다. 여자가 나이가 들어갈수록 더 흔하게 벌어지는 일로, 모든 연령대에서 일어난다.

사랑은 화학반응?

유대감을 느끼고 사랑에 빠지는 과정은 한 남자와 아기를 가질 만큼 충분히 오래 그를 곁에 묶어두기 위해 고안된 전체적인 체계의 일부분이다. 이 과정을 돕는 화학물질이 있다. 옥시토신, 도파민, 세로토닌 같은 호르몬이다. 이 화학물질들은 좋은 기분을 선사한다. '사랑하고 있다'는 감각 말이다. 사실 어떻게 보면 화학물질이 사랑하고 있다는 감정 그 자체다. 이러한 화학물질이 없다면 사랑을 느끼지도 않을 것이다.

남녀의 유대감에 작용하는 생물학을 알기 전에는 나한테 뭔가 문제가 있다고 생각했다. 나는 왜 한 남자와 잠을 자고 그다음 단계로 넘어가는 방법을 모르는 걸까? 다른 사람들, 적어도 드라마와 영화에 등장하는 사람들은 별 어려움 없이 다음 단계로 나가는 것만 같았다. 나만 빼고 다들. 나는 늘 남자를 갖고 싶었다. 패배자처럼.

나는 가벼운 섹스를 하려는 별 소용없는 노력을 하며 몇 년을 허비했다. 나는 1970년대에 자랐고 열여덟 살만 되면 섹스를 많이 하게 될 거라는 기대에 부풀어 있었다. 그야말로 가볍게 말이다. 중학교 1학년 여름방학에 「토요일 밤의 열기」를 봤고 더 이상 기다릴 수가 없었다. 뉴욕! 춤! 그 옷들이라니! 나는 토니 마네로(존 트래볼타가 연기한 영화 주인공-옮긴이)와 클럽 밖에 있는 더블제이(토니의 친구-옮긴이)의 자동차 뒷좌석에서 섹스를 할 생각으로 완전히 흥분해 있었다.

그러나 그런 일은 일어나지 않았다.

실제로는 고등학교 1학년 말에 한 남자와 잤고 그 남자와 2년 반을 사귀었다. 그 관계가 끝나자 또 다른 남자와 잤고 결국 그와 결혼하게 되었다. 5년 후 우리는 갈라섰고 다음으로 잔 남자와 1년을 사귀었다. 그런 식이었다. 한 남자와 성적인 관계를 맺으면, 그러니까 두 번 정도 진한 애무를 나누고도 결국 그 남자와 인연을 맺었다. 그들과 모두 결혼한 것은 아니다. 그들과 모두 정식으로 교제한 것도 아니다. 하지만 결국 인연을 맺게 되었다.

그래서 18개월에서 24개월 동안 교제하면서 화학물질이 자연스럽게 약해지면 일부 사람들은 다시 '사랑하고 있다'고 느끼는 다른 사람과의 관계를 위해 더 이상 '사랑하고 있지' 않다고 느끼는 현재의 관계를 청산해야 한다고 생각한다(일부 사람들에는 이전의 나도 포함된다). 이들은 '사랑하고 있다'는 것이 기본적으로 화학적 상태임을 모른다. 그저 상대방과 관계가 있을 거라고 생각한다.

그렇지 않다. 반드시 그렇지만은 않다.

그 여자가 결혼하지 않은 이유

이 현상의 가장 극단적인 예가 내 친구 멜리사다. 그녀는 잘생긴 프랑스 남자 파스칼과 데이트를 시작했다. 처음 넉 달 동안은 보통의 방식으로 일이 전개되었다. 파스칼은 장기적인 교제를 약속하지는 않았지만 멜리사를 '여보'라고 부르며 다정한 베갯머리송사를 나누었고 가까운 관계를 배제하는 어떤 말도 분명하게 하지 않았다. 문제는 둘 사이의 관계가 '더 깊이 들어가자' 찾아왔다. 이를테면 상대방의 집에 칫솔을 둔다거나 함께 휴일을 보낸다거나 양가 부모를 만나는 전환점 말이다. 이렇게 말하면 어떨까? 멜리사에게는 그러한 전환점이 오지 않았다.

관계에 실질적인 진척 없이 9개월이 지나자 멜리사는 비로소 이해했다. 파스칼에게는 관계에 충실할 의향이 전혀 없다는 것을. 그래서 그녀는 관계를 정리했다. 혹은 정리하려고 했다. 그러나 누구나 쉽게 예상할 수 있듯이 한두 달이 흐르자 두 사람은 서로를 '그리워하기' 시작했다. 몇 차례 취중 통화가 이어진 뒤 멜리사는 생각을 바꿔보기로 결심했다. 가벼운 관계면 뭐 어때? 결국 그녀는 그를 좋아하고, 그 순간 더 관심이 가는 남자도 없고, 그와의 섹스는 환상적이기만 한 걸. 그러니, 뭐, 안 될 게 뭐야?

그런데 그게 벌써 9년 전 일이다. 그게 안 되는 이유다.

멜리사는 그동안 수많은 남자를 만났고 일부는 정말로 좋아하기도 했지만 계속해서 파스칼에게 돌아가고 있다. 왜일까? 어떤 사람도 파스칼과의 친밀감, 파스칼과의 재미에 근접하지 못하기 때문이다. 그녀에게는 파스칼과 함께한 역사가 있다. 그곳에는 확실히 심리학이 개입해 있다. 사랑해서는 안 되는 남자를 사랑하는, 어쩌고저쩌고 하는 심리 말이다. 그러나 생물학적인 수준으로 더 깊이 파고 들어가면 멜리사가 파스칼을 떠나지 못하는 훨씬 더 직접적인 이유가 있다. 그녀는 그에게 단단히 묶여 있다.

파스칼 같은 남자와 몇 년을 함께 보내는 것은 가격을 모르고 자동차를 구입하는 것과 비슷하다. 멜리사가 치른 가격은 파스칼과 함께 대단한 섹스에 푹 빠져 보낸 몇 년이라는 세월이다.

그래서 나는 멜리사에게 이렇게 말해주고 싶다. 멜리사는 서른 살로 보일지 몰라도 그녀의 난자는 마흔 살이다. 당신에게도 말해주고 싶다. 당신은 딱 제 나이의 난자를 갖고 있다. 엿 같은 기분이겠지만 사실이다. 그러니 결혼을 하고 순서대로 아이를 갖고 싶다면(물론 나는 꼭 그 순서를 지키지는 않았지만) 어서 이 사실에 대해 책임을 져야 한다.

문제는 전체적인 노화의 속도가 점점 빨라진다는 것이다. 적어도 여섯 명의 친구들에게서 이런 현상을 목격했다. 30대 초반에 들어서자마자 다양하게 흥미롭고 섹시한 남자들을 상대하다가 문득 뒤를 돌아보면 어느새 30대가 휙 지나가고 있다. 서른두 살부터 서른일곱 살까지가 가장 쏜살같이 흘러간다. '시간 많아'와 '에구머니나'의 차이만큼 크다. 괜한 걱정을 심어주려는 게 아니다. 다만 너무도 많은 여자들이 자신의 30대가 결코 농담이 아니라는 사실을 모르는 것 같아 안타까울 뿐이다. 불임 전문의를 찾아가지 않고도 가정을 꾸리고 싶다면 아주 일찍부터 진지해져야 한다는 말이다.

내 삶이 들려주는 이야기

스스로 실수를 저질러보고 이 특별한 교훈을 배웠다. 어리석게도 서른한 살의 나이에 기꺼이 관계에 충실하고자 하는 정말로 좋은 남자의 아이를 덜컥 갖게 되었다. 할리우드의 모든 여배우들이 아기를 갖기 전인 1990년대 중반이었다. 나는 친구들 사이에서 가장 먼저 임신했다. 정말이다. 뉴욕과 로스앤젤레스에 사는 고향 친구들에게 이듬해 4월 출산 예정이라고 알리자 다들 나를 미친 사람 보듯이 쳐다보았다. 그러나 마음속 깊은 곳에서 이 세상 그 무엇보다 내가 아기를 원하고 있다고 말하고 있었고 아기 아빠와 6개월도 안 되는 기간을 만났지만(임신을 알았을 때는 결별한 상태였다) 내 마음속에는 단 한순간도 의문이 떠오르지 않았다. 드디어 나는 엄마가 된다. 아기 아빠가 원하든 원하지 않든.

하지만 당연히 아기 아빠는 아기를 원했다. 뉴욕에서 3년을 거주한 후 나는 내게 진실한 남자하고만 사귀겠다고 결심했던 것이다. 그 말은 '좋은' 남자와 사귀겠다는 뜻이고, 그가 내가 이스트빌리지 A가를 돌아다니는 동안 내 관심을 붙든 남자가 아니어도 괜찮다는 뜻이었다.

돌이켜보면 내가 한 일 중 가장 똑똑한 일이었다. 다 내 덕분이었다는 말이 아니다. 당신 바로 앞에 있던 사람이 교통사고를 당하는 모습을 목격했을 때 얻을 수 있는 교훈과 비슷하다. 본질적으로 나는 마흔한 살에 결혼도 임신도 하지 않은 친구들과 똑같다. 나는 그들과 똑같은 생각, 똑같은 감정을 지니고 있다. 끔찍한 어린 시절 때문에 가볍게 데이트를 하고 가볍게 섹스를 할 만큼 정말로 안정적이지 못한 것이다.

내가 그렇게 좋은 남자와 데이트를 하고 있는지도 확신할 수 없었다. 당시 나는 망가질 대로 망가져 있었다. 아담 샌들러의 집에서 열린 호화로운 파티에 작업복 차림으로 가는 짓은 하지 않는, 유행에 민감한 남자를 사귀는 편이 나았을까?(실화다.) 그러나 결국 나는 더 높은 본능을 따랐고 멋진 남자보다는 착한 남자를 선택했으며 매우 귀한 교훈을 얻었다. 남자가 할리우드 파티에 무엇을 입고 가느냐보다 더 중요한 일들이 인생에는 존재한다(사실 인생에는 초호화 할리우드 파티보다 더 중요한 일들도 존재한다). 그때 그 작업복 남자와 결혼생활을 하던 때로부터 15년이 흘렀고 그는 그때만큼이나 지금도 변함없이 성실하고 고결하다.

그렇다. 여기서 챙길 교훈은 착한 남자와 일찍 사귈수록 우연히 임신하고 결혼할 가능성이 더 빨리 찾아온다는 게 아니다. 물론 빨리 찾아올 수는 있지만.

그 남자가 결혼하지 않은 이유

지금쯤은 다들 알겠지만 남자들은 성기를 통해 사랑에 빠지지 않는다. 그렇지 않다. 대다수의 남자들은 낯선 사람과도, 친한 사람과도 똑같이 행복하게 섹스를 할 수 있고 원하는 곳에서 곧바로 그 관계를 부글부글 끓이는 데 아무런 문제를 느끼지도 않는다. 어쩌면 그들이 별 생각 없이 구획을 나누는 데 더 능숙하거나 여자들만큼 옥시토신이 많지 않아서겠지만 사실 이유는 그렇게 중요하지 않다. 중요한 것은 아무리 그 남자와 대단한 섹스를 많이 했더라도 남자가 원하지 않으면 당신의 그가 되지 않는다는 것이다.

많은 남자들이 장기적인 교제를 시작하는 것은 결심 때문이다. 남자들도 당신처럼 격렬한 감정을 느낄 수 있다. 하지만 대개 건강한 남자는 사랑에 빠지지 않는다. 사랑에 빠진다기보다는 관계의 잠재성을 면밀하게 평가하는 것에 더 가깝다. 그리고 자신의 평가가 마음에 든다면 사랑을 약간 풀어줌으로써 자신을 사랑에 '빠지게' 하겠다고 결심한다.

그렇게 상황이 전개되어나갈수록 조금 더 풀어주고 조금 더 풀어주면서 계속 관계를 유지해나간다. 이렇게 풀어주기는 당신이 어떤 사람인지를 발견해나가는 과정에서 점점 발전해나간다. 즉 당신이 믿을 만한지, 제정신인지, 섹스는 훌륭한지, 당신과의 삶이 만족스러울지 등을 발견해나가며 가장 중요하게는 그 자신이 준비가 되어 있는지를 알아본다.

가끔은 당신과 남자의 관계가 느리게 전개되고 있는 것인지, 남자가 당신과 그저 가벼운 섹스만을 나누려는 것인지 구별하기가 쉽지 않다. 적어도 초기 단계에는 많은 행동이 똑같아 보인다. 그러나 차이는 있다. 남자가 당신에게 넘어가야겠다고 결심하면 분명히 알게 될 것이다. 남자가 당신에게 그렇게 말할 것이므로.

당신이 정기적으로 만나 섹스를 나누는 남자가 만난 지 한두 달 안에 당신에게 넘어갔다는 말을 하지 않는다면 정말로 넘어오지 않았다고 확신해도 좋다. 그래도 여전히 미심쩍다면 확실히 알아낼 방법이 있다—우리 여자들은 일말의 희망이라도 붙들고 싶어

한다. 만약 당신이 남자에게 정말로 사귀는 게 맞느냐고 굳이 물어
봐야 한다면 사귀는 게 아니다.

더욱 혼란스러운 상황이 있다. 남자가 당신과 사귀기는 하지만
그다지 깊게 사귀지는 않는 경우다. 내 친구 에리카가 그런 경우다.

그녀는 어느 40대 남자와 7개월을 만났다. 에리카와 토니는 주
말을 매번 함께 보내고 일주일에 이틀 밤은 함께 지낸다. 토니에게
는 세 자녀와 전부인이 있다. 그런데 그들이 토니의 하드드라이브
용량을 너무 많이 차지하고 있어서 그는 에리카와는 다소 진지하
지 않은 관계를 유지하고 싶어 한다. 정말로 간절히. 토니는 '다소
진지하지 않은' 관계라고 말할지 모르지만 사실상 그가 진심으로
원하는 것은 '가벼운' 관계다.

토니는 일부일처주의자로 직업도 있고 집도 있다. 게다가 그는
시간이 나면 에리카와 행복한 시간을 보낸다. 하지만 둘의 관계는
진심으로 깊어지지 않기 때문에 토니는 에리카에게 '내 것이 될 수
있는 남자'가 아니다. 에리카는 둘이 함께 미래를 가꾸어나가는 것
에 대해 매우 주저하고 있다(가벼운 관계의 경우 미래는 접근 금지 구
역이기 때문에 적신호다). 사실 에리카 역시 두 사람의 현재 관계를
뛰어넘는 미래가 존재하지 않는다는 것을 잘 알고 있기 때문이다.

에리카는 토니의 아이들이 더 자라고 전부인이 그의 일상에서
차지하는 비중이 줄어들 때까지 두 사람의 미래를 논의하는 것을
미루고자 한다. 그러나 그런 건 사실상 중요하지 않다. 사실 남자

가 관계를 더욱 깊이 가꾸지 않는 것은 아이들이나 전부인 탓이 아니기 때문이다. 토니는 그냥 그러고 싶지 않은 것이다. 에리카가 아직은 인정하지 않은 사실이다. 누가 그녀를 탓하겠는가? 사랑하는 남자를 포기하고 싶은 여자는 없다.

변화를 위한 전략

첫 번째, 내 것이 될 수 없는 남자는 그만 만나라. 내 것이 될 수 없는 남자와 얽혀 있다면 당신은 원하지 않는 미혼 상태로 남아 있을 것이다.

그러므로 가까운 미래에 결혼을 원한다면 지금 누구와 인연을 맺고 있는지 정신 차리고 살펴봐야 한다. 말했듯이 나는 콰지모도와 섹스를 하고도 그가 청혼하기를 바랄 것이다. 나는 늘 「미녀와 야수」를 볼 때마다 남자가 못생겼거나 무섭게 생겼거나 사실상 중요하지 않다는 게 이 이야기의 또 다른 교훈이라고 생각해왔다. 고품질 섹스를 제공하기만 한다면 어떤 남자에게도 애착을 가질 수 있다는 말이다. 안타깝지만 분명한 사실이다.

그러므로 결혼에 관심이 있다면 누군가와 침대에 뛰어드는 일을 태평양 건널 배를 고르는 것과 똑같이 신중하게 생각해야 한다.

당신은 바다를 건널 수 있는 튼튼한 배를 골라야 한다. 크게 물이 새는 곳도 없어야 하고 돛에 거대한 구멍도 없어야 하며 항법장

왜 괜찮은 남자는 모두 유부남일까?

물론 그렇지 않다. 그러나 왜 그렇게 보이는가에 관해 단서를 제공하는 연구 결과가 최근에 나왔다. 많은 여자들이 이미 연애 중인 남자가 그렇지 않은 남자보다 더 매력적이라고 생각한다.

오클라호마 주립대학교의 사회심리학자들은 실험 참가자들에게 매력적인 이성의 사진을 보여주었다. 참가자 절반에게는 사진의 주인공에게 사귀는 사람이 있다고 말해주었고 나머지 절반에게는 사귀는 사람이 없다고 말해주었다.

결과는 분명했다. 이미 사귀는 사람이 있는 참가자에게는 사진 속 이성이 싱글인지 아닌지는 크게 중요하지 않았다. 그러나 싱글인 참가자들에게는 그렇지 않았다. 이들은 임자가 있는 남자에게 압도적인 호감을 보였다. 사진 속 남자에게 임자가 없다는 말을 들었을 때는 59퍼센트가 호감을 보였다. 사귀는 사람이 있다는 말을 들었을 때는? 90퍼센트가 마음에 든다고 대답했다.

이런 현상을 일컫는 용어가 있다. 바로 '짝 가로채기'다. 연구팀은 임자 있는 남자가 싱글 여자에게 더 매력적으로 보이는 것은 이미 기꺼이 관계에 충실할 수 있는 남자임이 증명되었기 때문이라는 가설을 세웠다. 진화생물학자들은 한 가지는 분명하다고 말한다. 즉 짝 가로채기는 인간의 수많은 짝짓기 전략 중 하나라는 것이다. 이 전략은 때때로 매우 효과적이기도 하다. 할리우드의 전설적인 짝 가로채기 선수인 엘리자베스 테일러와 앤젤리나 졸리를 보라.

치도 고장 나지 않아야 한다. 남자도 마찬가지다.

당신은 지금 완벽을 추구하려는 것이 아니다. 지구상의 모든 남자에게는 흠이 있다. 당신이 찾는 것은 좋은 사람의 기본 자질(친절, 유머, 정직)이며 가장 중요하게는 성실하고자 하는 의지다. 심지어 그 남자가 당신에게 충실하고자 하는지를 확인할 필요도 없다. 어디에선가, 누구에겐가 충실하고자 하면 된다. 그러니 충실한 기록만 있어도 한결 낫다.

내가 확실히 아는 한 가지는 관계에 충실하고 싶어 하지 않는 남자를 바꿀 수는 없다는 것이다. 몹시 중요한 말이니 다시 한 번 반복하겠다.

관계에 충실하고 싶어 하지 않는 남자를 바꿀 수는 없다.

내 것이 될 수 없는 남자가 문제라면 이 말이 이 책의 가장 중요한 교훈이 될지도 모르겠다. 어떻게 해서 그 남자와 불륜에 성공했다 해도 기껏해야 당신은 그를 거짓말쟁이로 만들 것이다('사랑은 이기적이라고?'를 보라). 그리고 최악의 경우 당신은 그를 샌드백으로 만들 것이다. 결국 당신에게 충실하지 않았다는 이유로 그를 마구 비난하게 될 테니까.

두 번째, 자신을 보살펴라. 남자도 때로는 훌륭한 조언을 해줄 수 있다. 최근 내가 겪은 일이다. 대학 시절 친구가 살고 있는 로마를 방문 중이었다. 적어도 20년간 만나지 못한 친구였다. 우리는 점심을 먹으러 갔고 서로 근황을 주고받았다. 물론 연애에 관한 근황도 포함해서다.

당시 나는 마지막 연애를 그만둔 지 꽤 된 상태였는데 사실 괜찮았다. 충격적일 만큼 괜찮았다. 고양이가 많아도 괜찮은 것처럼. 약간 걱정이 되기 시작했지만, 결국 나는 세 번이나 결혼했던 여자가 아니었던가! 연애라는 게 내게는 엄청나게 중요했기 때문에 내가 연애를 하고 있는지 안 하고 있는지 별로 중요하게 생각하지 않는 날이 올 거라고는 생각도 못했다. 어쨌든 정말로 맛있는 점심을 먹고 경이로운 로마를 산책하다가 아이스크림 가게에 들어갔을 때(휴우!) 친구가 말했다.

"트레이시, 너는 정말 매혹적인 여자야. 그러니 안주하지 마."

현재 세계에서 가장 열정적인 전문직에 종사하고 있고(영화 감독이다) 세계에서 가장 아름답고 낭만적인 도시에 사는 전직 영문학 교수의 말이라는 것을 다시 한 번 강조해야겠다. 나는 그와 사랑에 빠지지는 않았다. 첫째, 그가 지구 반 바퀴를 돌아야 하는 곳에 살고 있기 때문이고 둘째, 그가 내 절친한 친구와 결혼한 적이 있기 때문이다. 그럼에도 그는 나를 향해 나는 매혹적인 여자이니 절대 안주하지 말라면서 자신의 말에 귀를 기울이게 했다.

안주하지 마라. 대단한 조언이다. 문제는 이 한마디가 종종 당신이 초등학교 6학년 이후 만들어온 조건들을 모두 좇으라는 뜻으로 잘못 해석된다는 점이다. 내 친구의 말은 그게 아니었다. 그가 하고 싶었던 말은 내가 충실한 대상이 될 자격이 있다는 뜻이었고 (이미 알고 있다) 또 나를 가질 사람도 충실해야 한다는 뜻이었다(이 건 늘 알고 있지는 못하다). 내가 정말로 가치를 두는 일을 보살피듯 이 나를 보살펴야 한다는 말이었다. 나는 이 메시지를 진심으로 받 아들여야 한다. 어떤 남자가 내게 무엇인가를 제공하면 나는 그냥 덥석 받고 싶은 유혹에 빠지기 때문이다. 어떤 때는 그냥 놔두고 싶은 유혹에 빠진다. 어느 쪽이든 나는 진짜 질문을 놓치고 있는 셈이다. 즉 그것은 내게 걸맞은 것인가?

변화를 위한 실천

살다 보면 때로는 대단히 멋진 일에 자리를 내주기 위해 그저 그 런 일을 버려야 할 때가 있다. 그렇다. 우리 모두 별로 대단할 것도 없는 연애를 하는 도중에 환상적인 남자가 나타나 고민에 빠진 여 자의 이야기를 들어본 적이 있다. 그러나 당신이 원하는 것을 맞이 할 준비가 되어 있음을 온 세상에 알리기 위해 원하지 않는 것을 의식적으로 놓아주어야 할 때가 더 많다.

별로 마음에 들지 않을지도 모르지만 지금부터 들려줄 이야기 가 바로 그런 경우다. 나는 당신이 당신의 것이 되지 않을 남자와 함께 삶의 빈 공간을 메우는 짓을 그만두었으면 좋겠다. 빈 곳은 그냥 빈 채로 놔둬라. 물론 고통스러울 것이다. 지루할 수도 외로울 수도 있다. 그러나 충실한 관계에 충실을 기함으로써 완전히 새로운 수준의 남자를 맞이할 무대를 마련하게 될 것이다.

우리 여자들이 결코 결혼하지 못할 남자와 어울리는 가장 큰 이유는 당장 외롭고 (최소한 지금보다 나은) 뭔가를 느끼기를 원하기 때문이다. 그러나 낡은 자동차가 아직 차고에 있는 상태에서 새 차를 집어넣을 수는 없다. 어쩌면 '아닌 남자'에게 너무 빠져 있어서 '바로 그 남자'를 알아보지 못하는 것인지도 (혹은 그 남자가 당신을 알아보지 못하는 것인지도) 모른다. 어쩌면 별 효과도 없는 관계를 놓아주기보다 그냥 그럭저럭 그 관계를 유지하는 것이 덜 불편한 시점에 이르렀을지도 모른다. 어느 쪽이든 '가짜' 남자와 여전히 만나다가 '진정한' 남자와 마주치게 되면 그를 쉽게 알아보지는 못할 것이다. 당신이 어쩌면…… 어쩌면…… 이라고 생각하는 동안 달력 몇 장만 더 찢겨 나갈 것이다.

최근 사랑과 연애에 관한 토론회에 패널로 참석한 적이 있다. 패널 중에 결혼을 원하는 서른아홉 살짜리 여자가 있었다. 흔히 일어나는 일로 청중석의 스물일곱 살짜리 여자가 일어나 말했다.

"패널 중에 아직 결혼하지 않은 분은 기분 나쁘게 생각하실 수도 있겠지만 저는 서른아홉 살에 미혼으로 살 의향은 없습니다."

그 말에 나는 서른아홉 살에 미혼으로 살 의향이 있는 사람은 거의 없다고 지적했다. 어쩌다 보니 그렇게 된 것이다. 혹은 당신에게 어떤 생각도 없는 남자들과 많은 시간을 보내다 보면 생기는 일이다. 그러므로 당신이 연애 중에 자신도 모르게 다음과 같은 말을 하고 있다면 아마 그 관계를 그만 놓아주어야 할 것이다.

- 내가 얼마나 멋지고 성실한 사람인지 그 남자가 알아줄 때까지 계속 만날 거야.
- 더 좋은 일이 생길 때까지 계속 만날 거야.
- _______________ 까지 계속 만날 거야(빈칸은 각자 메우길).

최종 리허설이 아니라 당신의 인생이다. 인생은 오직 한 번 살 수 있다. 그러니 내 말을 들어라!

다른 사람들은 다들 재미있는 섹스를 즐기고 더불어 좋은 감정까지 맛보고 있는데 당신 혼자만 외로운 건 부당하다고 자꾸만 자신에게 말하고 있는가? 그렇다면 지금 당신은 자신에게 충실해야 한다고, 그래야 누군가 당신에게 충실할 거라고 되뇌어보자. 자신조차 자신의 가치를 발견하지 못하면 누가 발견해주겠는가?

그동안 할 일에 대해 매우 과격한 제안을 할까 한다. 남자와 함께하는 것만큼이나 근사한 자신과의 성적인 관계를 개발하라. 사실 근사한 성관계야말로 충실할 줄 모르는 남자를 계속 주위에 두는 또 다른 이유가 아니었던가? 당신은 섹스를 원한다. 이해한다. 섹스는 기분 좋은 일이니까. 그러나 이 말은 하고 넘어가야겠다. 당신은 침대에 있을 때 근사하다. 비록 혼자일지라도.

혼자 있기에 대해 이야기해보자. 무엇보다 당신은 혼자서도 행복과 충족감을 느낄 수 있는 경지에 도달할 수 있다. 그리고 그 경지에 이르면 완전히 다른 유형의 남자를 매료시키게 될 것이다. 혼자 있을 때의 큰 단점은 쇠망치(남성의 성기를 일컫는 속어-옮긴이)가 없다는 점이다. 섹스가 없다고 말하지 않았다. 여전히 섹스는 존재할 수 있다. 섹스는 어디에나 있다! 도처에 존재하는 에너지다. 가장 중요하게는 당신의 내면에도 있다. 그러므로 당신이 내면으로 들어가 찾아내기를 바란다.

자신과의 섹스를 차선책으로 생각하는 여자들을 많이 알고 있다. 단순히 사실일 필요는 없다. 뭐, 삽입이 없을 수도 있다. 만에 하나 그게 문제라면 역시 개선할 수 있다. 싸구려 말로 들리겠지만 당신은 자신과 사랑을 나눌 수 있다. 이를 통해 영혼의 불을 밝히고 영혼에 열중하고 남자에게 바랐던 모든 것을 스스로 들어줄 수 있다. 남자가 당신에게 주기를 원했던 모든 감정을 스스로 안겨줄 수 있다.

생각보다 훨씬 더 도전적일 수 있다. 궁극적으로 자신의 자존감을 시험하게 될 것이다. 당신은 남자에게 얼마나 의존적인가? 당신은 성적으로 자신을 지지할 수 있는가? 섹스는 관계에 이르게 해주는 것인가, 아니면 관계로부터 나오는 것인가? 만약 당신이 '진정한' 섹스는 오직 다른 사람과 하는 것으로 생각한다면 그곳에는 은밀한 심리적 문제가 존재할 가능성이 크다. 예를 들면 당신은 인정받기를 원한다. 그리고 남자에게 인정받는 것에 의존하는 여자는 훌륭한 부인감이 아니다.

남자와의 관계만큼이나 의미 있는 자신과의 성적인 관계를 개발하라고 제안하고 싶다. 그 과정에 정말로 남자가 나타난다면 그는 이미 진행 중인 파티에 참가하는 셈이 될 것이다. 그가 첫 번째 손님은 아닌 것이다.

보통 여자들의 사고방식으로 보면 엄연한 도전이다. 그들은 자신과의 섹스가 남자와의 섹스와 '똑같지 않다'고 말한다. 물론 같지 않다. 그러나 파트너와의 섹스가 섹스의 유일한 정의라면 성행위를 경험하기 위해 무언가를(이 경우는 누군가를) 구해야만 하는 어려움이 생긴다. 이는 잘못일 뿐만 아니라 쓸모없는 일이기도 하다.

대부분의 경우 자신을 완전한 성적 존재로 바라본다면 지금 당장 심오한 변화가 일어난다. 성적 대상에서 성적 주체로의 변화다. 이제 당신은 그들의 경험보다 당신에 대한 당신의 경험을 더욱 중시한다. 그렇게 되면 충실한 관계이거나 아니거나 단지 익숙해진 따뜻한 육체 때문에 안주해버리는 일은 일어나지 않을 것이다.

영적인 관점으로 보면 당신은 당신을 매료시킬 것이다. 그리고 모든 면에서 자신을 사랑하게 되면 완벽한 짝을 이루기 위한 반쪽이 될 수도 있다.

당신의 자매가 알고는 있지만 말하지 않는 것들

• 당신은 헤프다

당신은 당신에게 충실하지 않은 사람과 가벼운 섹스를 나누거나 혹은 나누려고 한다. 기분은 좋을지 몰라도 결혼과 자녀라는 인생의 더 큰 목표에는 도움이 되지 않는다.

• 가벼운 섹스는 사실 커다란 거짓말이다

함께 섹스를 하는 사람에게 유대감을 느끼는 것은 호르몬 때문이고 섹스는 10대와 결혼하고 왕좌를 포기하는 등 미친 짓을 하게 한다.

• 남자들은 성기를 통해 사랑에 빠지지 않는다

남자들은 대부분 당신과 섹스를 하더라도 '사랑하고 있다'는 감정을 만들지 않을 수 있다. 처음부터 그런 감정을 안고 시작한 것이 아니라면 말이다. 대부분의 남자들이 장기적인 교제에 돌입하는 계기는 자신의 결심이다. 이걸로 끝.

• 내 것이 될 수 없는 남자는 그만 만나라

당신이 먼저 그만두기 전에는 한 발자국도 앞으로 나가지 못할 것이다. 당신은 관계에 충실하기를 원하지 않는 남자를 변화시킬 수 없다. 원래가 그렇다.

• 빈자리는 빈 채로 놔두어라

당신에게 충실하지 않은 남자와의 삶, 침대, 마음을 채우려고 들지 말고 어디에서나 섹스를 할 수 있을 정도로 생생하게 살아 있어라. 춤을 추러 가라. 요가 수업을 들어라. 남자의 팔뚝을 만져라. 당신과 진지하게 사귀고 싶어 하지 않는 남자와 섹스를 하는 것보다 훨씬 더 강력한 방법으로 당신의 성생활을 든든하게 다져줄 것이다.

• 자신을 사랑하라

자신과의 성적인 관계는 다른 모든 성적 관계를 위해 벽돌을 쌓는 것과 같다. 그러니 잘해라.

작게 미치거나 크게 미치거나
충동에 휩쓸리는 여자

1. 당신은 항상 사연을 만들어내는 사람인가?
2. 남자와의 싸움에서 누군가를 혹은 무언가를 혹은 자신을 다치게 한 적이 있는가?
3. 충동적으로 뱉은 말이나 행동 때문에 결국 스스로 고통받은 적이 있는가?

당신은 미쳐가고 있다. 당신은 지금 새 남자친구와 뉴욕에 와 있다. 둘의 첫 번째 휴가다. 두 사람은 식당으로 들어가는 길에 사소한 문제로 혹은 사소해야 하는 문제로 티격태격하고 있다. 테이블에 앉았는데 그의 전화가 울린다. 짧은 울림 두 번. 문자메시지라는 걸 당신은 안다. 당신은 그런 일에 관심이 많다. 그가 메시지를 확인한다. 전화기를 꾹꾹 누르는 그의 모습을 지켜보는 사이 당신의 가슴에 감정이 출렁댄다. 당신은 분명 분별력을 갖춘 사람이지만 아직 다툼의 여파로 화가 나 있기 때문에 어리석게도 공격을 감행하기로 한다. 잠시 후 당신은 스마트폰 시대에 어떤 여자도 해서는 안 되는 질문을 던지고 만다.

"누구야?"

그 역시 화가 나 있고 게다가 사귄 지도 얼마 되지 않았기 때문에 이런 식으로 당신에게 휘말리고 싶지 않다. 그래서 그는 스마트폰 시대에 어떤 여자도 듣고 싶어 하지 않는 한마디를 내뱉고 만다.

"아무도 아냐."

메뉴판의 글자들이 뒤죽박죽 섞이는 가운데 당신은 어느새 마음속으로 독백하고 있다. 이 남자는 나를 진지하게 생각하지 않는 거야. 어쩌면 바람을 피우고 있을지도 몰라. 나는 이 관계에서 필요한 것을 충족시킬 수 없을 거야. 그는 틀림없이 바람을 피우는 거야. 이런 관계는 지속해서는 안 돼. 반복, 또 반복. 당신은 냉정해져야 함을 알고 있지만 냉정해지지 않는다.

남자친구가 화났느냐고 물어보면 당신은 고개를 젓는다. 무슨 말이든 하면 문자메시지 때문에 화가 났다고 생각할 것이고 그러면 안 된다는 걸 당신은 알고 있다. 당신의 심장이 한결 빠르게 뛰기 시작한다. 가슴속에 팽팽한 두려움이 느껴진다. 그가 짜증 섞인 말투로 "대체 뭐가 문제야?"라며 당신을 압박한다. 비판받고 있다는 느낌에 당신도 더 이상 참을 수가 없어진다. 갑자기 '이걸로 됐어' 하는 생각이 든다. 당신은 일어나 식당 밖으로 나가버린다.

그는 똑똑히 보게 될 것이다.

한 1초 동안은 그가 혼자 어안이 벙벙한 얼굴로, 그리고 바라건대, 완전히 섹시한 뉴욕 여자들 앞에 끔찍한 기분으로 앉아 있을 것을 생각하면 만족스럽다. 그의 목소리가 짜증스러웠던 것이 잘못이라고 당신은 애써 강조한다. 그런 기분을 선사하는 남자와는 사귀고 싶지 않다고 다시 한 번 다짐해보기도 한다. 원래 연애라는 게 늘 그런 기분을 선사하는 관계이지만 말이다.

인도에 서서 그가 이쪽으로 다가오는 모습을 볼 때쯤이면 당신의 계획이 먹혀 들어갔다고 생각할 것이다. 그러나 딱 30초간이다. 그의 얼굴을 보니 아무래도 당신은 그에게 심각한, 어쩌면 돌이킬 수 없는 상처를 입힌 게 분명하다. 당신의 새 남자가, 당신이 사랑하고 있고 함께하기를 원하는 그 남자가 최악의 표정으로 당신을 바라보고 있다.

마치 미친 여자를 보듯이.

당신이 외면한 불편한 진실

미쳤다는 것은 격렬하다는 것이다. 감정적으로 통제 불능이 되는 것, 관계에서 자신에게 가장 이로운 방향과는 반대로 행동하는 것, 엄청난 사연을 일으키는 것, 딱하게 구는 것, 쉽게 상처받는 것, 질투하는 것, 불안정한 것, 그리고 남자가 자기 아이들의 어머니가 될 여자에게서 절대 찾지 않는 심리 상태를 보이는 것 등이다. 또

섭식장애나 섹스 후 울기를 비롯해서 코트니 러브(미국의 록가수이
자 영화배우-옮긴이)에게 어울리는 행동을 하는 것이다.

격렬함은 보통의 관계가 지루하게 느껴질 때 생긴다. 당신은 「시
드와 낸시」의 대사보다 더 세지만 살인은 없는 그런 것을 찾게 된
다. 영화와 텔레비전과 유행가는 격렬함이 사랑과 동격이라고 주
장한다. 하지만 그렇지 않다. 격렬함은 혼돈과 동격이다. 「누가 버
지니아 울프를 두려워하랴」의 엘리자베스 테일러와 리처드 버튼
을 생각해보라. 누가 버지니아 울프를 두려워하는지 정말로 물어
봐야 하는가? 정답은 버지니아 울프의 남편, 직장 동료, 어머니, 그
리고 그녀가 아는 모든 사람이다.

미친 짓은 기본적으로 두 가지 종류가 있다. 크게 미친 짓과 작
게 미친 짓. 크게 미쳤다면 이미 당신도 알 것이다. 예전 애인이 아
니라도 최소한 세 명은 당신에게 미쳤다고 말해주었을 테니까. 크
게 미친 짓은 큰 행동과 관계가 있다. 내가 아는 여자는 전 남자친
구의 새 자동차에 불붙은 장작을 던져 넣어 불을 질렀다. 폭력, 자
해, 심각한 파괴행위, (타인이나 자신의) 명예훼손 등이 모두 크게 미
친 짓에 속한다. 크게 미친 짓이 자신에게나 타인에게나 위험하다
면 결코 귀엽지도 극적이지도 않다.

작게 미친 짓은 좀 더 미묘하다. 그동안 남자들이 "젠장, 이게 뭐
야?"라고 짜증을 냈던 당신의 말과 행동을 생각해보라. 내 친구 수
전처럼 말이다. 수전은 동네 호숫가를 달리다가 매일 마주치는 끝

내주게 귀여운 남자를 눈여겨보고 있었다. 지난 두 달 동안 두 사람은 마주칠 때마다 눈빛을 교환하던 단계에서 환하게 웃으며 인사를 나누는 단계로 발전했다. 점차 시시덕거리는 분위기가 이어지면서 수전은 자연스럽게 다음 단계로 넘어가기를 바랐다. 그러던 어느 주말, 머리를 염색했는데 이런, 너무 심한 금발이 되었다. 수전의 말을 빌리면 마치 그웬 스테파니의 금발과 똑같은 가발을 쓴 것 같았다.

약간 지나친 금발은 진실로 중요한 삶의 문제는 아니지만 수전의 마음은 그게 아니었다. 이제 수전은 그 남자를 만나고 싶지 않았다. 심각한 생각은 아니고 그저, 그가 나를 좋아하지 않을 거야 정도의 생각이었다. 그녀는 염색을 다시 할 때까지 운동을 건너뛰었다.

이 정도는 작게 미친 짓이다.

당신이 미쳤는지 미치지 않았는지 가장 쉽게 아는 방법은 지난 주말에 무슨 일이 있었는지 계속 길고 장황하게 이야기를 늘어놓고 있는지를 보면 된다. 심지어 드라마를 통해 대리 인생을 사는 것을 몹시 좋아하는 매우 특별한, 다시 말해 서로 의존하는 친구들의 모임이 있을지도 모르겠다. 이 역시 격렬함이다. 중독성이 있고 청중을 좋아하니까.

그러므로 당신은 무엇보다 먼저 그에 관한 이야기를 멈춰야 한다. 서로 의존하는 열 명의 친구들에게 이야기를 하고 또 하면서 얻을 수 있는 황홀경은 모든 드라마를 통해 얻는 황홀경과 거의 비슷하다. 게다가 당신의 친구들은 어쨌든 일하러 돌아가야 한다.

당신의 미친 열차에 올라타는 친구들이 있다는 사실은 당신의 연애에 크든 작든 뭔가 미친 짓이 일어나고 있다는 증거다. 그건 바로 의존성이다. 자세히 들여다보면 우리는 남자와의 사이에 있었던 일에 의존하고 있으며 상황이 어떤 식으로 (보통은 우리가 원하는 남자를 얻는 식으로) 전개되지 않으면 괜찮지가 않다. 그 때문에 완전히 돌아버리는 상황이 생기는 것이다.

여기를 주목하라. 자신이 그 정도로 남자를 원한다고 의식적으로 믿는 사람은 거의 없다. 대부분은 남자를 얻게 되든 아니든 괜찮다고, 스스로 괜찮은 척한다. 그러나 사실은 그렇지 않다. 그가 없으면 전혀 괜찮지가 않다는 믿음이 우리의 의식 저 아래에 마치 미친 짓처럼 도사리고 있다.

그러나 그런 행동을 중단해보면 오히려 실상이 분명하게 보일 것이다. 당신은 왜 남자가 문자메시지에 답장을 하지 않는다고 열아홉 번이나 메시지를 보내는가? 답장을 받기 전에는 괜찮지가 않기 때문이다. 당신은 왜 남자가 결별을 통보했다는 이유로 그의 재산을 파괴하려고 하는가? 그 남자가 당신 곁에 없으면 살고 싶지 않아서, 다시 말해 당신에게서 당신 자신을 빼앗아가서다. 당신은 왜 몇 달 전, 심지어 몇 년 전에 헤어진 남자를 그리워하고 있는가? 당신의 마음 깊은 곳에 더 나은 사람을 찾을 수 있을 거라는 확신

과격한 여자는 무서워!

과격함에 대해 여자와 남자가 똑같이 느끼지는 않는다. 심리학자 존 가트맨John Gottman은 남녀의 상호작용에서 무슨 일이 벌어지는지에 대해, 서로 대화만 나누는지 혹은 미친 듯이 싸우는지 많은 연구를 진행해왔다. 가트맨은 아드레날린이 마구 분비되면서 싸울 것인가 도망칠 것인가의 반응이 촉발될 때 어떤 일이 벌어지는지를 설명하기 위해 '감정의 범람'이라는 용어를 만들어냈다. 이때 맥박이 뛰고 혈압이 상승하고 근육이 긴장하고 심장은 고통스러울 정도로 뛴다. 흥미롭게도 가트맨은 남자가 여자보다 더 자주, 더 쉽게 감정의 범람을 경험한다는 사실을 발견했다. 일단 감정이 범람하면 논리적인 사고나 합리적인 행동이 불가능해지고 상대방이 무슨 말을 하는지 집중해서 듣지도 못하게 된다.

이는 남녀가 '부정성'에 대해 어떻게 생각하는지 그 차이를 설명해준다. 우리 여자들이 상당히 무해하다고 생각하는 것들(우리는 불평불만, 비판, 싸움을 케니 G 정도로 생각한다)을 남자들은 메탈리카의 라이브 콘서트로 생각한다.

그러므로 당신의 미친 짓을 해결해야 한다. 남자들이 도저히 손쓸 수 없다고 말할 때는 결코 농담이 아니기 때문이다. 그들이 정말로 손쓸 수 없다는 것은 이미 과학적으로 증명된 사실이다.

이 없어서다.

이렇게 돌고 돈다. 미친 짓을 줄이면 의존성이 줄어들고 의존성이 줄어들면 과격함이 줄어든다. 과격함이 사라지면 결코 기대하지 못했던 것들이 찾아올 것이다. 바로 차분함이다. 거북할 수도 있다. 매우 과격했던 관계가 갑자기 조용해지면 불편하기 때문이다.

상대방조차 이 난데없는 평화가 어찌 된 일인지 어리둥절하다! 갑자기 관계 자체를 위한 시간이 생긴다. 당신과 남자친구는 아주 가까워진다! 어쩌면 그 정도로는 부족할지 모르겠다. 그 상태가 조금 더 지속되면 그동안의 과격함이 어떤 역할을 해왔던가를 깨닫고 당신의 연애관계가 이보다 더 친밀할 수는 없다고 느끼게 될 것이다.

내 삶이 들려주는 이야기

새로운 연애를 시작한 지 약 5개월이 되었을 때 이걸 이해했다. 이해했다는 말은 남자친구와 싸우는 동안 그가 내게 고함을 지르며 알려주었다는 뜻이다. 나는 늘 하던 대로 질투와 두려움의 일상을 반복하고 있었고 남자친구가 지금 당장은 아니라도 앞으로 20년 안에는 나를 떠날 것이라는 온갖 '직감'을 쏟아내고 있었다(2000년대 초반, 어쩌면 2010년이나 2011년 무렵이었을 것이다).

두려움이 찾아올 때마다 나는 해결책으로 셜록 홈스처럼 굴었다. 남자친구의 전화나 이메일을 캐고 다녔다는 말이 아니라(꽤 그럴듯한 이유 없이 그런 짓은 하지 않는다) 그보다 훨씬 섬세했다. 그의 과거 연애사, 어린 시절, 어머니와의 관계 속에서 그가 어떤 행동을 보였는지 단서를 찾아가며 그의 심리를 파헤쳤다. 여러 단서를 해석했다. 그리고 어쩔 수 없이 그가 나를 버릴 것이라는 '증거'를 제시했다. 그런데 어쩌다 보니 그 과정이 언제나 비난처럼 들렸다. 당연히 남자친구들은 싫어했다. 다들 내게 미쳤다고 말하고 물러났다. 나는 이 상황을 내가 이겼다는 증거로 받아들였다.

한 남자가 정말로 좋아지기 시작해 연애가 더욱 안정될 때까지 (예를 들면 함께 케이크를 자른다거나) 이토록 사랑스러운 악순환이 몇 년간 계속되었다. 하지만 아까 말한 그 남자친구는 유독 통찰력이 있었는지 어느 날 크게 말다툼을 벌이다가 내게 이렇게 말했다.

"넌 네가 지금 무슨 짓을 저지르고 있는지도 모르지, 트레이시? 넌 지금 나를 밀어내고 있어."

그는 이내 '나는 정말로 화가 머리끝까지 치밀어서 더 이상 받아줄 수가 없어'라는 목소리로 말했다.

"그만두자."

무슨 이유였는지, 아마 나이가 그만큼 들어서였는지, 갑자기 그 말이 이해되었다. 머릿속에 불이 들어오더니 성인기 내내 남자들과 싸우면서 사실상 그들을 밀어냈던 모습이 눈에 선하게 떠올랐다. 남자가 내 곁에 가까이 있는 게 좋았고, 좋으면 그것을 빼앗길까 두려웠다. 그래서 상대방이 나를 버리기 전에 내가 먼저 그를 밀어내는 것이다. 그러면 내가 두려워하는 바로 그 일이 벌어지겠지만 적어도 상황을 '통제'하는 것은 나다. 그럴싸하지 않은가?

그렇다. 한마디로 미친 짓이다.

그 남자가 결혼하지 않은 이유

이런 상황을 아까 그 남자친구처럼 해결한 사람은 거의 없었다. 여자친구가 미친 짓을 할 때 남자들은 기겁하기 때문이다. 남자들은 관계에 열의를 잃고 섬뜩한 느낌까지 받는다. 그런 상황에도 당신은 가끔 한바탕 미친 짓을 벌인다. 이런 일이 다반사가 되면 남자들은 피해의식을 느끼고 두려워하며 분노한다. 그런 여자와 오래 사귀고 싶어 하는 것은 오로지 '완전히 돌아버린' 엄마를 둔 남자들뿐이다. 딱하기도 하지! 그런 남자들은 이미 상대하고 해결할 일이 차고 넘치는 사람들이다. 게다가 우리는 사실 섬뜩한 느낌에 사로잡혀 피해의식을 느끼고 두려워하며 분노하는 남자를 더 이상 필요로 하지 않는다. 그들에게도 우리에게도 나쁘다. 이 세상에도 나쁘다.

남자들이 우리의 미친 짓을 보고 싶어 하지 않는 이유는 그것이 의존성의 신호라는 것을 직관적으로 알기 때문이다. 당신이 이 남자를, 이 상황을 지나치게 강조한다는 뜻이기 때문이다. 그들은 그게 두렵다. 의존성이 뭔지 쉽게 그려지지 않는다면 탁자에 기댄 사람을 상상해보면 쉽다. 갑자기 탁자가 움직이면 어떻게 되겠는가? 넘어진다. 건강한 남자라면 당신이 그런 식으로 자기에게 의존하기를 원하지 않을 것이다. 그가 당신 곁을 떠나거나 혹은 당신이 싫어하는 일(총각 파티에 가거나 전 여자친구와 커피를 마시거나)을 하고 싫어지면 당신이 왠지 극단적인 행동을 할 것 같기 때문이다.

30대에 접어들면 대부분의 남자들은 미친 여자친구와의 좋지 않은 경험이 적어도 한 번쯤은 있기 마련이다. 그러므로 그들은 당신의 광기를 당신 자신보다 더 잘 알아본다. 당신이 그동안 많은 남자들에게서 미쳤다거나 지나치게 과격하다는 소리를 들어왔다면 그들이 제대로 봤다고 생각하는 게 좋다.

내 친구 토미도 최근 이런 일을 경험했다. 1990년대 후반 토미는 똑똑하고 매력적인 호주 출신 여배우 제인과 잠깐 사귀었다. 두 사람은 매우 뜨겁게 사랑했지만 토미가 30대 초반이 되어서도 최소한 10년 안에는 결혼할 생각조차 하지 않았기 때문에 관계가 돌연 끝장이 났다(로스앤젤레스와 뉴욕의 남자들은 보통 실제 나이보다 최소한 7년은 더 늦게 나이를 먹는다). 제인은 상심했지만 결국 상처를 털고 일어났다.

시간은 빨리 흘러 2011년이 되었다. 토미와 제인은 다시 만났다. 두 사람 모두 40대였지만 여전히 뜨겁고 격렬했다. 아니, 훨씬 더 뜨겁고 격렬했다. 그들은 첫날밤에 함께 잤고 이후 두 달간 뜨겁게 달아올랐다. 그러나 관계가 깊어질수록 제인은 점점 미쳐갔다. 섹스 후에는 정말로 감정적으로 돌변해 토미에게 자신의 두려움을 융단폭격으로 쏟아부었다. 그녀는 예전에 토미가 자신을 어떻게 버렸는지를 기억하고 있었고 다시 그런 일이 생길까 겁에 질려 있었다.

시간이 흐르자 토미는 당연히 그녀와 거리를 두기 시작했다. 그러자 당연히 제인의 두려움만 한층 더 커졌다. 제인은 토미와의 관계를 편안하게 유지할 수 있는 정도로 수위를 조절해야 했지만 그러지 못하고 미세하게 미쳐갔다. 조금 더 놓아주어야 할 판에 조금 더 집착하게 되었다. 이런, 딱하기도 하지. 곧 제인은 지나치게 감정적으로 나왔고, 함께 뜨거운 밤을 보낸 다음 날 토미가 전화를 하지 않으면 일요일에 그의 집으로 쳐들어가 난리를 피웠다. 그러나 그 시간 내내 토미는 카브레이터 고치는 일에만 신경 썼다.

요컨대 제인은 자신이 걱정하는 시나리오를 그대로 재현하고 있었다. 왜일까? 그녀가 편안한 감정으로 대할 수 없을 정도로 관계가 깊어졌기 때문이다. 남자와의 섹스가 당신의 감정 계좌에 들어 있는 일정량의 예금을 가져가는 것이라고 해보자. 제인은 토미와의 관계에서 자신의 감정 계좌에 들어 있는 것보다 더 많은 양의 감정을 소비하고 있었다. 이럴 때는 조절이 필요하다. 그러나 제인은 토미에게 의존해 위로받고자 했다. 자신이 그 관계에 투자한 감정과 감정 계좌에 남아 있는 감정 사이의 '간극을 메우기' 위해서였다. 결국 어떻게 되었을까? 다들 예상한 대로, 토미는 제인의 요구와 광기에 압박감을 느끼고 결국 또 한 번 관계를 돌연 끊어버렸다. 남자로서 매우 예측 가능한 반응이었다.

그 여자가 결혼하지 않은 이유

내 친구 로렌은 남자들이 사랑하는 (사실은 사랑하지 않는) 또 한 가지 속성을 갖추고 있다. 그녀는 지구상에서 가장 충동적인 여자다. 사실 낮은 자존감과 높은 충동성이 아주 특별하게 조합되어 있는 경우로, 그녀는 자신의 휴대전화를 반자동무기처럼 휘두르며 수많은 연애관계를 살상해왔다.

예를 들어 로렌의 최근 연애는 광기에 사로잡혀 밤새 열아홉 통의 문자메시지를 보낸 것으로 끝장이 났다. 마지막은 새벽 6시 30분, 남자의 음성사서함에 남긴 '이제 끝이야'라는 메시지였다. 다음 날 오후 3시, 그녀는 모든 것을 되돌리고 싶었지만 남자는 현명하게도 전화를 받지 않았다. 설상가상 남자와 같은 회사에 다녔기 때문에 두 사람은 엘리베이터에서 가끔 마주쳐야 했다. 거북했다고 표현한다면 이 상황을 1000분의 1밖에 이해하지 못한 것이다.

독설로 가득한, 감정적이거나 과격한 문자메시지와 이메일을 보내는 것은 러시안룰렛과 똑같다. 러시안룰렛이 탄환을 딱 한 발만 장전한다는 점만 제외하면. 지금 당장 쏟아내야 할 것 같은 충동적인 말들이 실제로 관계에 긍정적인 영향을 미칠 가능성은 그야말로 적다. 그 가능성은 너무도 적어서 위험을 정당화시키지 못한다. 나는 로렌에게 분노에 찬 이메일과 문자메시지를 반드시 보내야겠거든 보내라고 말한다. 다만 (1)정말로 보내기 전에 24시간 원칙을 엄격하게 준수하고 (2)정해진 수신자에게 보내기 전에 이메일을 모두 읽어줄 믿을 만한 친구를 마련하고 (3)공평무사한 누군가에게 메시지를 읽힌 다음에야 수신자의 이름을 입력하라고 한다. 그래야 문제의 상대방에게 '우발적으로' 메시지를 보내는 실수를 하지 않게 된다.

그렇다면 어떤 사람에게 어떤 메시지를 보내도 되는지 안 되는지는 어떻게 알 수 있을까? 어떤 시간에 어떤 행동이나 말을 꼭 해야 하는지를 결정하는 꽤 믿을 만한 방법이 하나 있다. 어떤 일을 해야 한다는 다급한 충동이 생기거든 그 일을 해서는 안 된다. 일반적으로 충동이란 일시적으로 이성을 잃었다는 신호다. 그 충동이 강할수록 제정신으로 돌아오는 시간이 길어진다. 충동이 생기면 자신이 감정적인 생각이나 느낌을 상대하고 있음을 알 수 있다. 감정을 통할 경우 가장 어긋난 시선으로 상황을 바라보게 된다. 그러므로 감정을 가라앉히고, 비유하면 형광색을 줄이고 암갈색은 늘리는 식으로 상황을 바라보아야 한다. 다시 말하지만 꼭 말을 해야겠거든 친구를 불러라. 십중팔구, 약 20분 후면 충동이 사라질 것이다.

로렌의 직장 동료에게는 이미 너무 늦어버렸지만 이런 식으로 주의를 기울이면 로렌은 점차 미래의 연애관계를 구해낼 수 있을 것이다. 이런 기법들과 함께 근본적인 문제를 공략해 들어간다면 말이다.

변화를 위한 전략

도움을 구해야 한다. 나는 치료사 한 명에게 (혹은 여섯 명에게) 수천 달러를 썼다. 또한 내가 지닌 기능장애의 수수께끼를 풀기 위해 약 70여 권의 책을 읽었는데 그게 효과가 있었다! 지금은 그동안 연애를 하면서 저지른 미친 짓의 대부분이 어린 시절과 관계있음을 알고 있다. 통찰력에 관한 이야기다.

당신 역시 당신의 미친 짓이 어린 시절과 관계있다고 꽤나 확신할 수 있을 것이다. 당신이 자꾸만 미친 짓으로 남편감들을 쫓아내고 있다면 이제 그 미친 짓이 어느 정도인지 질문을 던질 차례다. 즉 당신의 미친 짓은 크게 미친 짓인가, 작게 미친 짓인가?

최근에(1년에서 3년 정도 전에) 한 번 이상 크게 미친 짓을 벌인 적이 있다면 당신 앞에 놓인 선택안은 오직 하나다. 큰 도움을 구하라. 즉시 치료를 받으러 가서 그런 행동의 밑바탕에 깔려 있을 것이 거의 확실한 어린 시절의 트라우마를 해결하라. 마음 한구석에서 사실은 그렇게 엉망도 아니라는 말이 들려온다면 자신에게 거짓말을 하는 것이다. 그렇다고 나쁜 사람이라는 소리는 아니다. 하지만 당신을 자극하는 연애관계가 시작되면 그 모든 감정이, 그리고 그로 인한 모든 미친 짓이 단 이틀만 약을 복용하고 끝낸 이스트 감염증처럼 다시 요란하게 번져갈 것이다.

당신의 문제가 작은 미친 짓이라고 해도 건강한 연애관계를 구축하하려면 어린 시절의 일들을 해결해야 한다. 그러나 이 경우는 대형 화재보다는 모닥불에 가까울 것이다. 우선 모든 미친 짓의 근본인 의존성부터 해결해야 한다. 인생에는 남자보다 더 중요한 것이 있다. 그 남자가 불특정한 사람이든 지금 당신이 완전히 빠져 있는 바로 그 사람이든 말이다. 당신도 알고 있겠지만 가끔 하루 동안 생각하는 것, 말하는 것을 세밀히 뜯어보면 인생의 반려자를 만날 때까지는 진짜 삶이 시작되지 않을 거라는 굳은 믿음이 자신의 내면에 견고하게 자리 잡고 있는 것은 아닌지 스스로 의심이 들 수도 있다. 그러나 사실은 그렇지 않다.

완벽한 인생의 반려자를 구하고 싶다면 먼저 재치 있고 흥미로우며 매혹적인 사람이 되어야 한다는 말을 100만 번도 더 들었을 것이다. 그러나 나는 삶에서 남자를 지나치게 중요한 존재로 만들어 당신 스스로 지루해 죽을 지경이 되지 않기 위해서라도 재치 있고 흥미로우며 매혹적인 사람이 되라고 제안하는 바다. 남자를 손에 넣고 잠시 그를 소유하게 되자마자 그 남자가 당신이 바랐던 그 사람이 아니라는 것을 깨닫게 될 것이고(어떤 남자도 그 사람이 아니다!) 곧 다른 일을 찾고 싶을 테니까.

내가 만났던 가장 현명한 치료사의 말을 빌려서 해결책을 들려주자면 트레이시의 집으로 돌아가라는 것이다(내 이름 대신 당신의 이름을 넣으면 된다). 이 말을 처음 들었을 때는 감상적이고 어설프다고 생각했다. 세상에, '트레이시의 집으로 돌아가라'니 이게 대체 무슨 소리란 말인가? 그래서 잠시 내가 문을 열고 내 집으로 걸어 들어가는 모습을 상상해보았다. 당시 내가 살던 집이 아니라 건축 잡지 〈아키텍처럴 다이제스트Architectural Digest〉에 실린 제니퍼 애니스턴의 집이었다. 상상 속의 나는 완벽한 조명과 반짝이는 수영장을 갖춘 1950~1960년대 풍의 고급스러운 집으로 들어갔다. 그런 집에서 산다면 얼마나 행복할까라고 생각하면서. 그 집에서 나는 무엇을 하게 될까?

당시 치료를 마치고 나서 (그리고 치료 후에 따르는 그 모든 일을 겪고 나서) 내게 필요한 것은 취미임을 깨달았다. 그것도 아주 많은 취미 말이다. 취미라니, 연애 책에서 언급하기에는 지나치게 단순해 보이지만 사실 그렇지가 않다. 취미는 당신에 관한 모든 것이기 때문이다. 당신의 열정과 관련이 있기 때문이다. 당신은 누구인가? 당신은 무엇으로 이루어져 있는가? 자신과의 시간을 어떻게 보내고 자신과의 관계를 어떻게 구축하는가? 당신의 취미는 당신과 당신 사이의 특별한 시간이다. 이 시간이 아니면 당신은 평범한 여자일 뿐이다.

그러므로 정말로 하고 싶은 일이 뭔지 생각해라(그 남자는 빼고). 그것부터 시작하라. 그런 식으로, 그 남자가 전화를 하지 않거나 관계에 충실하지 않거나 바로 앞에 있는 여자보다 자기 사람이 될 수 없는 여자를 쫓아다니는 편이 낫다고 생각할 때도 당신은 당신이라는 거대한 더미로 돌아올 수가 있다. 그곳에 당신이 사랑하는 활동이 있다. 당신은 감정으로만이 아니라 행동으로도 사랑하기 때문이다.

내 경우는 글쓰기, 정원 가꾸기, 뜨개질, 음악 듣기, 독서, 영화 감상 등이 취미다. 친구들과 수다 떨기, 산책하기, 요리하기, 물건 고치기, 박물관 가기, 텔레비전 보기, 커피 마시기도 있다. 어린 시절 혹은 10대 시절, 정말로 따분해 죽을 것 같을 때 무엇을 했던가 생각해보라. 좋아하는 활동이 무엇이었는가? 내 경우는 새로 나온 책이나 잡지 보는 걸 좋아했다. 책과 잡지를 들고 자리에 앉으면 다른 세상으로 근사하게 도망칠 수 있었다. 그리고 그 과정에서 뭔가를 배웠다.

내가 제정신으로 돌아왔던 순간을 결코 잊지 못할 것이다. 남자 친구와 싸움을 시작했고 그는 발끈하며 내 곁을 떠났다. 그러나 나는 공포에 빠져 그에게 자꾸 전화를 걸지도 않았고 그의 뒤를 쫓아가지도 않았다. 그저 주위를 한 번 둘러보고 이렇게 말했다. 흠, 멋진데? 이제 집필 중인 에세이에 집중할 수 있겠어. 그날 밤 나는 단 1분의 잠도 축내지 않았다. 그리고 아침에 일어나 보니 그가 홀마크 카드와 커피, 페이스트리를 들고 우리 집 앞에 와 있었다.

말 그대로 트레이시의 집으로 돌아온 것이다.

변화를 위한 실천

영적인 관점에서 보면 미친 짓은 상처가 있는 곳에서 나온다. 그 상처는 어린 시절에 생겼을 수도 있고 과거의 관계에서 얻은 것일 수도 있다. 그 상처가 있는 곳은 당신이 결코 지지받지 못하리라 생각하는 지점이다. 스스로 어떤 일을 하지 않으면 누구도 하지 않으리라고 두려워하는 지점이다. 평생의 상처와 실망으로 얻은 고통을 차곡차곡 저장해두거나 혹은 변형시켜놓은 지점이다. 그나마 다행인 점은 미친 짓을 해결하면 인생의 모든 영역에서 자유로워진다는 사실이다.

미친 짓에 대한 해독제는 자신에게 선택권이 있음을 깨닫는 것이다. 앞서 말했듯이 감정이 격해지고 남에게 의존하게 되고 스스로 통제가 불가능해지는 것은 어린 아기의 떼쓰기와 같다. 즉 어린 시절로 돌아가는 것이다. 문제 가정에서 자란 아이들은 문제를 알지만 해결할 힘이 없는 반면 문제 가정에서 사는 어른들은 해결할 힘은 있지만 문제를 모른다는 말이 있다. 미친 짓을 완전히 그만둔다는 것은 자신에게 해결할 힘이 있음을 깨닫는 것이다. 자신을 거역하는 방식이 아니라 자신을 위하는 방식으로 그 힘을 행사하기만 하면 된다.

선택을 통해 우리는 자신의 이야기를 만들 수 있다. '분노는 그녀의 힘'에서 살펴보았듯이 자신에게 들려주는 이야기들이 남자와 관계를 맺는 방식에 주요한 영향을 끼친다. 당신이 벌이는 모든 미친 짓의 밑바탕에는 스스로를 피해자로 만드는 이야기가 깔려 있다. 그런데 누가 피해자와 결혼하고 싶겠는가?

미친 짓이 수면으로 떠오를 때 극복하는 방법이 있다. 바로 '자기 위로'다. 훌륭한 관계를 맺기 위해 이보다 더 중요한 심리적, 행동적 기술도 없을 것이다. 자기 위로는 이런 것이다. 바닥에 주저앉아 발길질을 하고 비명을 지르는 자신의 손을 가만히 잡고 인생의 백화점 밖으로 차분하게 걸어 나가는 것이다. 뭔가 충동적인 행동을 하거나 충동적으로 전화를 걸기 전에 심호흡을 열 번 하는 것이다. 스스로 모든 일이 잘될 거라고 말해주고 정말로 믿을 만한 이유를 생각해내는 것이다('오프라 윈프리도 이렇게 말했잖아' 정도? 효과가 있다면 이 정도로도 훌륭하다). 내 경우에는 자기 위로가 기분 나쁜 날 초시계를 던져버리는 것만큼이나 간단하다. 11시에 침대로 가서 잠이 들면 아침에 일어날 때쯤이면 새롭게 시작할 수 있음을 알게 된다.

사실 선택과 자기 위로는 모두 자신의 마음을 통제하는 것과 관련이 있다. 그렇다면 많은 여자들이 생각의 틀에 사로잡혀 꼼짝달싹 못하는 대표적인 세 가지 경우를 살펴보자.

진짜 내 남자라면 결코 '떠나지' 않는다 애정생활에 우연은 없다. 남자가 떠나면 사정이 어떻든 오직 한 가지 이유 때문이다. 즉 그 남자가 당신의 남자가 아니기 때문이다. 떠나는 순간 그 남자가 비열하기 짝이 없는 말, 예를 들어 "당신 눈썹은 너무 두꺼워"라거나 "당신 노래는 듣기 싫어" 같은 말을 했더라도 말이다. 당신에게는 선택권이 있다. 그러므로 당신의 두꺼운 눈썹은 진짜 당신의 남자를 들이기 위해 지금 그 남자를 당신 침대에서 몰아내는 무기라고 생각하는 것이다. 그 생각을 선택하는 것이다. 그러면 훨씬 더 빨리 훌훌 털고 일어날 수 있고, '가엾은 나'로 돌아갈 필요도 없다. 왜 그 남자와 잘되지 않았을까 이유를 알아내기 위해 골몰하기보다 '그 남자는 분명히 아니었어'라고 곧바로 생각할 수 있다. 만약 그 남자가 정말로 당신의 남자였다면 절대 떠나지 않았을 것이므로.

뭐가 되었든 나는 정말 잘살 것이다 어떤 일이 있어도 잘살 수밖에 없는 세상을 살아가고 있다고 믿는 쪽을 선택하라. 이는 당신의 책임이다! 가만히 앉아 피해자 타령이나 하면서 갑자기 훌륭한 관계가 저절로 생겨나 당신에게 손짓할 거라고 기대할 수는 없다. 당신이 결혼하겠다고 마음먹었다면 결혼할 것이라고 굳게 믿어야 한다. 결혼이 저절로 굴러 들어와서가 아니라 당신이 결혼할 수 있는 곳에 있기로 선택할 테니까. 당신 스스로 준비한다는 뜻이다. 남편을 얻기 전에 스스로 아내가 되어야 한다. 그런데 당신이 미친 짓을 벌이고 있다면, 아직 아내가 아니다.

자세를 유지하라 요가를 배울 때 강사가 어떤 자세를 취하라고 하면 처음에는 "어머나, 내가 이걸 해냈어"라고 기뻐하지만 45초만 지나도 대체 이 자세가 언제 끝나나 하고 짜증이 폭발하고 만다. 선택의 과정이 바로 이런 모습이다.

지금 상황이 어떻든 당신의 남자는 결국 당신을 찾아낼 것이라는 믿음(희망이 아니라 믿음이어야 한다)을 선택하라. 그때마다 당신은 (불)완전한 결혼을 향해 움직이게 될 것이다. 한 달 혹은 일곱 달 안에 일어나지 않을 수도 있다. 그러나 원하지 않는 것을 골라내고 원하는 것을 계속 선택해나간다면 반드시 일어날 것이다. 물론 쉬운 일은 아니다.

그러나 처음에는 하루 동안, 그다음에는 또 하루 동안, 그다음에는 일주일 동안, 또 한 달 동안, 그리고 결국 자동으로 선택이 반복될수록 당신의 마음이 감정을 헤쳐나갈 힘을 얻게 될 것이다. 곧 기분이 달라지고 삶은 새롭고 활기차게 도약할 것이다.

당신의 직장 동료가 알고는 있지만 말하지 않는 것들

• 당신은 미쳤다

나날이 과격해져서 감정적으로 통제가 불가능한 당신의 상태는 남자들이 인생의 반려자에게서 찾는 모습이 아니다.

• 남자들은 미친 짓에 기겁한다

남자의 엄마가 정신 나간 사람이 아니라면 다들 이런 모습에 피해의식과 두려움을 느낀다. 엄마가 문제 있는 경우라면 당신이 아니라도 남자는 충분히 문제를 안고 있다.

• 도움을 구하라

어린 시절의 문제는 항아리 뚜껑까지 차오른 오물과 같다. 너무 많으면 항아리를 열 수도 없다. 이 문제를 깨끗이 해결하려면 전문적인 치료를 받아야 한다.

• 취미를 가져라

밴드에 들어가라. 스케이트를 배워라. 취미는 자신과의 관계를 형성해주고 남자와의 연애에서 의존성을 줄여준다. 의존성이야말로 당신이 미친 짓을 벌이는 원인이다.

사랑은 이기적이라고?

받기만 하는 여자

1. 결혼이라고 하면 주로 집이나 아기, 경제적인 안정이 먼저 떠오르는가?
2. 당신은 직장, 남자, 사람들, 아파트를 전전하는 유형의 여자인가?
3. 관계를 상대방에게 봉사하는 기회로 생각하는가?

당신이 미혼이라면 유독 자신을 많이 생각할지도 모르겠다. 당신은 당신의 허벅지, 옷, 팔자주름을 생각한다. 당신의 경력에 대해 생각하고 요가 강사나 되어볼까 생각한다. 때로 부자, 아니면 정말로 직업이 좋은 남자와 결혼하면 이 모든 문제가 해결될까 생각한다. '이곳은 내 세상, 나머지는 들러리'라는 말을 아는가? 그게 바로 당신의 생각이다!

가끔 속으로 배우자가 꼭 필요할까 생각할 때도 있다. 어쩌면 당신 혼자만으로도 괜찮을 것이다. 사실 내내 다른 사람을 상대하고 싶은 사람이 어디 있겠는가? 솔직히 다른 사람들은, 짜증스럽다. 시리얼로 대충 저녁을 때우거나 토요일 오후에 크림 타입의 제모제를 바르는 일에도 방해가 된다. 그들은 늘 소파에 드러누워 당신은 좋아하지도 않는 텔레비전 프로그램을 보고 역겨운 냄새가 나는 음식을 먹는다. 당신은 그들 뒤를 쫓아다니며 청소를 해야 한다. 만약 배우자가 옆집, 아니 한두 블록 떨어진 집에 산다면 그야말로 완벽할 것이다. 옆에 있을 수도 있고 없을 수도 있으므로.

정말이지 좋은 생각 아닌가? 우리 솔직하자. 좋지 않은가? 당신이 미국인이라면 좋아할 가능성이 매우 높다. 우리는 세계에서 가장 이기적인 나라에 살고 있기 때문이다. 이 나라는 개인주의와 행복추구권의 토대 위에 세워졌다. 우리는 지나치게 개인적이라서 전체 가구의 46퍼센트가 미혼 가구다. 5200만 명 정도의 미혼이 카풀 인생을 살지 않는다. 그리고 당신도 그중 한 명이다.

그런데 최근 들어 당신은 이 모든 것을 버릴 준비가 되어 있지 않은가 하고 고민 중이다. 그리고 당신은 할 수 있다. 지나치게 자기중심적인 태도만 버린다면 곧바로 가능하다.

당신이 외면한 불편한 진실

이기심이란 말 그대로다. 남자에 대해서도(자, 연애에 관한 책인 만큼 연애에 집중하자) 오직 자신의 관점으로 다가가는 것이다. 남자가 어떤 기분을 안겨줄지, 당신이 어떤 모습으로 보이게 할지, 당신의 삶에 무엇을 가져다주거나 가져다주지 않을지를 생각하는 것이다. 이렇게 말할지도 모르겠다.

"남자들에 대해 다른 방식으로 생각할 수는 없나요?"

믿거나 말거나, 있다. 지금부터 그 방식을 알아낼 것이다.

이기심은 원하는 것이 생기면 어린아이처럼 행동하게 한다. 아이들은 자기중심적이다. 이 세상이 자기중심으로 돌아간다고 생각하고 자신의 행동이 타인에게 어떤 영향을 미치는지는 모른다. 볼 수는 있어도 느낄 수 없거나 신경 쓰지 않는다. 그러므로 이기심은 협력을 불가능하게 한다. 어린아이와 동반자가 될 수는 없다. 어린아이는 돌봐줄 대상일 뿐이다.

당신이 이기적이라면 보살핌 받는 것을 무척 좋아할 것이다. 당신은 누군가 당신에게 당장 벤티 사이즈의 모카치노를 사다주어야 한다고 믿는다. 당신은 그럴 자격이 충분하니까. 이기적인 게 뭔지 궁금하다면 유명한 스타들을 떠올려보라(사실 스타라면 누구나 이기적일 것이다). 상대방의 눈도 쳐다보지 않고 뭔가를 해달라고 당당히 요구한다면 당신은 이기적인 것이다. 누군가 당신의 이름 앞에(성 말고) '미스'라는 칭호(보이지 않는 '미스'일지라도)를 붙여주기를 바란다면 당신은 이기적인 것이다. 당신이 리얼리티쇼에 나오면 굉장히 멋질 거라고 생각한다면 당신은 반드시, 기필코, 확실히 이기적이다.

이기적인 사람이 무능한 배우자를 만나는 이유는 사람들과 잘 어울리지 못하기 때문이다. 이기적인 사람은 대부분의 행동이 원하는 것을 가지고, 가진 것을 지키고, 갖고 싶지 않은 것(친구, 직장, 아파트, 슬프지만 사람들)을 버리는 것과 직결된다. 당연히 이기적인 사람의 파트너로서는 재미가 없다. 이기적인 사람은 자신에게 더 이상 쓸모없는 사람은 당장 버리고 말 테니까.

로데오 경기에 몇 번이라도 가본 남자들은 잘 안다. 그들은 적어도 한 번은 이기적인 여자를 만나 된통 당한 경험이 있다. 그렇게 당하고 나면 남자들은 이기적인 여자를 평생 상대할 필요가 없다고 생각하는 동안만 그 여자를 기꺼이 참아준다(참아준다는 것은 섹스를 한다는 뜻이다). 남자들은 자연스럽게 그런 여자와의 결혼을 경계한다. 이기적인 사람은 행복해질 가능성이 거의 없기 때문이다(남자들도 행복해질 가능성이 없는 여자와 함께 살고 싶어 하지 않는다). 하지만 그보다 훨씬 더 기본적인 이유가 있다. 즉 이기적인 사람은 나쁜 부모가 되기 때문이다.

그래서 이기심은 데이트보다 결혼에 훨씬 더 방해가 된다. 이기적인 여자는 잠시 만날 남자는 찾을 수 있어도 그 남자와 결혼은 하지 못할 것이다.

당신도 모르게 이기적으로 행동하고 있음을 알려주는 몇 가지 징후를 살펴보자.

🕊 **당신은 엄격하다** 과거 이 말은 자신의 방식을 고수한다는 뜻으로 쓰였다. 엄격함은 노처녀(서른여섯 살 이상)가 짝을 찾는 데 장애물로 여겨졌다. 그리고 그 생각은 옳았다. 당신이 모든 일을 당신이 원하는 방식으로만 하려고 들면 당신을 매력적이라고 생각해줄 남자를 찾기 어렵다. 소파 위의 쿠션이 조금 비뚤어지면 어떤가. 변기 뚜껑이 들려 있으면 또 어떤가. 그 정도는 극복하라.

🕊 **당신은 자기중심적이고 물질적이다** 주로 그가 나를 돋보이게 해줄 것인가, 내 학자금 대출을 갚아줄 것인가를 중심으로 남자를 살펴본다면 당신은 자신에 대해 지나치게 많이 생각하고 있는 것이다. 당신 스스로 할 수 있는 일을 다른 사람이 대신 해주기를 기대할 수는 없다. 길게 말했지만 한마디로 요약하면, 어서 직장을 구해라.

🕊 **당신은 애정결핍이다** 자신이 애정결핍이라고 생각하는 사람은 없다. 다만, 뭐든 원하는 것을 '그 사람'에게 조금 더 기대할 뿐이라고만 생각한다. 당신이 만약 애정결핍이라면 대부분의 거래에서 자신이 받는 쪽이어야 한다고 생각한다. 적어도 결혼생활에서는 비현실적인 기대다. 자신이 애정결핍인지 궁금하다면 지금부터 다섯 차례의 전화통화를 기록해봐라. 50퍼센트 이상 상대방이 먼저 전화를 끊는다면 안타깝게도 당신은 애정결핍일지도 모른다.

🕊 **당신은 자기 위로를 할 수 없다** 원하는 것을 얻지 못했을 때 자신을 위로할 방법이 없다. 그래서 쇼핑을 하거나 술을 마시거나 폭식을 한다. 그 모든 것이 실패하면 주변 사람들에게 짜증을 푼다. 만약 남자가 있다면 당신 기분이 풀릴 때까지 서너 시간이라도 그와 이야기를 나누고 싶어한다. 여기서 이야기를 나눈다는 것은 남자가 그 자리에 앉아 당신 말에 귀를 기울이는 것을 말한다. 참고로 자기 위로가 불가능한 사람은 스스로 그 사실을 알고 있다. 다들 당신이 정말로 특별한 사람이라고 생각하지만 누구도 그 이유를 말해주지 않기 때문이다. 사실, 그들은 당신을 특별하다고 생각하는 것이 아니라 그저 두려워하고 있을 뿐이다.

🕊 **당신은 창가 좌석(혹은 복도 좌석 혹은 문을 마주한 좌석)에 앉기를 원한다** 너무도 분명해서 굳이 말할 필요도 없는 문제다. 딱 한 명, 이기적인 사람만 빼고 누구도 언제나 자기 방식만 고집할 수는 없다. 당신도 알고 있지 않은가? 그러나 놀랍게도 세상에는 자신의 불편을 흡수해주는 것이 남자의 도리라고 생각하는 여자들이 널리고 널렸다. 그렇다. 그런 생각에 바탕을 둔 기사도는 오랜 역사를 지니고 있지만 실제로는 불공평할 뿐이다. 혹은 어른스럽지 못할 뿐이다. 어떻게 보면 아빠와 딸 사이의 역학처럼 느껴지기도 하고, 그렇게 생각하면 정말로 기괴하다. 그러니 당신이 만약 그러고 있다면, 당장 그만둬라.

어느 한 가지라도 열 받게 한다면 한계에 이르기 전에 점검해볼 지점이 있다는 뜻일 수도 있다. 하지만 장기적으로 연애를 해본 적이 있다면 이미 누군가가 지적했을 가능성이 크다. 이기심은 은신처와 같다. 수많은 태도와 행동 속에 숨어 있기 때문에 가끔 아주 자세히 들여다봐야 겨우 보일 때가 있다.

그 여자가 결혼하지 않은 이유

내 친구 제니를 보자. 그녀의 이기심은 꼬장꼬장한 태도로 나타난다. 서른다섯 살의 제니는 아주 예쁘고 상냥하며 아기를 몹시 갖고 싶어 한다. 그런데 그녀의 자기중심 지수가 정상범위를 벗어날 때가 종종 있다. 나는 그녀가 다소 불안한 말투로 "나는 (빈칸을 채우시오)인 사람과 함께하기를 원하는지 원하지 않는지 잘 모르겠어"라고 말하는 것을 수없이 들었다. 그런 그녀에게 이렇게 말해주고 싶다.

"하지만 모든 사람이 어떤 면에서는 그 빈칸에 해당되는 사람인걸. 심지어 너도 말이야!"

그녀도 그 일로 버림받거나 거절당해야 한다고 생각할까? 아니기를 바란다.

제니의 이기심은 또한 그녀가 얼마나 비현실적인지를 보여준다. 그녀는 걸핏하면 자신이 원하는 대로 하지 않는 사람에게 화를 낸다. 그녀는 다른 사람이 자신이 원하는 대로 해주지 않는 것은 그들 역시 사람이고 그들 역시 해결해야 할 자신만의 골칫거리가 있어서임을 깨닫지 못한다. 그녀는 모든 사람들이 그녀의 일에 반응을 보이고 해결에 나서야 한다고 생각하는 것 같다. 다른 사람을 자율적인 인간이라기보다 그녀가 주인공인 영화의 엑스트라로 생각하는 것이다. 그런 이기심 때문에 그녀의 관계는 제대로 유지되지 않는다.

제니가 작년에 만났던 남자를 예로 들어보자. 두 사람은 서너 달 정도 만났고 남자는 제니를 정말로 좋아했다. 더그는 이혼했고 아이가 하나 있었지만 아이를 더 가질 마음도 있었다. 완벽한 남자는 아니었지만 직장이 있고 자기 집도 있었으며 외모도 훌륭했다. 두 사람의 데이트는 그다지 파란만장하지는 않았다. 정말로 문제가 없었다는 말이다. 어떤 결말을 향한 썩 좋은 출발점이 될 수도 있었다. 두 사람은 대화를 잘 나누었고 괜찮은 정도를 넘어서는 섹스를 즐겼으며 상황이 다음 단계로 진척되기를 원했다. 그러나 제니는 더그에 대한 비판을 멈추지 못했다. 그가 옷 입는 방식, 말하는 방식, 집을 꾸미는 방식, 돈을 버는 방식이 꽤 마음에 들지 않았던 것이다.

평소라면 여자에게 자신의 감정에 집중하라고 말했을 것이다. 몸이야말로 실제 관계가 어떻게 굴러가고 있는지를 알려주는 훌륭한 척도가 될 수 있기 때문이다(예를 들어, 당신의 몸이 남자가 바람을 피우고 있다고 말하면 정말로 그럴 가능성이 아주 크다). 그러나 이 경우 제니가 털어놓은 불만 중에 정말로 관계를 끝장낼 만큼 심각한 것은 없었다. 몇 달을 더 재잘거리다가 마침내 제니는 관계를 정리했다.

그리고 일 년이 흘렀다. 얼마 전 제니와 함께 남자 이야기를 하면서 더그와의 관계가 어떻게 끝났던가를 돌이켜보다가 제니가 이렇게 말했다.

"정말이야. 더그가 자기 손톱을 물어뜯었다니까."

내 머릿속에서 경보음이 울리는 것만 같았다. 이래서 제니가 결혼을 못하는구나.

문제는 이렇다. 당신이 남자 곁을 떠날 수 있는 이유는 여러 가지가 있지만 손톱을 물어뜯는 것은 포함되지 않는다. 제니가 설령 다른 이유 때문에 관계를 청산했을지라도 남자의 너덜너덜한 손톱을 핑계로 내세웠다는 사실은 그녀가 남자들에게 가차 없을 정도로 비판적이라는 뜻이고, 이는 매우 자기중심적이고 충격적인 태도다. 쩨쩨하다. 쩨쩨한 일로 남자를 떠난다면 당신은 결국 홀로 남을 것이다. 어떤 남자와 함께 있는가는 중요하지 않다. 어떤 남자든 그에게서 잘못된 점을 찾아낼 테니까. 분명히 그럴 것이다.

내 삶이 들려주는 이야기

이기심은 나의 오랜 애인이었다. 썩은 어린 시절 직후부터 뉴욕에 살면서 남자친구도 사귀지 못했던 서른 살 무렵까지 대략 10년간 그 사랑은 이어졌다. 그 무렵 나는 어쩔 수 없이 나 자신을 자세히 들여다보게 되었다.

그 메마른 들판(좋다, 메마른 대지에 더 가깝다)에 다다를 때까지 용감하게 나를 참아주었던 일련의 인내심 강한 남자들이 있었다. 당시 나는 나쁜 행동거지가 귀엽다고 생각했다(진심으로 그렇게 생각했다). 그러나 돌이켜보면 그 남자들이 테레사 수녀 정도의 참을성을 지닌 사람들이었음을 깨닫게 된다. 혹은 테레사 수녀급의 상호의존성을 갖추고 있었거나. 어느 쪽이든 나를 여자친구나 아내로 두었던 남자들은 주고받기에서 '주는' 쪽이었다.

나의 이기심은 남자들을 상대할 때 최고치를 기록했기 때문이다. 나는 마치 남자들이 내 요구를 충족시키기 위해 존재하는 것처럼 굴었다. 남자들은 내게 시간과 관심과 섹스와 대화와 시간과 관심과 섹스와 대화와 더 많은 시간 등을 주기를 원했다. 사실 내가 원한 것은 남자친구가 아니었다. 우산을 받쳐주기도 하는 볼모를 원했다. 그러나 나 자신도 그런 줄을 몰랐다. 당시 누가 내게 물었다면 나는 내가 얼마나 훌륭한, 오, 훌륭한 여자친구인지 떠벌렸을 것이다. 당연히 그렇게 생각했다. 내 안엔 내가 가득 차 있었다.

그때 우주가 내게 큰 장난을 걸었다. 내게 아기를 준 것이다. 그 것도 그냥 아기가 아니라 남자 아기였다. 아기 남자 말이다! 뭐? 내 가 사내학교 사내학과에 가서 자기 극복하기를 복수 전공하게 될 줄은 꿈에도 몰랐다.

내 인생은 곧 딱히 하고 싶지 않은 시간대에(한밤중에) 딱히 하고 싶지 않은 일을(누군가에게 젖 먹이기) 하는 식으로 변해버렸다. 나 는 꿈틀거리는 무언가를 운반하는 동시에 다른 무거운 것들도 함 께 운반해야 했다. 하루 24시간을 누군가의 손짓과 호출에 따라 움직이며 보냈다. 그리고 토사물도 치워야 했다.

충격적인 것은 내가 이 난국을 잘 헤쳐나갔다는 사실이다. 마치 위성방송 '커피하우스'에서 흘러나오는 중간 박자의 노래에 맞추 어 나만의 작은 몽타주 영화를 찍는 것 같았다. 나는 엄마표 이유 식을 휘젓고 있다. 장면이 바뀌고 나는 우주계획을 위해 만들어진 것이 아닐까 싶을 정도로 복잡한 유모차를 한 손으로 펼친다. 곧이 어 린트천을 덮은 노리개젖꼭지를 소파 쿠션에서 집어 들어 내 아 기의 입에 넣어주는 내가 나온다. 몽타주 영화는 내가 이렇게 말 하는 장면으로 끝이 난다.

"뭘 토했지?"

이제 나는 자신보다 남을 더 신경 쓸 줄 아는 정말로 멋진 여자 가 되었다.

그래서 많은 여자 스타들이 입양 후에 남편을 얻게 된 것이다.

그 아이들이 여자 스타들에게 이렇게 통보한 것이다. 나쁜 여자, 안녕! 이제 더는 너만 생각하며 살 수 없어! 여자 스타들이 1, 2년 동안 자신 말고 다른 사람을 생각하며 살아가자 갑자기 브래드 피트나 해리슨 포드가 나타나서 그녀들을 진지하게 인생의 반려자로 삼겠다고 결심한 것이다.

모든 남편의 내면에는 아기 남자가 존재한다. 당신이 그 작은 남자를 사랑하는 법을 배우면 드디어 사내학교 대학원에 진학하게 된다.

그 남자가 결혼하지 않은 이유

아들이 자라는 동안 나는 이 아이가 그동안 남자의 바다를 항해하며 만나본 여러 남자의 단세포 형태임을 깨달았다. 이런 돌연한 깨달음이라니! 그동안 이기적인 태도로 목격해왔던 대부분의 행동(이를테면 "왜 그는 내게 말하지 않는 거지? 왜 전화를 하지 않는 거야? 왜 내 생각을 하지 않지? 왜 내가 원하는 일을 하지 않는 거야?")이 사실 나와는 전혀 상관이 없다는 사실을 갑작스럽게 이해했다. 상상할 수 있겠는가? 정말 생각도 못했던 일이었다.

더구나 나는 이러한 행동들을 바꾸지 않아도 되었다. 그들 역시 변화가 필요하지 않았다. 남자들은, 심지어 자신의 감정에 대해 말할 수 있는 남자들조차도 다른 방식으로 세상을 살아간다. 일부는

이제 검을 내려놓을 때

어느 순간, 나는 망치와 펜치가 여자를 대하듯이 남자를 대하고 있었다. 대부분의 이기적인 남자들과 마찬가지로 나는 남자들을 두 부류로 나누었다. (1)사귀고 싶은 남자와 (2)사귀고 싶지 않은 남자. 후자에 속하는 남자들은 눈에 보이지도 않았다. 그렇다 보니 내게 남자친구나 남편이 생기면 (1)내가 원하는 일을 하는 사람이거나 (2)그렇지 않은 사람이거나 둘 중 하나였다. 나는 본질적으로 내 자아, 내 에고의 프리즘을 통해 남자들을 바라보았고 그래서 항상 내가 우월하다고 생각했다. 이게 바로 쇼비니즘의 본성이다. 나는 남들이 나에게 얼마나 잘하고 있는가를 기준으로 그들을 평가하고 가치를 매겼다. 그들에게 다른 존재 이유는 없는 것처럼.

당신 역시 나처럼 행동하고 있다는 뜻이 아니다. 그러나 이러한 관점(남자의 가치는 개인적으로 나를 향한 가치와 같다)이 내 인생에 너무 깊이 박혀 있어서 나는 그것을 알아보지도 못했다. 예를 들면, 남자 상사가 예쁜 여비서를 원하는 것이 얼마나 말도 안 되는가에 대해 확고한 생각을 품고서도 정작 내가 그랬다는 사실은 알지 못했다. 다시 말해 나를 만족시키는 남자는 존재해도 나를 만족시키지 못하는 남자는 존재하지 않았다.

이제 나는 한 아들의 어머니로서 남자로 자라나는 일이 심각하게 어렵다는 것을 이해한다. 성차별은 양성 모두에게 일어난다. 사실상 남자들이라고 해서 우리보다 딱히 더 좋을 것도 없다. 그들은 감정을 가지면 안 된다는 기대를 받고, 전쟁에 나가 죽임을 당하며, 평균 수명이 여자보다 5년이나 짧은 세상에서 자란다. 우리 여자들이 남자들을 더 사랑하고 덜 적대하기로 노력하면 어떤 일이 일어나는지 정말로 보고 싶다. 나부터 시작하면 어떨까? 나는 이게 페미니즘의 다음 장이라고 진심으로 믿는다. 이제 검을 내려놓고 다른 것을 집어들 때다. 뭘 집어들어야 좋을까? 등 긁개?

생리적이고 일부는 심리적이다(남자들의 두뇌와 신경체계는 우리와 다르다). 달리 말하면 '남자들이 다 그렇지, 뭐'.

하루가 끝나가면 나는 정말로 프랑스적이 된다. 성에 관한 학문은 지긋지긋하지만 그것이 하나의 구조물에 불과하다고는 생각하지 않는다. 남자와 여자는 같지 않다. 아이들의 놀이집단에 끼어본 적이 있다면 알 것이다. 꽤 오랫동안 남자아이들은 트럭을 좋아하고 여자아이들은 공주를 좋아한다. 부모가 유기농 식품을 먹는 집도 아이들은 그렇다. 그래서 마침내 나도 이 말을 받아들이게 되었다. 비브 라 디페랑스! 다름을 인정하라.

결국 나는 중요한 결론에 이르렀다. 일반적으로 말하면 내 인생의 남자들은 나한테 뭔가를 해주지 않은 게 아니었다. 그냥 그렇게 생겨먹은 것이다. 그들은 가진 것을 내게 주었다. 가지고 있지 않은 것은 주지 않았다. 내가 원한 것을 가지고 있으면서 주지 않으려고 했던 적은 거의 없었다('절대로 없었다'에 가깝다). 그러지 않았다. 사실 내가 남자들을 향해 이기심을 줄일 수 있었던 것은 대부분의 사람들이(남자든 여자든) 주어진 시간에 나름 최선을 다하고 있다는 생각을 고수했기 때문이다. 그들이 어떤 일을 하지 않는 것은 할 수 없어서지 하기 싫어서가 아니었다. 그래서 내 요구(주로 이기적인 요구)에 응할 수 없다는 이유로 모든 사람을 벌주려는 태도를 멈출 수 있었다.

한동안 나는 남자들의 행동은 대부분 학습된 것이기 때문에

'가르치기'만 하면 된다는 이론을 추종했다. 완벽하게 솔직히 말하면 (더불어 당혹스러운 이야기를 하면) 나는 남성적인 방식으로 세상을 살아가는 게 타당하다고 생각지도 않았다. 상황을 통해 말하고, 감정을 처리하고, 감정적으로 관계를 맺는 여성적인 방식이 더 우월하다고 생각했다. 남자에게 "내게 말을 해, 제발"이라고 말하는 것은 여자에게 "그만 좀 감정적으로 굴어"라고 말하는 것과 비슷하다는 생각을 한 번도 하지 못했다.

심지어 내게 모자랐던 점을 가리키는 용어까지 있다. 바로 존중이다. 존중을 배우게 되자 남자와 관계를 맺는 방식이 기본적으로 바뀌었다. 그들을 향한 비난을 멈추고 있는 그대로의 모습으로 그들을 보기 시작했다. 그들을 존중하지 못하면 누구와도 건강한 협력관계를 유지할 수 없으며 그것은 이기심(다른 사람을 향한 존중의 부족)에 불과하다는 것을 분명하게 깨달았다. 이기심은 "나, 내 생각, 내 감정이 당신, 당신 생각, 당신 감정보다 더 중요하니까 항상 우선이어야 해"라고 말하는 것이다. 누구도 이런 마음으로 사랑에 접근하는 사람과 결혼하고 싶어 하지 않는다. 그것은 진정한 사랑이 아니기 때문이다.

변화를 위한 전략

더 좋은 사람이 되라. 선천적으로 '좋은 사람'이 있다. 그들은 친절하고 예의 바르고 사려 깊고 우아하고 정중하고 친절하다. 다시 말해 이기적인 사람이 보기에는 정말 짜증 나는 사람이 아닐까? 하지만 당신도 그런 사람이 될 수 있다. 그러나 자연스럽게 좋은 사람이 되지는 않는다. 지금 위치에서 당신이 원하는 위치로 한 번에 데려다줄 비밀의 지름길이 있다. 주사위를 굴리지 않아도 되는 '낙하산과 사다리' 게임 같은 것이다. 지름길은 바로, 더 이상 감정대로 살지 않는 것이다.

그냥 중단하라.

감정은 당신이 생각하는 것과 다르다. 감정은 보살핌을 받고 보호받아야 할 귀하디 귀한 아기가 아니다. 값비싼 브랜드의 아기 띠에 그 감정들을 끌어안고 양다리를 달랑거리게 하며 산책할 필요가 없다. 일주일에 한 번 50분간의 상담치료면 충분하다. 감정은 흔히들 생각하는 그런 것이 아니기 때문이다.

감정대로 살아가는 것은 언제나 자신만을 생각하는 확실한 방법이다. 계속해서 당신을 이기적으로 만드는 방법이다. 물론 때로는 감정도 중요하다. 가족 안에서 죽음을 경험했을 때, 좋거나 나쁘거나 뭔가 정말로 큰일이 생겼을 때, 혹은 어린 시절의 상처로 슬퍼할 때 감정은 중요한 역할을 한다. 그러나 앞서 말했듯이 감정을 위한 시간과 장소가 따로 있다.

그 밖의 시간에는 감정이 아침에 잠에서 깨어나고 출근하고 인사하는 일보다 더 중요하지 않다. 행복하게 살고 싶다면, 그리고 확실히 사랑하는 관계를 원한다면 당신의 감정을 가장 적당한 자리에 놔두어야 한다.

감정으로부터 초점을 비껴가게 하는 아주 좋은 방법을 한 가지 알고 있다. 감정에 지나치게 집중하는 습관을 중단하라. 감정이 날뛰는 날이면 나는 내 감정을 이케아 매장의 환불대에서 제멋대로 날뛰는 손님으로, 나는 그를 상대하는 담당 직원으로 생각한다. 내 감정들이 지배인을 데려오라고 난리를 피우는 동안 나는 침착하게 상황을 과열시키지 않으려고 노력한다. 나는 이렇게 말한다.

"예, 고객님. 고객님의 말씀을 잘 들었습니다. 자리에 앉아계시면 가능한 한 빨리 해결해드리겠습니다."

나는 '빨리'에 강세를 둔다. 그래야 진심으로 내 감정들에 신경 쓰고 있으며 그들이 거지 같은 내 하루에 끼어들어 모든 것을 망치게 할 생각이 추호도 없음을 알려줄 수 있다.

내 감정들은 이를 무척이나 싫어한다! 그들은 생중계 뉴스 화면 안에서 방방 뛰는 꼬마 녀석들처럼 펄쩍펄쩍 뛰기 시작한다. 당신은 당신의 감정들이 생중계, 그러니까 당신의 연애관계를 망치게 놔둘 수가 없다. 제대로 철이 든 남자라면 감정에 휘둘리는 이기적인 여자와 깊이 사귈 생각이 없을 것이다. 너무 피곤하니까! 자신을 존중하는 남자라면 그런 (피할 수 있는) 위기 속에서 살아가고 싶지 않을 것이다.

솔직히, 당신이라면 안 그러겠는가?

변화를 위한 실천

　이기심에 대한 영적인 치료법은 섬김이다. 섬김은 결혼의 모든 것이기도 하다. 정말이다. 그게 바로 내 말이다. 섬김. 나는 당신이 남편을 섬기기를 바란다. 그로 말미암아 주변의 모든 사람들을 섬기기를 바란다. 당신은 훨씬 더 행복한 사람이 될 것이다. 하녀나 게이샤가 되라는 말이 아니다. 누군가를 사랑하는 것은 받는 게 아니라 주는 것이라는 생각 속으로 한 걸음 들어가야 한다는 말이다(여자나 남자나 마찬가지다). 당신이 줄 것은 바로 사랑이다. 심지어 사랑을 받을 '자격'이 없는 사람에게도 사랑을 줘야 한다.

　여기서 누구나 조건 없이 사랑받기를 원하지만, 누구도 지금보다 더 나은 사람이 되고 싶어 하지는 않는다는 커다란 모순이 생겨난다. 그런 이유로 연애의 세계에 너무도 많은 문제점이 존재하는 것이다! 다들 자신은 지금 그대로 머물기를 바라면서 상대방은 변하기를 원한다. 그러므로 현실 속의 남자를 사랑할 준비가 된 현실 속의 여자가 되고 싶다면 당신이 먼저 나서야 한다.

　이는 일상생활에서 곧바로 시작할 수 있다. 예를 들어 자동차를 타고 가다 다른 차가 끼어들려고 하면 그냥 양보해줘라. 웃으면서 손을 흔들며 다정하게 대해줘라. 아량을 품어라. 아량이라는 감정이 얼마나 싫은 것인지 깨달아라. 그래서 낯선 사람에게 먼저 시작하는 것이다. 아량이 큰 사람이 먼저 상처를 받기 마련이므로. 아량이 큰 사람이 되면 고통스럽다는 것을 누구도 알려주지 않았다. 특히 당신이 중요하게 생각하는 사람에게 아량을 베풀면 그 사람이 당신에게 권력을 행사하는 것 같은 기분이 들고 당신 안의 일부는 그 사람을 죽이고 싶어질 수도 있다.

250밀리미터 크기의 발을 앙증맞은 235밀리미터짜리 구두에 욱여넣으려는 것과 같다. 이렇게 생각해보자. 누군가 당신에게 이 구두를 신고 오스카상 시상식에 가라고 한다면 당신은 고통을 참고서라도 하룻밤 정도는 기꺼이 구두를 신을 것이다. 그렇지 않은가? 그런데 이 신발은 매우 특별한 신발이라 오래 신을수록, 다시 말해 더 좋은 사람이 되려고 노력할수록(그가 더 좋은 남자가 되는가와 상관없이 그냥 자신만 생각하는 것이다) 당신 발에 맞게 마법처럼 늘어날 것이다. 이 구두를 닳을 때까지 신는다면 당신의 남자도 마법처럼 당신이 만들어낸 공간만큼 자랄 것이다.

부수효과로 당신은 엄마가 될 준비도 하게 될 것이다. 앞에서도 말했듯이 엄마 노릇은 교통체증 속에서 당신의 아이가 늘 당신 앞에 끼어들게 양보하는 것과 같다. 가끔 당신이 앞서 달리기라도 하면 진정 죄책감을 느낄 것이다. 혹은 그 특권을 위해 시간당 15달러를 주고 베이비시터를 고용해야 할 것이다.

다시 말하지만 모두가 영적인 실천이다. 결혼과 모성은 당신이 좋아하지 않는 순간들을 가득 몰고 올 것이다. 그 순간들에 당신은 어떤 모습을 보일 것인가? 유치하게 떼를 쓰고 두려움을 느끼며 상처 입는 피해자의 모습일까? 아니면 우아하게 사랑을 베풀고 사근사근하게 주위 사람들에게 축복을 베푸는 모습일까? 두 번째 모습이야말로 섬김의 핵심이다. 혹시 아무도 알아주지 않거나 인정하지 않을까 봐 걱정인가? 걱정하지 마라. 이런 일에 인정은 필요하지 않다. 당신에게 필요한 유일한 것만은 확실하게 얻을 것이기 때문이다. 반드시 그렇게 될 것이다.

당신은 더 좋은 사람이 될 것이다.

당신의 이웃이 알고는 있지만 감히 말하지 않는 것들

• 당신은 이기적이다

당신은 늘 당신만 생각한다. 그건 전혀 매력적이지 않다. 모든 행동 속에 당신의 이기심이 숨어 있다. 그러니 찾아내 잘라버려라.

• 받기보다는 주겠다고 생각하라

그래야 "결혼 따위 될 대로 되라지" 하고 말할 수 있다(농담이다). 그러나 남자는 당신을 위해 존재하지 않는다는 사실을 경심하라. 더는 그래야 하는 것처럼 굴지 마라.

• 더 좋은 사람이 되라

자신의 감정에 지나치게 집중하지 마라. 감정은 당신에게 무엇이 최선의 이익을 가져다줄 것인지 전혀 고려하지 않는다. 감정이 당신을 독점하기를 원해서일 것이다.

• 섬김을 실천하라

순교자가 되지는 마라. 그러나 어떠한 상황에서 당신이 무엇을 가져다줄 수 있을지는 살펴봐라. 특히 당신의 관계에 무엇을 가져다줄지 말이다. 훨씬 더 행복할 것이다.

나쁜 남자는 그녀에게 끌린다
비밀이 많은 여자

생각해볼 문제가 있다. 꿈에 그리던 남자가 지난 36시간 동안 폐쇄회로 TV로 당신을 관찰했다고 상상해보자. 당신이 모르는 사이에 당신의 모든 방에 카메라가 설치되었고 당신의 행동이 모두 녹화되고 있다. 당신이 몇 년 동안 기다려왔던 그 남자가 지금 그것을 보고 있다. 매시간.

그는 무엇을 보고 있을까?

지저분한 방? 비밀 아이스크림 잔치? 하룻밤의 가벼운 섹스?

그는 다 보고 나서 당신의 신용카드 청구서, 건강 검진 기록, 교통국 기록, 지난번에 슈퍼마켓에서 받아온 영수증을 모두 복사해 갈 것이다. 그는 당신의 모든 것을 알게 될 것이다. 당신의 수입, 근무 성적, 세금 환급 내역, 수납공간에 있는 모든 것을. 일기까지는 읽지 않을지도 모르지만 내내 지켜보기 때문에 일기를 읽을 필요도 없다.

소름이 끼치는가? 하지만 그게 바로 결혼생활이다. 누구든 당신의 남편이 된 사람은 당신의 뺨 위에 거대한 여드름이 솟아난 것도 보게 될 것이고, 질 이스트 감염 사실도 알게 될 것이며, 당신이 감기에 걸리면 토하는 소리까지 듣게 될 것이다. 모두 그렇게 산다. 그런데 당신이 하는 일이 정상적이지 못하다면 어떻게 하겠는가? 타인이 당신 삶의 가장 내밀한 일상에 완벽하게 접근할 텐데. 이게 싫다면 해결할 수 있다.

당신이 엉망진창이지만 않으면 된다.

엉망진창이라 함은 단정치 못하다는 소리로 들린다. 룸메이트도 직장 동료도 원하지 않는 것이다. 하물며 배우자라면 더욱 싫어할 것이다. 당신의 삶이 엉망진창이라는 것은 「위험한 독신녀」에서 제니퍼 제이슨 리가 어쩌다 서부 시대에 가 있는 당신의 포장마차에 올라탔고, 당신은 그녀를 끌고 로키산맥을 넘으려고 하는 것과 같다. 한마디로 엉망진창이라는 것은 지긋지긋한 사람이라는 뜻이다.

당신이 외면한 불편한 진실

엉망진창이라는 것은 문제가 있다는 뜻이다. 꿈에 그리던 남자에게는 보여주지 않을 혹은 보여줄 수 없는 일이 벌어지고 있다면 당신은 적어도 부분적으로는 스스로 미혼을 자초하고 있다고 봐야 한다. 당신의 결혼을 방해할 정도로 심각한 행동상, 감정상, 심리상의 문제가 있다는 뜻이다. 어쩌면 당신은 매일 밤 포도주 한 병을 통째로 마시거나 너무 많이 먹거나 선글라스 값 등 425달러가 신용카드 빚으로 남아 있을지도 모른다. 엄마와의 관계가 최악일 수도 있고 결벽증이 있을 수도 있으며 성적으로 기벽이 있을지도 모른다. 뭐, 그런 것들이다.

완벽해야 한다는 말이 아니다. 당신은 완벽하지 않다. 누구에게나 뭔가가 있다. 그러나 어떤 뭔가는 다른 뭔가보다 훨씬 더 관계를 방해한다. 하루에 몰래 담배 한 대를 피우는 것은 관계를 깨뜨리지 않는다. 몰래 마약을 한다면 관계를 깨뜨린다. 가끔 블랙잭을 하러 라스베이거스에 가는 것은 괜찮지만 가끔 상점의 물건을 훔친다면 문제가 된다. 모두 당신이 무슨 일을 벌이는가에 달렸다.

그 뭔가가 관계를 맺는 능력에 영향을 끼치는가를 알아보는 쉬운 방법이 하나 있다. 당신이 그 일을 비밀로 하고 싶어 하는지 아닌지를 보면 된다. 진지한 관계, 결혼에 이르는 관계에 돌입하려면 자신을 드러내야 한다. 숨길 게 있다면 기꺼이 자신을 드러내지 못할 것이다. 그러나 많은 여자들이 그것을 인정하기보다 차라리 자신에게 충실하지 않을 남자, 자신과 결혼하지 않을 남자, 혹은 자신보다 훨씬 더 엉망진창인 남자를 선택하려고 한다.

이런 일들이 반드시 의식적으로 일어나는 것은 아니다. 가끔은 전혀 예상하지 못한 순간에 (빈칸을 채우시오)한 일을 중단하거나 (빈칸을 채우시오)한 문제를 없애면 '내 남자'를 만나게 될지도 모른다는 생각을 하게 된다.

이런 생각이 곧바로 또렷하게 떠오르는 것은 아니다. 오히려 낯선 도시를 걷다가 초등학교 4학년 때 선생님이 지나가는 모습을 얼핏 본 것 같은 느낌에 가깝다. 당신은 이렇게 묻는다.

"잠깐, 정말로 본 건가?"

그리고 곧 대답한다.

"아냐, 아닐 거야."

당신이 지금 하는 일이 삶에 지대한 영향을 미치고 있다는 사실을 믿고 싶어 하지 않기 때문에 이런 생각들이 몸을 숨기는 것이다. 그러나 당신이 뭔가를 비밀에 부치고 싶어 하거나 혹은 특정 문제를 해결할 때까지는 당신의 남자가 나타나지 않을 거라고 생각한다면 지금 그 일이 애정생활에 분명히 영향을 끼치고 있다고 확신할 수 있다.

'나는 (빈칸을 채우시오)한 일을 줄여야 해'라고 생각한다면 이 역시 큰 단서가 된다. 브로콜리를 줄여야 한다거나 주말에만 먹으려고 애쓰는 사람은 없다. 따라서 사람들이 조절하고자 하는 행동은 어느 정도 문제가 되는 일이기 마련이다. 그러므로 당신이 어떤 행동을 조절하려고 한다면 그 행동을 좀 더 자세히 들여다볼 필요가 있다.

어쩌면 남자가 나타나면 그때 그 행동을 그만둬도 된다고 생각할지도 모르겠다. 심지어 그 남자가 못하게 막아주겠지라고 생각할 수도 있다(행운을 빈다). 그러나 이런 문제를 안고 있는 당신을 원하는 남자라면 분명 그에게도 문제가, 그것도 엄청나게 심각한 문제가 있을 거라는 사실을 당신은 미처 모르고 있다.

남자가 당신의 문제를 정확히 알지 못하더라도 마찬가지다. 사람은 동물인 만큼 온갖 직관적인 능력을 가동시켜 서로에 대한 모든 문제를 계산한다. 어떤 면에서는 우리가 모든 사람의 모든 일을 감지해내는 것 같기도 하다. 우리는 그런 방식으로 누군가에게 끌리고 있음을 아는 것이다. 우리의 마음은 그의 시선, 몸짓 등으로 팔에 돋는 소름을 통해 수조 번의 작은 계산을 해나간다. 순식간에 우리는 그를 좋아한다고 결정해놓고는 알고 보니 그가 본 조비를 좋아하고, 분노 조절에 문제가 있고, 세금이 밀려 있다는 사실에, 뭐든 지난번 남자와 똑같은 문제를 안고 있다는 사실에 까무러치게 놀란다.

누군가와 파트너가 되면 그건 우리 안의 어떤 부분이 그들의 어떤 부분과 듀엣으로 노래를 부르기 때문이라고 반드시, 기어이, 기필코 확신할 수 있다. 다음과 같은 일은 의식적인 수준으로 이루어지지 않는다.

절대 그렇지 않다. 사람들이 서로에서 끌리고 서로 연결되는 것은 의식적이라기보다 무의식적이고, 전혀 문제 되지 않는 것보다는 아무리 해도 고쳐지지 않는 문제와 더 큰 관계가 있다. 당신이 조심스럽게 의식의 경계로 밀어낸 삶의 면모들은 마치 달이 조수에 영향을 미치듯이 당신의 삶에 영향을 미친다. 한마디로 당신의 관계에 강력한 인력을 행사한다.

물론 정말로 큰 문제는 이런 것이다. 당신이 아무리 평생의 동반자를 만나고 싶어도 당신에게 숨기고 싶은 문제가 있다면 무의식적으로 누구도 가까이 오지 못하게 밀어낼 것이다. 그러니 결혼하고 싶다면 지금 하는 그 일을 당장 그만두어야 한다. 하지만 당신이 정말로 그 일을 그만두고 싶었다면 왜 진작 그만두지 않았겠는가?

내 삶이 들려주는 이야기

첫 번째 결혼생활이 끝나고 두 번째 결혼생활이 시작되기 전까지 10년 동안(스물두 살부터 서른두 살까지) 솔트레이크시티에서 대학을 졸업하고, 오리건 주 포틀랜드로 이사했으며, 텔레비전 뉴스일을 시작했고, 세 남자와 사랑하다 헤어졌으며, 반년간 중앙아메리카를 여행했고, 뉴욕으로 이사했다.

그사이 정말 나쁜 습관이 생겼다. 그 나쁜 습관 때문에 뉴욕으로 이사한 지 3년째 되던 무렵에는 사실상 데이트를 할 수가 없었다. 나는 술을 지나치게 마셨고 마리화나를 피워댔다. 또 심각하게 감정적인 변덕을 부렸다. 내 친구 중에 적어도 두 명은 나의 눈물범벅 전화통화에 질려 내 전화는 무조건 음성사서함으로 돌려버렸다.

나는 나의 나쁜 습관을 숨기고 있다고 생각했다. 멀리서 보면 나는 명랑한 성격에 흥미로운 직업, 광범위한 인맥까지 지닌 성공한 직장 여성으로 보였을 것이다. 그러나 전문가의 눈으로 보면 내 야망은 일중독 증세로 보이고 내 '친구들'은 술친구로 보이며 내 명랑함은 일종의 광기로 보였을 게 분명하다. 그러나 나는 미처 몰랐다. 그저 내가 재미있는 시간을 보내는 줄만 알았다.

재미없어질 때까지.

스물아홉 번째 생일 무렵 아무리 애써도 애인이 생기지 않는다는 것을 깨닫기 시작했다. 이런, 제기랄. 나는 포틀랜드 시절 남자

배우자로 적합한 남성 유전자가 있을까?

스톡홀름의 카롤린스카 의학연구소 연구진은 550명 이상의 쌍둥이와 그 파트너에게 행복한 부부생활에 관한 질문을 던지고 DNA 추출을 위해 남자의 타액을 채취했다. 연구 결과는 매우 흥미로웠다. 특정 변이유전자(대립유전자 334)를 많이 가진 남자일수록 파트너와의 결합 정도는 더 약했다.

변이유전자를 두 개 가진 남자와 갖고 있지 않은 남자를 비교해보니 매우 흥미로운 사실이 드러났다. 변이유전자를 가진 남자들은 그렇지 않은 남자들에 비해 1년 전 남녀관계에 심각한 변동을 겪은 경험이 두 배 많았다. 실험대상의 아내에 대해 드러난 사실 역시 매우 흥미롭다. 이 아내들은 통제집단에 속한 남자들의 아내와 비교해 결혼생활에 대한 만족도가 더 낮은 것으로 드러났다.

또 변이유전자를 두 개 가진 남자의 경우 변이유전자가 없는 남자에 비해 애인이나 아이들의 어머니와 결혼하지 않을 가능성이 두 배 높았다.

이 연구 결과를 이용해 한 남자를 알아보는 게 가능할까? 가능하다. 대립유전자 334가 있는지 알아보는 타액 시험은 온라인으로도 가능하다. 그러나 당신이 만나는 남자가 대립유전자 334를 가졌는지 굳이 알아볼 필요는 없다고 생각한다. 그냥 그와 함께 있는 게 행복한지 봐라!

친구(솔트레이크시티에서 결혼한 미니애폴리스 남자친구에게 바통을 이어받은 솔트레이크시티 남자친구와 함께 포틀랜드로 갔다가 거기서 바통을 이어받은, 뭐 그런 식이었다)와 함께 뉴욕에 왔다가 그와 헤어진 뒤(내 선택이었다) 누구와도 사귀지 못하고 있었다. 아무 일도 일어나지 않았다. 두 명의 남자가 하룻밤 가벼운 섹스를 제안했지만 그중 누구도 내 남자친구가 되어 나와 함께 살고 나와 함께 결혼하 겠다는 궁극적인 목표를 원하지는 않았다. 바통은 이제 어느 하수 구에 처박혀 있었다.

연애 없이 3년을 보내자 외로웠다. 그리고 엉망진창이 되었다.

연애를 못하는 게 일과 술과 마리화나로 이루어진 삼위일체와 관계가 있을 거라고 생각했을까? 전혀. 누군가 내게 물었다면(실제 로 두 명이 물었다) 나는 마리화나와 칵테일이 내 앞길을 가로막는 게 아니라고 대답했을 것이다. 오히려 그것들이 다음 단계가 시작 될 때까지 내 삶을 버티게 해준다고 말했을 것이다.

그런데 가끔 어떤 생각이 수면으로 떠올랐다. 연애를 하려면 지 금 하는 것들을 중단해야 할지도 모른다는 생각이었다. 당연히 내 마음에 쏙 드는 생각은 아니었다. 그래서 나는 이 생각을 털어내려 고 애썼다. 내 친구 술과 마리화나는 누구도 생각하지 못한 뭔가 를 나에게 해주었다. 안전하다는 느낌을 안겨주었다. 게다가 무척 재빠르고 신랄하며 위험한 뉴욕 남자를 내 세계에 들이려면 나만 의 적응장치가 있어야 한다고 생각했다.

언젠가는 내 방식을 포기하겠지만 지금 당장은 아니라는 결론 을 내렸다. 뒷이야기를 요약하자면 나는 로스앤젤레스로 이사했고 6주 후 술을 끊었다. 1년도 안 되어 임신했고 완벽하게 멋진 남자와 약혼했다(이 순서가 맞다). 더 이상 그와 결혼생활을 하고 있지 않지 만(그는 정말로 좋은 남자고 대부분의 잘못은 내게 있다) 그가 문제 있는 여자가 바랄 수 있는 최고의 아기 아빠라는 사실에는 추호의 의심도 없다. 나쁜 습관을 버리자 이 모든 일이 시작되었다.

그 여자가 결혼하지 않은 이유

문제를 안고 있어서 결혼을 못하는 완벽한 예가 바로 케일리다. 서른여섯 살의 그녀는 연애의 다음 단계로 나갈 준비가 되었다고 생각했지만 애인이 그녀의 아파트에 발을 들여놓는 순간 결혼 전망은 급격히 어두워졌다. 아니, 아예 빛이 꺼졌다. 왜? 그녀의 집이 재앙 그 자체였기 때문이다. 싱크대에는 접시가 산더미처럼 쌓였고 침실 바닥에는 옷이 수북하게 쌓였으며 침대보를 언제 빨았는지는 아무도 모른다. 그녀의 아파트는 어린 대학생의 방처럼 보였다. 그것도 남학생.

케일리는 말 그대로 엉망진창이었다.

단순한 문제로 보인다. 그냥 치우면 되지 않나? 그러나 케일리의 추레한 상황은 면역체제가 약해 대상포진에 걸렸을 때와 같다. 대상포진 자체가 문제로 보이겠지만 그 아래 보이지 않는 훨씬 더 큰 문제가 있다. 케일리의 경우 그 문제는 엄청난 빚이었다. 케일리는 여섯 개의 신용카드로 최소한 5만 7000달러의 빚을 지고 있었고 빚 때문에 인생이 휘둘리고 있었다. 겉으로 보면 손톱과 머리, 디자이너 브랜드의 비싼 옷까지 완벽했지만 그 모든 게 빚이었다. 하루 종일 카드 사의 전화를 피하고 가장 가까운 친구들에게 이 사실을 숨기느라 전전긍긍했다. 가진 거라곤 부동산 중개인으로 일해서 받는 월급뿐인데 빚더미에서 어떻게 빠져나올 수 있을까 고민하며 밤잠을 설쳤다.

그동안 케일리는 서명 한 번으로 자신의 문제를 간단히 해결해줄 부자들하고만 데이트하려고 했다. 그러나 이 전략은 효과가 없었다. 그런 남자를 찾는다고 해도 우선 자신의 현재 상황을 남자에게 솔직히 털어놓아야 했기 때문이다. 그녀의 빚은 점점 연체되었고 그만큼 이자가 쌓여갔으며 걱정도 쌓여갔다. 그러다가 케일리는 데이트를 완전히 중단하는 지점에 이르렀다. 몇 달 전 한 남자에게 엄청난 빚 이야기를 꺼냈다가 결별 통보를 받았던 것이다. 남자는 케일리를 좋아했지만 채무를 기꺼이 감당해주지는 않았다. 그럴 이유가 어디 있겠는가? 연애란 빚을 지고 시작하지 않아도 충분히 힘들다.

학자금 대출금이나 융자금이 많으면 결혼할 수 없다는 말을 하려는 게 아니다. 그 빚이 통제 가능하고 합리적인 수준인가가 중요하다(예를 들어 학자금 대출금치고 합리적인가 아닌가). 그런데 케일리의 경우 그렇지 않았다.

그 남자가 결혼하지 않은 이유

말했듯이 관계에 충실할 준비가 되어 있는 남자는 자신의 동반자만이 아니라 자기 아이의 어머니가 될 사람을 찾는다. 중요한 만큼 다시 한 번 말해야겠다. 자기 아이의 어머니. 그만큼 남자는 당신이 자기 엄마가 지녔던 모든 것에 보태어 더 나은 점을 지니고 있기를 바란다. 더불어 엄마처럼 자신의 욕구충족에 방해되었던 점은 지니고 있지 않기를 원한다(틀림없이 그가 완전히 억눌러왔을 욕구).

남자는 당신이 자신을 돌보는 (혹은 돌보지 않는) 모습을 지켜보고 가족을 돌볼 준비가 되어 있는지 (혹은 되어 있지 않는지) 알아차린다. 무의식적으로 알아차리더라도 마찬가지다. 심지어 처음에 가족이 오직 그와 당신, 둘뿐이라도 그렇다. 그러므로 남자가 폐쇄회로 TV로 보게 될 당신의 모습이 당신과 함께 살아도 괜찮겠다는 믿음을 심어주는지 스스로 물어봐야 한다. 특히 당신이 그의 신체적, 감정적 요구를 충족시킬 수 있을지 자문해보라.

어떻게 보면 한마디로 요약할 수 있다. 양육이라는 관점에서 보면 남자가 우리에게 갖는 중요성보다 우리가 남자에게 갖는 중요성이 더 크다. 여자들은 감정적으로 보살핌을 받고 싶을 때 적어도 여섯 명 중 한 사람을 선택할 수 있다. 가장 친한 친구, 자매들, 두 번째로 친한 친구, 그리고 과거에 가장 친했던 친구. 그러나 남자들

남자는 고양이를 닮았다

내 친구 세라가 자기 결혼식에서 겪은 놀라운 이야기를 들려주었다. 엄마 아빠와 함께 통로를 지나가려고 하는 순간 금발에 쾌활한 성격의 엄마가 세라의 귀에 대고 속삭였다.

"행복한 결혼생활의 비결을 알려주마."

당연히 세라는 결혼 42년 차인 엄마의 말에 귀가 쫑긋했다.

"뭔데요?"

결혼행진곡이 시작되고 있었다. 한참 만에 엄마가 말했다. 심각하게 숨을 한 차례 들이마시고서.

"남자의 자존심은 어떡할 수가 없단다."

세라는 귀를 의심했다.

"그게 다예요? 남자의 자존심은 어떡할 수가 없다. 그게 훌륭한 결혼생활의 비결이라고요?"

"그렇단다."

세라의 엄마가 말했다. 빈정거리는 기미도 없이. 그녀는 아직도 자신을 굉장한 페미니스트로 여기고 있었다.

와우. 세라 엄마가 그런 어설픈 말을 하다니. 언뜻 남자가 여자보다 위라는 말로 들릴 수도 있다. 혹은 여자가 자신을 '더 작게' 만들어 남자를 위협하지 말아야 한다는 말로 들릴 수도 있다. 아니면 세라 엄마가 정말로 구식으로 보일 것이다. 그러나 나는 달리 생각한다.

세라 엄마는 남편을, 꼬리가 잘리면 다시 새 꼬리가 자라나는 도마뱀이라기보다 꼬리가 없어도 살 수는 있지만 달리거나 균형을 잡거나 높은 나무에 올라갈 수 없는 고양이 같은 존재라고 여겼다. 당신 역시 남자가 가장 높은 나무 위에 올라갈 수 있도록 용기를 주는 여자가 되고 싶을 것이다. 하지만 당신이 엉망진창이라면 그렇게 해줄 수가 없다.

에게는 우리밖에 없을 때가 많다. 그들은 직장 동료와 속마음을 털어놓는 친밀한 대화를 나누지 않는다. 그러므로 우리가 지닌 큰 문제 때문에 감정적, 신체적, 영적 능력에 장애가 발생하면 남자들은 자신들이 고생할 것을 안다. '고생'이란 강한 단어이지만 핵심적으로 보면 조금도 과장한 게 아니다. 그런 일을 자청할 남자는 없다.

변화를 위한 전략

이 문제는 어떻게 둘러대도 소용이 없다. 변화하고 싶다면 하고 싶지 않은 일을 해야 한다. 그리고 그 일이 뭔지 당신은 알고 있다. 당신의 문제니까. 그럼에도 당신은 미친 듯이 그 일을 피하고 있다. 어떤 면에서 당신은 그 일 때문에 연애를 못하고 있다는 사실까지 알고 있다. 혹은 적어도 그렇지 않나 의심하고 있다. 그러면서 인정하고 싶지는 않다. 왜? 그것을 인정하면 문제를 해결해야 한다는 뜻인데 당신은 문제를 해결할 수 없다고 생각하거나 혹은 해결 하고 싶지 않기 때문이다.

당신이 하고 싶지 않은 일들의 전형적인 예를 소개한다. 술 끊기, 체중 줄이기, 직장 구하기, 직장 그만두기, 누군가와 헤어지기, 파산 신청하기, 아빠 (혹은 아기 아빠, 엄마, 오빠) 용서하기, 마리화나 끊기, 지나친 TV시청 중단하기, 약물치료 받기, 약물 끊기, 수면제 끊기, 섭식장애 해결하기, 못된 여자 노릇 그만하기, 남자와 더 깊이 있게 사귀기, 가벼운 섹스 끊기, 그밖에 이 책에서 언급한 기타 등등의 일들.

말했지만 몇 가지 예일 뿐이다. 당신에게 문제가 있다면 그게 무엇인지는 당신이 알 것이다.

일단 하고 싶지 않은 일을 할 준비가 되면 그 일과 맞붙어 씨름하느라 분주해질 것이다. 흔히 사람들이 문제를 해결하기 위해 하는 일을 모두 시도해봐라. 가능한 모든 책을 찾아 읽어라. (차이점이 아닌 유사점을 찾아야 한다. 당신에게 문제가 없다고 결론짓기 위해 책을 읽는 게 아니라 문제를 밝혀내려고 책을 읽는 것이다.) 중단했던 치료를 받으러 가라(특히 집단치료를 받으면 자신의 문제를 부정하려는 사람들이 어떤 모습인지 직접 볼 수 있다). 12단계 회복 프로그램 모임에 가입하고, 병원에 가고, 위성 TV를 취소하고, 침을 맞으러 가고, 신용회복위원회에 연락하라.

당장 삶이 개선될 거라고 기대하지는 마라. 별로 심각하지 않은 문제를 버리면 삶이 더 좋아진다. 그러나 중독이나 충동적인 행동처럼 큰 문제를 버리면 처음에는 삶이 오히려 나빠진다. 큰 문제는 구조적이기 때문에 당신도 모르는 사이에 인생의 벽과 바닥과 지붕 역할을 할 수 있다.

문제가 있을 때는 마치 그 문제를 제거하기만 하면 인생이 완벽해질 것 같은 생각이 든다. 그러나 중요한 문제를 해결하기 시작하면 그 아래 가려져 있던 온갖 하위의 문제들이 드러나면서 덜 심각한 문제들이 커다란 한 가지 문제에서 비롯되었음을 깨닫게 된다.

예를 들어 당신에게 강박과식의 문제가 있다면 과체중이라는 결과를 낳을 것이다. 당신은 불어난 몸무게 때문에 연애의 전망이 어두워지고 있음을 깨닫고 집착하는 음식을 그만 먹겠다고 결심한다. 일단 백설탕, 밀가루, 불량식품을 끊으면 그동안 왜 이것들을 먹었던가 깨닫게 된다. 이 음식들은 외로움을 덜어주었고 감정을 다스려주었으며 쇼핑 충동을 잠재워주었다. 이 음식들을 끊고 나니 이제야 줄어드는 은행 잔고와 살이 빠지면 입으려고 옷장 가득 사두었던 옷들이 눈에 들어온다. 이제 그것들이 괴로워 당신은 과음을 한다. 뭐, 그런 식이다.

너무 좌절하지는 마라. 전혀 특이한 게 아니다. 당신의 삶은 하나의 생태계다. 한 부분을, 특히 중요한 부분을 바꾸면 전체에 영향을 미친다. 다 포기하고 과거로 돌아가고 싶은 유혹이 생길 것이다. 그러면 일이 해결될 것 같다. 그러나 단언하건대 당신이 문제를 해결하기 위해 나서고 거기 따르는 과정을 끝낸다면 당신의 삶은 한결 좋아질 것이다.

의심이 든다면 스스로 물어봐라. 그 오랜 행동이 35년간 효과가 없었다면 앞으로 35년간은 효과가 있을까?

변화를 위한 실천

이 대목에서 우리가 살펴볼 영적인 실천은 놓아주기다. 놓아주기는 신세대 사이에 많은 역할을 해왔다. 그런데 놓아주기란 뭘까? 언뜻 포기하라는 말로 들릴 수도 있지만 그렇지 않다. 그보다는 새나 나비를 잡고 있던 손을 활짝 펴는 것과 비슷하다. 이제 새는 원한다면 멀리 날아갈 수 있다. 원하지 않으면 날아가지 않을 것이다. 놓아주기는 당신에게 좋지 않은 어떤 일이 없어지면 삶이 더 나아질 것이라는 믿음의 과정이다. 그러니 그냥 놓아줘라.

뭔가를 포기한다는 것은 정말로 어렵다(특히 자신의 일이라면). 나 역시 해봐서 안다. 그러나 응원하고 싶다. 할 만하다! 문제는 놓아주기의 가장 어려운 부분이 마음속에 있다는 것이다. 당신의 마음은 이러저러한 것이 없으면 살 수 없다고 고집을 부린다. 물론 살 수 있다는 것을 당신은 안다. 그러나 시작하기 전에는 단지 이론에 불과하다.

예를 들어, 나는 열두 번의 시도 끝에 담배를 완전히 끊었다. 항상 나 자신에게 '딱 한 대만'을 허락했기 때문이다. 당연히 '딱 한 대'는 72시간 안에 하루 한 갑으로 변했다. 그래서 다시 여러 번 더 담배를 끊어야 했다. 그때 좋은 생각이 떠올랐다. 성냥에 불을 붙이기 직전 '내일 다시 끊으면 돼'라고 생각하는 것이었다. 물론 몇 주 혹은 몇 달 동안 다시 끊지 못했다. 그 거짓말을 완전히 끝내려고 일곱 번이나 더 담배를 끊어야 했다. 마침내 담배 문제에 완전히 질려버렸고 결국 완전히 담배를 끊었다. 이제 '딱 한 대만' 혹은 '내일 다시 끊으면 돼'라는 생각이 들면 이미 내가 아는 사실로 맞섰다. 즉 담배를 다시 집어들어 입에 물고 불을 붙이지 않는다면 다시 끊는 수고도 할 필요가 없을 것이라는 사실이다.

그래서, 마침내, 나는 그렇게 하지 않았다. 그리고 내가 궁지에 몰렸을 때 담배가 나를 편안하게 해주었다는 사실을 깨달았다. 일단 하루에 스무 번씩 10분간 밖에 나가 담배를 피우는 일을 그만두자 시간이 많이 남았다. 그뿐만 아니라 내 인생의 수많은 문제들도 깨닫게 되었다. 하지만 내 마음속에 떠오른 그 말, "담배 없이는 살 수 없어"에 귀를 기울였더라면 나는 결코 그 사실을 몰랐을 것이고 결코 변화하지 못했을 것이다.

담배를 포기하자 중요한 삶의 교훈이 찾아왔다(담배는 섹시하지만 무능한 남자를 포함해 몇 년간 내가 포기해야 했던 수많은 것들 중 하나다). 삶의 문제가 무엇이든 해답 안에는 반드시 놓아주기가 포함된다는 것이다. 뭔가를 놓아주어야 한다. 삶은 놓아주기의 연속이기 때문이다. 유년기. 엄마에게 침대 정리 맡기기. 중학교 시절 가장 친한 친구. 첫 번째 자전거. 첫 남자친구. 청춘.

어떤 순간 특별한 무엇을 놓아주자마자 금세 또 다른 무엇을 놓아주어야 한다. 그리고 그리 멀지 않은 시간이 흐른 뒤에 또 다른 무엇을 놓아주어야 한다. 온갖 것들을 반복해서 놓아주다 보면 결국 커다란 최후의 것을 놓아줄 차례가 당도한다. 바로 당신의 삶이다.

우울해지라고 한 말은 아니었다! 영적인 관점으로 보면 삶이라는 전체 여정이 뭔가를 놓아주는 과정이라는 말을 하는 것이다. 사람들, 장소들, 생각들, 의견들 그리고 지위들을 놓아주어야 한다. 많이 놓아줄수록 더 자유로워진다. 더 자유로워질수록 삶의 여정은 더욱 우아하고 편안해진다.

이를 이해하면 성숙한 여성이 될 수 있다. 놓아주는 방법을 알게 되면 언쟁과 실망과 상처에 사려 깊게 그리고 온정적으로 대처할 수 있게 된다. 이미 큰 그림을 파악했으므로, 궁극적으로 인생은 놓아주기라는 것을 알았으므로 남편이 완고하거나 거만하거나 부정적이더라도 그 역시 인간일 뿐, 그리 호들갑 떨 일이 아니라는 것을 알게 된다.

어떻게 생각하면 우리가 흔히 '문제'라고 부르는 것들은 부정할 수 없는 삶의 큰 진실에 대항해 스스로를 지키고자 하는 노력에 불과하다. 즉 모든 것을 말하고 실행하면 주위에 아무것도 남지 않는다는 진실 말이다. 뭔가를 잃는 고통에 맞서 자신을 지키는 방법 중에 처음부터 그것을 갖지 않는 것보다 더 좋은 방법이 어디 있겠는가? 셰익스피어도 몇 백 년 전에 이런 질문을 던졌다. 사랑을 전혀 하지 않는 것보다 사랑을 하고 잃는 게 더 나은가?

핵심적으로 당신이 지닌 문제는 사랑을 하고 잃는 고통으로부터 당신을 지켜준다. 그러나 당신의 행동(다른 인간에게 상처받을 수 있는 위치에 놓이는 것을 피하고자 고안된 전략)을 있는 그대로 바라본다면, 그리고 일단 상처받을 수밖에 없다는 사실을 이해하게 된다면 기꺼이 놓아주게 된다. 궁극적으로 놓아주기는 확장이다. 자유로워지기다.

변화가 일어나게 하라. 삶이 일어나게 하라.

당신의 자매가 무슨 일인지 알 때만 말해줄 것들

• 당신은 엉망진창이다

당신에게는 문제가 있다. 누군가의 성공적인 파트너가 되고 싶다면 그 문제부터 해결해야 한다.

• 당신은 비밀을 갖고 있다

비밀이 있다는 것은 문제가 있다는 뜻이다. 브로콜리를 얼마나 먹는지 비밀로 하는 사람은 없다. 당신에 대한 모든 것을 온 세상에 알리라는 말이 아니다. 당신의 언니에게 어떤 일을 숨기고 싶다면 그 일을 끌어안고 사는 게 결코 좋지 않다는 말이다.

• 하고 싶지 않은 그 한 가지를 해라

당신이 안고 있는 그 문제가 연애를 얼마나 방해하고 있는지 당신 역시 잘 알 것이다. 놓아줘라. 상처를 입을지는 몰라도 일시적일 뿐이다. 그대로 있는 게 오히려 영원한 상처를 안겨줄 것이다.

• 놓아주기는 궁극적인 삶의 원리다

당신이 가진 문제점은 사랑하는 누군가를 잃는 위험으로부터 자신을 보호하기 위한 장치다. 놓아주기는 자신을 자유롭게 풀어주는 것이다. 그러한 일이 일어나게 해라!

나는 절대 행복해질 수 없어

자기를 사랑하지 않는 여자

1. 좋은 쪽이든 나쁜 쪽이든 다른 사람과 자신을 비교하는 말이 마음속에 마구 떠오르는가?
2. 제 뜻과는 반대로 진심으로 원하는 일을 거부해본 적이 있는가?
3. 사람들이 자기애에 대해 이야기하면 그게 무슨 뜻인지 모르겠는가?

자기혐오는 은밀하다. 반짝이는 긴 드레스를 입고 대규모 오케스트라가 연주하는 배경음악을 들으며 스포트라이트 속에 서서 내가 얼마나 자신을 미워하는지 아느냐고 노래하지는 않는다. 전혀 그렇지 않다. 자기혐오는 사기꾼에 가깝다. 완벽하게 위장한 채 당신의 마음속에 몰래 미끄러져 들어간다. 자연 다큐멘터리에 나오는 나뭇잎 색깔과 완전히 똑같아 보이는 똑똑한 개구리처럼 은밀하게. 개구리가 눈을 끔뻑이기 전에는 아무도 알아보지 못한다. 그때조차도 아주 자세히 들여다봐야 겨우 알아볼 수 있다.

자기혐오는 입술 위에 거대하고 끔찍한 딱지가 생길 때까지 그 존재를 전혀 알아채지 못한 바이러스, 헤르페스바이러스와 같다. 처음에는 믿을 수가 없을 정도다. 입술 포진 같은 건 처음부터 없었단 말이다. 그런데 어느 날 갑자기 입술 위에 떡 하고 생겨버렸다. 당신은 빨리 사라지라고 기도한다. 그러다 정말로 사라지면 그런 게 있었던 것조차 까맣게 잊어버린다. 그러다가 또 어느새 다시 돌아온다. 당신은 또 화들짝 놀란다. 아까도 말했듯이 입술 포진 같은 건 처음부터 없었으니까. 얼굴에 분명히 그 증거가 자리 잡고 있는데도 말이다.

자기혐오도 마찬가지다.

자기혐오는 수면 아래 가만히 잠복해 있다가 보이지 않는 상태로 혈관 속을 돌아다닌다. 그러다가 인생에 엿 같은 상황이 벌어지면 수면으로 올라온다. 그때가 되면 너무 익숙해 대부분 들리지도 않는 독백의 모습을 하고 번쩍이는 영광 속으로(아니면 빗발치는 탄환 속으로?) 걸어나온다.

자기혐오는 당신에게 "네 인생은 결코 제대로 굴러가지 않을 거야, 너는 절대 행복해지지 않을 거야, 다른 사람들은 모두 인생 지침서가 있어서 어떻게 인생을 굴려야 할지를 아는데 너만 몰라, 너는 패배자니까, 그리고 뚱뚱하니까"라고 말하는 당신의 일부분이다. 다른 사람보다 당신이 얼마나 더 나은가는 말하지 않는다. 자기혐오는 다른 사람들에게 그 추악함을 투영하는 것을 좋아하기 때문이다.

자기혐오의 목소리는 지극히 현실적으로 들린다(자기혐오는 대륙횡단 비행기 안에서 옆자리에 앉은 부인보다 더 수다스럽다). 자기혐오는 말하지 않을 때조차도 보이지 않는 상태로 당신의 애정생활에 비틀린 영향을 끼친다. 당신이 미처 알지 못하는 순간에도. 그리고 그 문제를 해결하기 전까지 당신은 반드시, 기필코, 기어이 미혼 상태로 남아 있게 될 것이다.

당신이 외면한 불편한 진실

자기혐오는 정말로 형편없는 것이다. 당신이 정말로 형편없다는 뜻이 아니다. 당신 안에 숨은 자기혐오가 당신이 형편없는 사람이라고 믿게 한다는 뜻이고 그 믿음을 확고히 하려고 매우 교활한 방법을 쓴다는 말이다. 왜 그럴까? 조금 복잡한 이야기다. 그동안 심리학은 내면화된 부모나 어린 시절의 트라우마가 재현되는 것에 대해서는 꽤 설명을 잘해왔지만 지금 당신이 원하는 것은 앞으로 잘 살아갈 수 있게 도와줄 심리학이 아니겠는가?

지금 당장은 자기혐오가 교활하다는 것부터 이해해야 도움이 된다. 대부분의 시간, 당신은 자신이 절대적으로 가치 있는 사람이라고, 그래서 원하는 것을 가질 자격이 충분하다고 생각한다. 다만 가질 자격이 충분한데도 왜 갖지 못하는지 그게 이해가 안 될 뿐이다.

그런데 더욱 당혹스러운 점은 당신이 원하는 것이 손만 뻗으면 닿을 만한 곳에 다가왔을 때 자기혐오가 종종 수면으로 모습을 드러낸다는 것이다. 이제 막 멋진 남자와 데이트를 시작했고, 마지막 남은 5킬로그램 중 3킬로그램을 뺐고, 직장에서 승진을 목전에 두고 있다. 그때 갑자기 부정적인 중얼거림이 들려온다. 준비가 다 되었다고 생각했던 일, 코앞에 다가왔다고 생각했던 일이 사라질 것이라는 확신이 든다. 자기혐오가 방해를 시작한다. 새 남자친구 앞에서 말도 안 되는 질투를 하고, 사흘 내리 감자튀김을 먹고, 직장에 또 지각을 하고는 아무도 눈치 채지 못하기만을 바란다. 이러면 안 된다는 것을 알고, 또 이러고 싶지도 않지만 어쨌든 당신은 이러고 있다.

자기혐오는 파괴자다. 원하는 모든 것을 향해 "안돼"라고 큰 소리로 말한다.

자기혐오는 또 자유자재로 형상을 바꾼다. 자기혐오가 가장 좋아하는 자기표현 방식은 '어떤 일도 네게는 어울리지 않아'라는 생각이다. 당신은 자기혐오를 충족시킬 사람과 일을 위해 진정 당신을 행복하게 해줄 사람과 일을 거부한다. 예를 들어 당신은 자신과 아이를 부양하기 위해 '그런대로 괜찮지만 경력에 도움이 될지는 알 수 없는 직장'을 받아들이는 대신 실직 상태로 '꿈의 직장'을 기다리는 쪽을 선택한다. 혹은 여자친구가 있지만 당신과 아슬아슬한 모험을 즐기고 싶어 하는 남자와 어울리기 위해 친구의 생일 파티에 가지 않기로 한다. 또는 친구로 삼고 싶지만 절대로 당신의 친구가 될 수 없는 엄청나게 바쁜 여자와 약속을 잡으려고 애쓰고 있다. 결국 당신은 기분만 상하고 만다.

자기혐오는 이런 식의 선택을 하도록 당신을 부추긴다. 하루가 끝나갈 무렵이면 또다시 물을 먹은 당신이 결코 돈을 많이 벌지 못할 거라고, 사랑받지 못할 거라고, 좋은 친구를 사귀지 못할 거라고 생각할 것을 이 녀석은 알고 있다. 당신에 대한 부정적인 믿음을 증명해줄 일들을 하도록 부추기는 것이 자기혐오의 핵심 방법이다. 자기혐오는 당신이 형편없고 앞으로도 영원히 그럴 거라는 생각을 품게 한다. 결국 당신은 앞으로 나가는 대신 그 자리에 주저앉는 쪽을 선택한다. 그러면 주저앉은 그 자리에서 당신이 원하는 관계를 결코 찾지 못할 것이다.

그 여자가 결혼하지 않은 이유

재스민은 정말로 멋진 여자다. 기분 좋은 외모에, 친근한 성격에 활짝 웃을 줄 알고 너그러우며 쾌활하다. 멋진 아내에게 필요한 모든 것을 갖추었다. 그러나 그녀는 무엇보다 자신이 썩 괜찮은 사람이라는 것부터 알아야 한다. 지금은 그렇지 못하기 때문이다. 재스민이 자신을 그리 좋게 생각하지 않는다고 말하면 그녀는 말도 안

위대한 캐서린

그렇다. 나는 케이트 미들턴이 훌륭한지 아닌지는 잘 모른다. 그러나 자기애를 증명해 보인 여자들에 대해 생각하면 그녀가 떠오른다. 왜일까? 그녀가 윌리엄 왕자와의 로맨스에 대처해온 방식 때문이다. 영국의 타블로이드 신문이 붙여준 별명대로 '끈질긴 케이티'는 언뜻 보면 수줍은 사람으로 보인다. 그러나 나는 정반대라고 생각한다! 자부심이 가득한 여자만이 그런 일을 해낼 수 있기 때문이다.

평범한 커플도 여러 해 사귀다 보면 남자가 언제 결혼을 하려고 하는지, 과연 결혼을 하려고는 하는지의 문제로 다툴 수 있다. 케이트의 경우는 온 국민이 지켜보고 있었다. 그녀가 왕자와 미래에 대해 대판 싸움을 벌인 후 자기 자신에게 편지를 쓰고 그 편지를 의도 상자에 집어넣는 모습을 상상해보자.

> 케이트에게
>
> 왕자님이 알든 모르든 너는 정말 멋진 아이야. 왕자님이 청혼을 하든 안 하든 너는 왕비가 될 자격이 충분해. 그러니 마음 편하게 먹어. 네가 가치 있는 사람임을 증명하기 위해 반드시 그가 필요한 것은 아니잖아. 너는 이미 알고 있잖아. 그러니 기다릴 수 있어. 만약 그 사람이 아니라면 다른 사람이 될 테니까.
>
> 사랑하는 나로부터
> (미래의 케임브리지 공작부인 캐서린으로부터)

구애가 자꾸 연기되는 것은 끝없이 이어지는 인턴 과정과 비슷하다. 요즘 같은 파파라치 시대에 미래의 영국 왕비가 되려면 자신의 충동을 다스리는 능력이야말로 필수 요건일 것이다. 그런데 자신을 사랑하지 않는 여자는 충동을 다스리는 힘도 없다. 10년이라는 긴 시간 동안 케이트는 늘 바른 자세로 앉아야 했고 스스로 감정을 다스려야 했다. 왕자를 향해 온몸을 던지는 수백만 명의 여자들을 지켜봐야 하는 것은 말할 것도 없고 기다림에서 오는 온갖 감정들을 관리해야 했다. 케이트는 그 모든 일을 감당해야 했다. 다시 말해 다른 사람과 충동적인 섹스를 하거나 봄방학에 가슴을 노출하거나 식당의 테이블을 뒤엎거나 윌리엄에게 음, 대머리가 되어가니 꺼지라고 말해서는 안 된다는 뜻이다.

결코 쉽지 않았을 것이다. 자신보다 남자를 더 사랑하는 여자였다면 그 시간을 기다리다 미쳐버렸을 것이다. 그러나 결국 케이트는 해냈고 노력 덕분에 지금은, 음…… 공작부인이 되었다. 그 정도가 그녀의 목표는 아닐 것이다. 자신이 원하는 것을 이루기 위해, 그러니까 황태자비나 심지어 왕비가 되기 위해 그녀는 아마 또 10년을 더 기다려야 할 것이다.

그러나 케이트는 해낼 수 있음을 이미 증명해 보였다.

<hr>

되는 소리라고 부정할 것이다. 그녀는 일주일에 세 번 운동하고, 유기농 식품을 먹고, 위기에 처한 10대 소녀들을 돕고 있다. 온갖 좋은 일을 하는 것은 무엇보다 자신을 위해서이므로 자신에게 자기혐오가 있을 리 없다고 주장할 것이다.

그런데 재스민(아버지가 자동차 대리점의 서비스 관리자다)은 내가 쿼터백 유형이라고 부르는 남자를 계속 쫓아다녔다. 그는 아이비리그 출신이고 아버지가 대형 병원의 외과과장이며 엄마는 자선행사를 순회하는 활동가였다. 그는 화려한 사립학교에 다니며 자신감을 물려받았고 평생 라크로스(하키 비슷한 구기 종목-옮긴이)로 단련한 몸까지 소유하고 있었다. 남자를 회사에 비유한다면 그는 애플, 재스민은 애플비였다. 어떻게 보면 재스민이 훨씬 가치가 높은 회사와 합병을 통해 자사의 주가를 올리려고 비밀리에 노력하는 형국이었다. 적어도 시장 논리로 따져본다면 말이다.

얼핏 보면 재스민이 얄팍하다는 생각이 들 것이다. 그러나 그게 전부가 아니다. 조금 더 자세히 들여다보면 재스민이 쿼터백 유형에 끌린 것은 그녀에게 결핍된 부분이 있어서였음을 알 수 있다. 그녀는 마음속 깊은 곳에서 자신의 뭔가를 보충할 필요가 있다고 생각한다. 그래서 자신보다 '더 한' 사람을 원한다(그녀의 규정에 따라). 그녀가 이런 생각을 믿지 않는다면 평범한 가정에서 태어나 평범한 직장에 다니는 평범한 남자와도 행복할 수 있음을 깨달을 것이다.

재스민의 상황이 썩 좋지 못하다는 것을 확실히 알 수 있는 방법이 있다. 재스민은 '거절당할' 때마다 자신에게 뭔가 잘못이 있어서 좋은 남편을 찾을 수도 행복할 수도 없을 거라고 확신했다. 그리고는 자신은 원하는 남자를 얻을 만큼 충분히 예쁘지도, 똑똑하지도, 부유하지도 않다고 결론을 내렸다.

어떤 의미에서 보면 그녀가 옳다. 현실을 잠깐 들여다보면 확신이 생긴다. 쿼터백 하면 뉴잉글랜드 패트리어츠에서 뛰는 슈퍼볼 우승자 톰 브래디가 떠오른다. 그가 누구랑 결혼했더라? 그는 아름다운 할리우드의 여배우를 버리고 훨씬 더 아름다운 슈퍼모델을 선택했다. 그것도 그냥 슈퍼모델이 아니라 세계에서 가장 유명

문제에 맞서라

당신의 문제를 치료하기 위해서는 당신의 문제가 필요하다. 응? 당신의 문제를 팔굽혀펴기라고 생각해보자. 군인들이 몸과 바닥만을 사용해 체력을 키우는 울끈불끈한 운동 말이다. 내가 보기에 문제는 바닥(당신에 대한 잘못된 믿음을 비유한 단어)이다. 움직일 수 없는 것. 이 움직일 수 없는 것을 밀어내면서 힘을 키운다.

밀어내기는 당신이 자신에 대한 잘못된 믿음을 보았을 때 바닥에 드러누워 숨어버리기보다 그것이 잘못된 믿음임을 스스로 인정하면서 이에 맞서는 것이다. 즉 진실을 가지고 잘못된 믿음을 밀어내는 것이다. 나는 지금 이 순간 이 자리 그대로 충분하다고 믿으면서.

이렇게 팔굽혀펴기를 많이 하면 당신은 더욱 강해진다. 이는 매우 단련된 태도로 원하는 일을 하면서 잘못된 믿음이 활보하지 못하게 막는 것이기 때문에 당신에 대한 잘못된 믿음을 굳이 제거할 필요가 없다. 그냥 맞서기만 하면 된다. 거기에는 당신이 성장하기 위해 필요한 바로 그것이 포함되어 있다. 또 사람들이 '문제없어'라고 말하는 이유이기도 하다. 심지어 나쁜 일도 좋다. 성장할 기회를 안겨주니까.

이런 식으로 보면, '문제=힘'이다.

한 슈퍼모델이다. 그는 자기 회사가 애플임을 알고 있었고 그래서 도전에 나섰다.

누구나 최고의 짝을 구하려고 하는 것은 생물학의 기본이다. 그러나 '나는 형편없어'라는 자기혐오가 침투해 들어오면 결국 재스민 같은 상황에 처하게 된다. 그녀는 모든 에너지를 이런 남자들(그들도 비슷하게 자기 것이 될 수 없는 여자를 쫓아다닌다)을 쫓아다니는

데 허비한다. 시계는 계속 째깍거리고 이제는 정착할 준비가 되었는데도 말이다.

당신도 재스민 같은 상황에 놓여 있다면 너무 걱정하지 마라. 당신이 정말로 상대하는 대상은 자신이 형편없다는 믿음에 불과하다. 그 믿음은 사실이 아니므로 완벽하게 뜯어고칠 수 있다.

다만, 당신이 아직은 그 사실을 모르고 있을 뿐이다.

내 삶이 들려주는 이야기

세 번째 남편 폴이 내 곁을 떠났다. 아니, 잠깐, 다시. 내가 그의 곁을 떠났다. 그는 바람을 피웠고 나는 그대로 살 수가 없었다. 배우자의 불륜은 쉽게 해결할 수 없는 문제다. 거의 언제나 자신이 썩 괜찮은 사람이라는 생각을 뒤흔들어놓기 때문이다. 먼저 불륜 상대를 살펴보면 사랑하는 나의 세 번째 남편은 스물한 살짜리 여자를 골랐다(오, 감사합니다!). 당시 나는 마흔한 살이었기에 다들 예상할 수 있듯이 나의 가치를 높이 평가하기 위한 힘겨운 오르막길에 추가 무게가 실렸다. 게다가 그는 겨우 결혼 9개월 만에 바람을 피웠다. 아니, 8개월이었던가? 거기에 수없이 버림을 받고 아버지는 감옥에 가고 어쩌고 하는 내 어린 시절의 환경이 더해졌다. 심리학자가 아니라도 내 안의 자기혐오가 얼마나 간절히 '나는 형편없어, 결코 좋아지지도 않을 거야'라는 결론을 원하고 있었을지 충분히 짐작할 수 있을 것이다.

폴과의 결혼은 자기혐오 분야에서 그랜드슬램을 달성한 것과 같았다. 나는 내가 그를 선택한 이유를 똑똑히 말할 수도 있었다. 직관적으로 나는 정말로 사랑하는 남자는 내 곁을 떠날 것이라는, 혹은 내가 그를 떠나게 할 거라는 핵심적인 믿음에 딱 부합하는 남자가 그였음을 알아보았다. 틀림없이 나는 자존감에 심각한 문제를 안고 있었고, 그런 문제가 없었다면 처음부터 폴에게 끌리지도 않았을 것이다. 그는 딱할 정도로 엉망진창이었으니까(그래도 너무 귀여웠다!).

그러나 인생은 문제 주머니 속에 곧바로 그 해결책도 찔러 넣어준다는 점에서 꽤 우아하다. 이런 사실을 이론으로 배우지는 않았다. 어느 일요일 오후, 스물한 살짜리 여자애가 심각하게 무능한 내 남편의 휴대전화에 뭔가를 잔뜩 보내고 있었고 나는 당장 그 문제를 해결해야만 했다. 그날이 끝나갈 무렵 나는 내 앞에 단 두 가지 선택이 있다는 것을 깨달았다. (1) 희망이 없으니 나 자신을 그리고 남자들을 깨끗이 포기하고 마지막으로 씁쓸함을 느끼거나 (2) 이 일이 내게 무슨 의미를 지닌다고 생각하든지 결국 오래전 어린 시절에 바탕을 두고 있으므로 그 생각은 잘못된 것이라고 결론짓기. 그리고 치유받을 준비하기.

나는 두 번째를 선택했다. 다행이었다. 내 앞에 놓인 것은 끔찍한 실패를 맞이한 결혼생활과 영원히 끝장난 연애생활의 증거가 아니었다. 그보다 훨씬 희망적이었다. '지금 당장 자신을 사랑하는 방법을 배우라'고 재촉하는 거대한 더미였다.

그 남자가 결혼하지 않은 이유

이 책은 남자들에 관한 이야기보다 당신에 관한 이야기를 더 많이 담고 있다고 말했던 것을 기억하는가? 진심이었다. 나의 세 번째 남편 덕분에 이해할 수 있었던 것 그리고 지금쯤은 당신도 이해하기 시작했을 바로 그것은 연애라는 게임에서 다음 단계로 넘어가려면 여자가 자신의 삶에 존재하는 (혹은 상황에 따라 존재하지 않는) 남자들에 대해 100퍼센트 책임을 져야 한다는 것이다. 100퍼센트 말이다.

이는 이 남자들, 심지어 나쁜 남자조차 당신의 삶에 데려온 사람이 바로 당신임을 인정하겠다고 결심하는 것이다. 당신이 의식적으로 그들을 선택했다는 말은 아니다. 그들이 못되게 굴도록 당신이 자초했다는 말도 아니다. 당신이 의식적으로는 아니라도 무의식적으로 그 남자들을 선택해왔음을 깨닫지 못하면 아무것도 변하지 않으리라는 말이다.

결혼하고 연애하고 완전히 실패하면서(혹은 내가 좋아하는 말로 '미리 성공'하면서) 나는 한 가지 사실을 깨달았다. 남자들은 우리 자신의 가장 깊숙하고 무의식적인 믿음을 보여주는 거울이라는 점 말이다.

모든 연애는 사악한 요정에 의해 최면에 걸린 남자가 요정이 시키는 대로 행동하는 옛날이야기와 거의 비슷하다. 당신에게 상처를 입히기 위해서(길고 깊은 잠에서 깨어날 때까지는 그렇게 느껴지지만)가 아니라 당신에게 치유력이 있음을 알려주고 당신의 진짜 모습을 보여주기 위해서다.

좋다. 너무 융 심리학같이 들릴지 모르니 다른 식으로 이야기해보자. 남자와의 관계를 '그'라고 부르는 커다란 흰 벽에 투사하는, 당신과 당신의 관계를 묘사하는 영화라고 생각해보자(남자는 자신이 이 영화의 일부임을 알지도 못한다). 영화 속에서 당신이 자신에 대해 생각하는 모든 것('나는 뚱뚱해'부터 '나는 사랑스러워' 사이의 그 어떤 것까지)이 마법처럼 '그'라는 캐릭터의 입을 통해 나오고 '그'의 행동으로 표현된다. 당신이 자신에 대해 확신하는 면을 화면 속 남자도 확신할 것이고, 당신이 그리 확신하지 않는 면에 대해서는 화면 속 남자가 확인해줄 것이다. 가령 밸런타인데이에 당신에게 헬스클럽 회원권을 선물하는 식으로(실화다).

당신이 마음 깊은 곳에서 자신에 대해 어떻게 생각하는지를 알고 싶다면 그동안 당신 인생에 나타났던 수많은 '그'들이 어떤 행동과 태도를 보였는지 되짚어봐라. 일정한 양식이 보이는가? 한 남자에서 다음 남자로 넘어갈 때 공통분모가 존재하는가? 혹시 늘 당신에게 비판적인 남자나 지배적인 남자나 믿을 수 없는 남자를 상대하고 있지는 않은가? 받아들이기 어렵겠지만 당신은 그게 당신에게 걸맞은 대접이라고 믿는다.

처음 이런 생각을 접했을 때는 나 역시 코웃음을 쳤다.

"지금 농담해?"

그러나 뭔가 터무니없고 화를 유발하는 상황을 만났을 때 그게 자신의 무의식적인 믿음임을 알 것이다. 적어도 약간은 사실임을 마음 깊숙이에서 알지 못한다면 굳이 화를 내지도 않을 것이다.

어쨌든 잠깐이라도 이런 생각을 자신에게 적용해보기 바란다. 당신에게 맞지 않는다고 생각하면 곧바로 잊어버리면 된다. 이런 식으로 남자들을 바라보면 궁극적으로 자신에게 힘이 생긴다. 이제 당신은 남자들을, 그리고 당신의 전반적인 애정생활을 완전히 새로운 시각으로 바라보게 된다. 이제는 '어머, 저 남자 완전 쓰레기네'라고 생각하기보다 '맙소사, 저게 내가 믿는 내 모습이라고?'에 가까워진다. 당신은 스스로 발전하는 모습을 보게 될 것이다. 끌리는 남자 유형이 '미스터 불같은 분노'에서 '미스터 때때로 화가 나지만 여전히 이성적인'으로 향상될 때 스스로 전진하고 있음을 알게 될 것이다.

자신에게 도움이 되지 않는 무의식적인 믿음을 지니고 있다면 바꾸고 싶을 것이다. 하지만 어떻게?

변화를 위한 전략

당신의 자존심을 해고해라. 당신이 '나는 형편없어'라고 생각한다면 틀림없이 당신의 자존심이 당신이라는 기업의 최고경영자일 것이다. 그게 자존심이 하는 일이다. 이 일 저 일을 끊임없이 비교하고 그중 하나가 더 좋거나 더 나쁘다고 결정하는 것. 자존심의 세계에 평등은 존재하지 않는다. 자존심은 당신처럼 멋진 사람들이 땀을 흘리는 것을 보고 즐긴다. 자존심은 커튼 뒤에 숨어 자신의 모습을 커다란 화면에 투영시키고 무시무시하게 위협적인 소리를 내는 오즈의 마법사 같다. 자존심은 미움에 가득한 비열한 말들을 토해낸다. 이 모두가 책임자의 자리를 지키기 위해서다.

자기혐오는 자연스러운 상태가 아니다. 우리는 자신을 미워하게끔 타고나지 않았다. 우리가 다른 것보다 더 하거나 덜 하다는 생각, 우리가 여기 아닌 다른 곳에 있어야 한다는 생각은 항상 자존심에 의해 생겨난다. 당신이 사랑할 남자에게도 마찬가지다. 그 남자가 다른 사람보다 낫다거나 못하다는 생각, 혹은 당신이 낫다거나 못하다는 생각도 모두 자존심이 시키는 일이다.

그렇다면 자존심이란 무엇인가? 우선 자존심은 진짜 당신이 아니다. 자존심은 당신이 그렇게 생각해주기를 바라고 있지만 말이다. 자존심은 당신의 마음속에 살면서 커다란 목소리를 가진 '당신'이다. 이 말이 자존심을 가장 잘 설명해준다.

자기혐오가 서커스 자동차에서 우르르 몰려나오는 열네 명의 어릿광대라면 자존심은 바로 그 자동차다. 자존심은 여동생에게 '그래도 된다'는 생각으로 분노의 이메일을 보내는 것부터 능력도 안 되면서 '그래도 된다'는 생각으로 BMW를 덜컥 사버리는 일까지 결국 후회할 말이나 행동을 하게 하는 당신의 일부다. 어느 쪽이든 자존심은 당신을 봐주지 않는다.

또? 자존심은 말을 한다. 말하고 또 말한다. 「아메리칸 아이돌」의 사이먼 코웰이나 「글리」의 수 실베스터처럼 독설을 내뱉는다. 자존심은 당신을 향해 고개를 흔들며 손가락을 Z 모양으로 젓는다. 똑똑한 말은 해도 다정한 말은 절대로 하지 않는다.

자존심이 프로그램을 주도하는 한 당신은 자존심의 부정적이고 자기혐오적인 메시지에 쉽게 영향받을 것이다. 당신은 당신이 사귀려고 노력하는 남자 등 또 다른 사람의 모습에 대한 심술궂은 메시지에도 영향을 받을 것이다. 어떤 경우든 이 메시지를 믿는다면 당신은 친절하고 사랑스러운 사람이 될 수 없다. 자신에게도 다른 사람에게도. 이는 틀림없이 당신의 연애관계에 심각한 영향을 끼칠 것이다.

핵심은 자신을 사랑하는 만큼 남자도 사랑할 수 있다는 것이다. 누군가(그 누군가가 정말로 어리석을 때도)를 온화하고 다정하게 대하는 능력은 자신을 온화하고 다정하게 대하는 능력으로부터 나온다. 결국 다정함은 점점 뻗어나간다. 이미 가진 다정함 더미에서 가져다 남에게 나누어주기 때문이다. 그러니 갖고 있는 다정함이 아주 적다면 결혼생활이 힘겹게 진행될 것이다.

그렇다면 다정함을 키우려면 어떻게 해야 할까?

변화를 위한 실천

자기애를 구하라. 자기계발서를 읽어봤거나 「오프라 윈프리 쇼」를 봤다면 자기애를 실천하는 것이 얼마나 영적인지 신물 나게 들어봤을 것이다. 어쩌면 끔찍하게 진부한 말로 느껴질지도 모르겠다. 사실 어느 정도는 그렇다. 아무리 진부하게 들려도 자신을 사랑하는 능력이 관계를 맺는 능력뿐 아니라 관계의 방해물을 변화시키는 능력과도 관계있다는 사실이 바뀌지는 않는다. 그래서 우리도 지금 이 이야기를 하는 것이다.

당신도 나와 같다면 자기애가 과연 무슨 뜻인지 확실히 알고 있지는 않을 것이다. '자기애'라는 용어는 종종 '자존감'이라는 용어와 바꿔 쓰이지만 둘은 사실 같은 말은 아니다. 자존감은 이 청바지를 입었더니 엉덩이가 특히나 귀여워 보인다고 생각하는 것이다. 자기애는 그렇지 못하더라도 자신에게 다정하게 구는 것이다.

가장 단순하게 분석한다면 이렇게 말하고 싶다. 자기애는 아주 좋은 할머니나 부모 같은 사람이 당신을 대하듯이 자신을 대하는 것이다.

어떤 모습일까? 자신에게 지나치게 관대하라는 뜻은 아니다. 직장에서 언짢은 일이 있었다고 해서 새로 펜디 가방을 사는 것은 지나치게 관대한 것이다. 그보다는 자신을 더 많이 사랑하고 보살피고 지지해주는 것을 말한다. 당신이 꿈에 그려왔던 부모가 당신을 대하는 식으로 자신을 대하는 것이다. 자신을 위해 단호한 경계를 세우고 많은 것을 기대하며 높은(그러나 학대에 가까울 정도로 높지는 않은) 기대치를 설정하는 것이다. 자신이 훌륭한 삶을 살기 바라기 때문이다.

나쁜 일이 생기면 그에 대해 책임을 져라. 자신이든 남이든 비난하지 마라. 특히 일이 어긋나면(일은 늘 어긋나기 마련이다) 사랑으로 자녀를 대하는 부모처럼 자신을 대하라. 어리석다거나, 그래도 싸다거나, 뭔가 잘못되었다는 등의 매몰찬 말은 절대로 하지 마라.

베티 화이트(미국의 원로 여배우-옮긴이) 할머니가 결코 하지 않았을 말들은 자신에게도 하지 마라.

이 부분은 분명해졌다. 이제 자기애가 변화의 가장 중요한 요소라고 말한 대목으로 넘어가자. 여기 이유가 있다. 변화가 일어나려면 스스로 변화가 일어나야 한다는 사실을 알아야 한다. 그런데 자신을 사랑하고 변화시킬 방법을 배우는 여자들과 여러 해 대화를 나누면서 나는 뭔가를 깨달았다. 당신이 아주 중요한 또 다른 사실을 깊이 알아야 새로운 깨달음이 마음속 깊이 스며들 수 있게 된다. 즉 당신이 변해야 한다고 인정하더라도 당신은 여전히 자신

남자에게로 가는 트랙

당신과 당신 자신과의 관계는 남자들을 당신에게 인도하는 트랙과 같다. 이 트랙이 어디를 향하든, 자기애의 자리로 가든 공포의 자리로 가든 당신은 결국 그런 속성들을 갖춘 남자를 만나게 될 것이다.

을 사랑할 수 있다는 사실 말이다.

조금만 더 설명해보자. 과거에 나는 연애관계에서 내가 무엇을 잘못하고 있는지 들을 수가 없었다. 그게 뭐든 오직 한 가지를 의미한다고 생각했기 때문이다. 즉 나는 완전히 사랑받을 수 없다. 누구보다 내가 나를 사랑할 수 없다.

예를 들어 한 남자친구는 내가 말이 너무 많아서 자신은 한마디도 끼어들 수 없다는 말을 한 적이 있다. 그저 단순한 평가였고 꽤 사실이었음에도 나는 듣고 있을 수가 없었다. 나 자신이 말을 너무 많이 하는 나를 사랑할 수 없었기 때문이다. 내가 말이 너무 많은 게 아니라 그가 말을 많이 하지 않는 것이라고, 그 모든 게 그의 문제라고 죽기 살기로 그를 설득했다. 분명했다. 내 주장을 강화하기 위해 그가 문제 가정에서 자랐다는 관찰 내용까지 투척했다면. 오, 내 잘못이 아닌 것 같았다. 결국 남자친구들은 나에 대해 다른 큰 불만, 즉 언제나 내가 옳다고 생각한다는 불만을 품게 되었다. 이렇게 이 둘이 내가 하는 일 혹은 했던 일을 나열한 기다란 목록 맨 위를 차지하게 되었다.

안타깝게도 내가 비판을 받아들이지 못할수록 나는 변할 수가 없었다. 사실이라고 인정하면 내가 사랑받을 수 없는 사람이라고 인정하는 것 같았다.

자신을 사랑하는 모습이 어떤 것인지 궁금할 것이다. 내 경우를 예로 들어 말하겠다. 폴 같은 남자와 결혼하다니 얼마나 어리석은가 하는 생각이 들 때마다 나는 차분하고 조용하게 이렇게 말했다.

"사랑한다, 트레이시."

스스로 (사실은 나의 자존심이) 내가 늙고 한물갔다고 말할 때마다 또 이렇게 말했다.

"사랑한다, 트레이시."

마흔한 살에 처음부터 인생을 다시 세워야 한다고 깨달았을 때도 이렇게 말했다.

"사랑한다, 트레이시."

자신에 대해 부정적인 생각이나 감정이 들 때마다 이렇게 말했다. 이 말을 많이 했다.

진심을 담아 말했다. 처음에는 거북했지만 점점 덜 공허하게 느껴지기 시작했다. '사랑한다'는 말 뒤에 담긴 느낌을 경험하기 시작했고 기분이 좋아졌다. 내 뒤에 내가 서 있고, 내가 나를 편안하게 해줄 수 있으며, 날 위한 온정을 품고 있고, 모든 게 잘될 거라고 자신을 위로할 수 있었다는 뜻이다.

효과가 있었다. 즉시 이별의 충격을 헤쳐나갈 수 있었을 뿐만 아니라 앞으로도 남자와의 관계에서 어떤 일이 일어나더라도 나는 괜찮으리라는 사실을 알게 되었다. 이게 바로 그동안 내가 겪은 모든 관계에서 빠져 있던 것이었다.

• 당신은 자신을 미워한다

당신은 자신이 형편없다고 생각하고, 이런 생각이 인생에 다른 사람을 들이는 데 방해가 된다. 하지만 사실 그렇지 않다! 당신은 완전히 불완전할 때조차도 대단한 사람이다.

• 남자들은 거울과 같다

남자들은 당신의 가장 깊은 곳에 자리 잡은 믿음이 뭔지를 보여준다. 일정한 양식이 있는지 살펴봐라. 자존감에 대해 손을 볼 지점이 어디인가?

• 자존심을 해고하라

자존심은 사이먼 코웰인 척하는 머릿속의 커다란 목소리다. 자존심에게 쇼는 끝났으니 집으로 돌아가라고 말해줘라. 자존심의 말을 그대로 믿으면 좋은 사람이 되기 힘들다. 특히 남자들에게 좋은 사람이 되기 어렵다.

• 자신을 사랑하는 법을 배워라

당신을 몹시 사랑하는 사람이 당신을 대하듯이 자신을 대하는 능력은 건강한 관계를 맺는 데 필수적이다. 자신을 사랑하는 만큼 다른 사람도 사랑할 수 있기 때문이다.

그는 친구일 뿐이야

자기를 속이는 여자

1. 사실은 어떤 남자와의 관계를 원하면서 원하지 않는다고 말해본 적이 있는가?
2. 한 남자를 원했기 때문에 그에 대한 경고신호를 무시한 적이 있는가?
3. 친구들이 알면 당장 끝내라고 할까 봐 관계에 대해 자세한 내용을 숨긴 적이 있는가?

어쩌면 이렇게 시작될지도 모른다. 당신은 어떤 남자에게 끌렸다. 거의 일어나지 않는 일이라 그와의 첫 대화가 끝나기도 전에 속으로 이 남자와 잘됐으면 좋겠다고 바라고 있다. 그런데 마음 한편은 이 남자와 잘될 리가 없다고 확신한다. 이런 경험을 수천 번도 더 해봤기 때문이다. 일이 제대로 되었다면 지금 이 순간 여기 앉아 모히토 칵테일을 홀짝이며 이 남자가 산다는 그 동네에 당신도 살게 되면 어떨까 궁금해하고 있지도 않을 것이다. 그는 진지한 관계를 시작할 준비가 전혀 되어 있지 않다는 뜻을 분명히 했음에도 당신은 시작도 하기 전에 포기하는 일에 질려버렸기 때문에 어쨌든 그에게 기회를 주려고 한다. 사람들은 늘 자신의 마음을 바꾸며 살지 않는가? 게다가 그는 죽여주게 귀엽다.

그 후 2주 동안 애무에서 섹스까지 상황이 발전했다. 정확히 사귀는 것은 아니었지만 충분히 가까워졌다. 같이 저녁을 먹고 영화를 보고 전시회에 갔지만 비용은 각자 지불했고 그가 당신을 초대하는 횟수만큼 당신도 그를 초대했다. 하지만 그와 함께 있는 게 즐겁고 관계가 더 발전할 가능성도 있다. 그렇지 않은가? 당연히 그렇다. 사람들은 늘 마음을 바꾸며 살아가는 법이니까.

당신은 인정하지 않겠지만 그에게 결혼, 아기, 가정 등 당신이 정말로 원하는 것을 말하면 그가 떠날 것을 당신은 이미 알고 있다. 어쩌면 그날 오후가 지나면 바로 떠날지도 모른다. 그런 탓에 당신은 남자에게 이번 만남이 얼마나 완벽했는지만 이야기한다. 같이 어울리고 재미로 섹스를 나누고 싶으니까! 당신은 재미있는 섹스를 좋아하니까! 그리고 진지한 관계로 들어서는 것은 원하지 않으니까! 맹세코! 그와 어울리는 것만 좋아하니까!

다시 말해 당신은 거짓말을 하고 있다. 그리고 그 거짓말이 당신의 애정생활에 어떤 영향을 미치고 있는지 모른다.

당신이 외면한 불편한 진실

남녀관계와 관련하여 거짓말을 하는 방식은 1000가지가 넘지만 정말 중요한 거짓말은 오직 하나다. 바로 자신에게 하는 거짓말. 자기기만은 미래의 행복하고 건강한 관계를 당신 스스로 파괴하는 일이다. 왜일까? 자기기만은 앞서 소개한 모든 내용을 가능하게 하기 때문이다. 자기기만은 당신을 미혼으로 남겨두는 모든 행동 뒤에 숨어 있는 근육이다. 자신을 속이지 않는다면 가벼운 섹스, 분노, 공포, 완벽주의, 미친 짓 등 관계에 혹은 관계의 결핍에 영향을 미치는 모든 것들을 청산할 수 있다. 청산하지 않으면 당신은 계속 궁지에 몰릴 것이다.

거짓말을 부추기는 것은 언제나 하나다. 원하는 것을 얻기. 자기기만을 제대로 살펴보면 언제나 당신이 의식적으로든 무의식적으로든 원하는 것이 있는데 거짓말을 하지 않으면 가질 수 없는 상황이 보인다. 그래서 당신은 해야 한다고 생각하는 일을 했을 뿐이고 당신의 영혼은 범죄의 흔적을 말끔히 지워주었다. 이 과정은 너무도 일반적이라 이를 가리키는 용어도 있다. 바로 '부인'이다.

자신을 향한 거짓말은 미래의 결혼생활을 위해서라도 반드시 해결해야 한다. 공고한 관계를 위해서는 서로를 믿는 두 사람이 필요하다. 진정성 있는 남자라면 당신의 거짓말을 '냄새 맡고' 위험을 피할 것이다. 당신이 어떻게든 거짓말을 감춰서 남자에게 들키지 않는다면 그 역시 자신을 속이고 있는 것이다. 혹은 당신을 속이거나. 어느 쪽이든 딱히 좋지 않다.

흔히 남자와 관련하여 스스로에게 거짓말을 하게 되는 일반적인 상황을 살펴보자. 휘청거릴 정도로 다양한 거짓말이 존재한다.

🕊 **그는 부적절하다** 그는 결혼했다. 그는 열아홉 살이다. 그는 도박을 한다. 어떤 문제든 자신을 덜 속이는 여자라면 즉시 그를 거절할 것이다. 그러나 당신은 아니다. 당신은 문제가 해결될 때까지 버틸 수 있다고 생각한다.

🕊 **그는 당신의 남자가 될 수 없다** 그는 결혼했다. 그는 열아홉 살이다. 그는 팔뚝에 주삿바늘을 달고 산다. 어떤 문제든 그는 당신을 원하지 않는다. 적어도 당신이 해결해달라고 간청하는 그 문제를 해결해줄 만큼 간절히 당신을 원하지는 않는다.

🕊 **그는 진지하게 사귈 수가 없다** 그는 결혼했다. 그는 열아홉 살이다. 그는 하루에 세 시간 동안 포르노를 본다. 어떤 문제든 그는 바쁘다. 그런 그를 혼자 둬라. 그는 계속 당신에게 자신을 가만히 두라고 말하지만 당신이 그 말을 듣지 않는다. 그저 그에게 문제가 있고 도움이 필요하기 때문에 당신이 가까이 다가가는 것을 '두려워할' 뿐이라고 생각한다.

그는 단지 친구일 뿐이다 그를 직장이나 시내에서 만났을 수도 있다. 혹은 한때 연인이었을 수도 있다. 어떤 관계든 당신은 적어도 그가 하루에 세 시간 동안 포르노를 보지는 않을 거라고 생각한다. 긴급 속보. 누군가와 섹스를 하고 싶지 않을 때 우리는 그를 친구라고 부른다. 아주 간절하게는 아니더라도 누군가와 섹스를 하고 싶다면 그냥 친구가 될 수 없다. 두 사람은 섹스를 원하는 친구 사이지만 사실 그런 관계는 존재하지 않는다. 이는 당신 손이 그의 성기 위로 미끄러져 들어갈 때까지 커피를 마시며 다정하게 데이트를 하거나 심지어 친밀감을 쌓기 위한 '프로젝트'를 수행하고 있다는 뜻이다. 이를 인정할 수 없다면 당신은 아직 미숙하고 당연히 결혼하지 않았다는 뜻이다.

당신이 위에 언급한 유형의 남자와 사귀려고 한다면 그에 관한 자세한 이야기는 당신만 알고 있을 가능성이 크다. 거짓말을 하려면 그럴 수밖에 없다. 기꺼이 들어줄 사람, 가령 상담 치료사나 제모 관리사나 1만 4000번째로 친한 친구에게 그에 관한 이야기를 하지 않는 것은 아니다. 다만 편의상 충격적인 부분만 쏙 빼고 전한다. 그가 결혼했다는 말 대신 별거 중이라는 말을 한다(아내와 같은 침대에서 자면서). 열아홉 살이라는 말 대신 정말 철이 없다고 말한다(열아홉 살짜리가 철이 없는 건 정상이다). 팔뚝에 주삿바늘을 달고 산다는 말 대신 늘 신경이 곤두서 있다고 말한다(신경이 곤두서 있

그는 변할 거야! 정말?

'우린 그냥 친구 사이야'가 가장 큰 기만이라면 두 번째로 큰 기만은 '그는 변할 거야'다. 아는 사람 중에 결혼생활을 꽤 오래한 사람(그렇다, 미용사다)이 재앙 같았던 나의 세 번째 결혼생활에 대해 해주었던 말을 결코 잊을 수가 없다. 결혼 12년 차인 그녀는 쌀쌀맞게 들릴 만큼 간단한 충고를 전했다. 그 남자가 조금도 변하지 않는다고 해도 함께 살 수 있겠어? 그 말에 온몸에 소름이 돋았다. 내 대답은 '아니오' 혹은 '항우울제 없이는 힘들어요'였기 때문이다. 자동차에 비유하면 나는 완전히 망가진 남자를 상대하고 있었다. 어떤 여자에게 들이받힌 내 1984년산 볼보 스테이션왜건처럼 완전히 망가진 차. 차 상태가 얼마나 놀라웠는지는 중요하지 않다. 앞바퀴 쪽 수리비만 자동차 값인 2600달러보다 더 나왔다는 사실도 중요하지 않다. 그 미용사 말대로 남자가 조금도 변하지 않아도 살 수 있는 경우는 그가 시트 덮개만 바꾸면 문제없는 정말로 괜찮은 혼다일 때다. 혹 범퍼를 새로 갈아야 할 경우라도 괜찮다. 하지만 엔진을 갈아야 한다면? 아마 안 될 것이다.

남자들이 절대로 변하지 않는 것은 아니다. 그들도 때로는 변한다. 그러나 변하고 싶을 때만 변한다. 관계가 더 깊어지려고 하는데, 예를 들어 동거를 하거나 약혼을 하거나 결혼을 하려는데 남자가 기본 성격이나 중요한 가치관을 바꿀 것이라는 내기를 한다면 그건 미친 짓이다. 당신 앞에 서 있는 그 남자는 미래에도 지금 그대로의 모습일 것이다.

이는 당신에게도 좋은 일이다. 만에 하나지만 남자가 성장하고 변하겠다고 결심할 때까지 지금 그대로의 모습으로 머물러도 좋다고 허락하면 우리는 그것을 조건 없는 사랑이라고 부른다. 누구나 원하는 것이다! 당신도! 그러므로 조건 없는 사랑을 원한다면 조건 없는 사랑을 베풀어야 한다.

는 게 대단한 일이라도 되는 듯이). 나쁜 점을 거의 좋게 들릴 정도로 뭉뚱그려 말한다. 게다가 당신은 워낙 구변이 좋아 당신조차 그렇게 믿기 시작한다.

그러나 사실은 그렇지 않다. 당신의 질주 아래 당신 역시 뭔가 잘못되었음을 알고 있다. 어떻게 그렇게 잘 아느냐고? 당신이 거짓말을 하고 있기 때문이다.

내 삶이 들려주는 이야기

나도 이를 직접 경험했다. 나의 세 번째 남편이 그 예다. 나는 처음부터 이 관계가 잘될 리 없다는 것을 알고도 모르는 척했다. 그냥 알고 싶지가 않았다! 진실을 내 시선이 미치지 않는 곳에 묻어두었다. 그것을 인정할 수 있었을지라도 나는 개의치 않았을 것이다. 그 남자를 원했으니까! 폴은 멋지고 잘생기고 직업도 좋고 멋진 아파트도 있었다. 사흘 내리 격렬한 데이트를 한 뒤 나는 그에게 만약 내가 그와 잔다면 그에게 애착을 갖게 될 텐데 누군가의 애착을 받고 싶냐고 물어보았다. 그가 진지한 관계를 맺기에 적절한 사람인지를 알고 싶었다. 심지어 그토록 솔직한 내가 자랑스럽기까지 했다.

그 말은 효과가 있었다. 그러나 내가 원했던 효과는 아니었다. 폴은 재깍 사라졌다. 사흘 동안 거의 지속적으로 연락을 하다가 (격렬했던 그 사흘) 그냥 사라져버렸다. 나는 최악으로 낙담했다. 그에 대해 잘 알지도 못했기 때문에 변명도 통하지 않았다. 그는 불쑥 내 세상에 들어와 모든 것을 망쳐버렸다. 그러나 나는 이전과는 달리 행동했다. 생애 처음으로 그냥 그를 놓아주었다. 전화를 하지도 않았고 편지를 쓰지도 않았고 '우연히' 마주치지도 않았다. 어떤 식으로든 그의 뒤를 쫓아다니지 않았다.

기적이었다. 평소라면 (1)누군가를 애타게 그리워하거나 (2)누군가를 쫓아다니거나 둘 중의 하나였기 때문이다. 나는 사랑이란 내가 엄청나게 멋진 여자라고 믿도록 남자를 속이는 일인 것처럼 굴었다. 그런 내가 서른아홉 살에야 처음으로 남자들과의 관계에서 저질렀던 실수, 그중에도 남자 뒤를 쫓아다니는 것에 대해 이해하기 시작했다. 폴은 당분간 관심이 없다는 뜻을 분명히 했고 나는 그를 놓아주었다. 잘했어! 내가 정말로 성장한 것 같았고 많은 면에서 실제로 성장하고 있었다.

그런데 5주 후 내가 시도한 새로운 기술이 생각보다 훨씬 더 효과적이었음이 드러났다. 내가 얼마나 기뻐했을지 상상해보라! 폴이 내게 전화한 것이다! 그는 내 생각을 했다고 했고 다시 시작할 수 있겠느냐고 물었다. 당연히 나는 전율했다.

그러나 흥분하는 내 마음 깊은 곳에는 조용하지만 끈질긴 어떤 느낌이 일렁이고 있었다. 이건 큰 문제야. 이 관계가 제대로 될 리가 없어. 이 남자는 자기가 무슨 짓을 하고 있는지 몰라. 자기가 나를 몰락시키고 있다는 것도 모르고. 그러나 때로 배우려면 두 걸음 전진에 한 걸음 후퇴가 필요하다. 나는 또다시 폴을 놓아주지 못했고 내면의 진실을 거스르고 감히 앞으로 나갔다.

기술적으로는 그 느낌에 귀를 기울였다. 다만 어떤 일도 하지 않았을 뿐이다. 그냥 데이트를 하다가 같이 살다가 10개월 만에 결혼까지 하게 가만히 놔두었다. 그리고 8개월 뒤 그가 바람을 피우는 걸 알았다. 윽.

더 많은 이야기가 있지만 지금은 내가 진실을 발견하고도 재빨리 모르는 척했던 순간으로 돌아가야 한다. 그래야 내가 책임져야 할 부분을 완전히 책임질 수 있다. 폴은 여러 면에서 훌륭한 남자가 아니었다. 내가 스스로에게 솔직했다면 그 사실을 무시해버리지 않았을 것이다. 그의 거짓말의 문을 연 사람은 바로 나였다. 그가 거짓말을 시작한 것은 내가 스스로에게 거짓말을 시작한 바로 그 순간부터였기 때문이다.

이 일에 책임을 진다는 것은 다시는 이런 일을 하지 않는다는 뜻이다! 내 경험상 엄청나게 재수 없는 일은 그냥 일어나지 않는다. 수많은 경고신호와 함께 발생한다.

내가 스스로를 속이고 있다는 경고신호 말이다.

그 여자가 결혼하지 않은 이유

함께 운동했던 여자 역시 이런 일을 겪었다. 클레어는 서른여덟

두 번째 데이트는 없다

남자가 우리 집에 와서 함께 비디오테이프로 영화를 보고(그만큼 오래전 일이다) 결국은 집으로 돌아가지 않는 연애를 해왔다. 우리는 두 번째 데 이트를 하지 못했다. 기본적으로 첫 번째 데이트가 끝나지 않았기 때문 에! 두 달 후 우리는 어느새 함께 살고 있었다. 그렇다. 그에게는 룸메이트 와 함께 사는 아파트가 있었지만 다만 그 아파트를 사용하지 않았을 뿐 이다. 1년 후 우리는 관계를 공식화했고 본격적인 동거를 시작했다. 우체 국에 주소 변경 신청을 했다는 뜻이다.

이런 관계가 좋게 끝나지 않았다고 해도 다들 놀라지 않을 것이다. 나는 적어도 마음속으로 그와 약혼상태라고 생각했지만 그는 여전히 데이트 중이라고 생각한다는 사실을 내가 깨달았을 때 이 관계는 끝났다. 그가 보기에 나는 약혼 상대가 아니었다. 놀라운가? 그가 분명하게 표현한 적 은 없었지만 이런 사실은 시간이 흐를수록 점점 명백해졌다. 물론 나는 몹시 화를 냈다.

하지만 마침내 나는 상황이 어떻게 이렇게 되었는지 살펴봐야 했다. 풀기 어려운 불가사의는 아니었다. 결국 우리는 한 번도 두 번째 데이트를 하 러 나간 적이 없었던 것이다. 그게 원인이었다. 첫 번째 데이트부터 '함께 살기' 시작함으로써 관계의 불확실성에 대처할 필요가 없었던 것이다. 그 냥 그렇게 시작되었고 그냥 그렇게 흘러갔다.

나는 연애를 처음 시작하는 단계에서 항상 어려움을 겪는다. 이 관계가 지속될 것인지 아닌지 가장 불안하고 걱정스러운 시기이기 때문이다. 나 는 평생 함께할 것인지 아닌지를 알게 되는 2단계나 3단계로 뛰어들기를 늘 간절히 바란다. 내가 항상 결혼을 원했던 이유 중 큰 부분을 차지한 다. 나는 평생 충실하겠다고 선언하면 그렇게 될 줄 알았다. 유치하게도 말이다.

첫날부터 함께 사는 것이 나의 차선책이었다. 그러나 관계의 불확실성을 없애려고 노력하는 동안 실제로 내가 했던 일이라곤 3년 뒤로 결정을 연기하는 것뿐이었다. 그러다가 상황에 등 떠밀려 남자친구와 나 모두 진정한 헌신이 필요한 시기에 다다르게 되었다. 그리고 나는 진정한 헌신이 없다는 것을 깨달았다.

고통스러운 교훈이었지만 일단 정확히 무슨 일이 벌어지고 있는지를 깨닫고부터 다시 배울 필요가 없는 확고한 교훈이 되었다.

살이 되자 몇 달째 사귀는 제이슨과 마침내 살림을 합하는 것이 더 '합리적'이라는 결론에 이르렀다. 문제는 제이슨이 함께 살 생각이 없으며 결혼할 뜻을 비치지도 않았다는 것이다. 두 사람 모두 분명하게 말하지는 않았지만 모든 것은 클레어의 계획이었다.

두 사람이 더 크고 좋은 아파트, 서로에게 충실한 삶을 상징하는 그런 아파트에 들어가 산 지 1년 후에 제이슨이 이사를 나갔다. 그는 그런 충실한 생활을 할 준비가 되어 있지 않았다. 그걸 인정하는 데 1년이 걸렸을 뿐이다. 그러나 레코드 프로듀서인 제이슨은 그냥 떠나지 않았다. 떠나가는 길에 젊은 싱어송라이터와 연애를 하기로 했다. 이 모습을 보고 클레어는 제이슨이 자신과 결혼할 의지가 없다는 것을 솔직히 인정할 수밖에 없었다.

1년이 더 지났는데도 클레어는 여전히 제이슨에게 분노한다. 제이슨이 자기를 속였다고 생각한다(사실 그는 50퍼센트밖에 책임이 없다). 그러나 제이슨이 클레어를 속일 수 있었던 것은 클레어가 자신을 속였기 때문이다.

　조금만 더 자세히 들여다보면 클레어가 제이슨과의 관계를 발전시키고 싶어 했던 것도 사실 제이슨이 관계에 충실하지 않아서였음을 알 수 있다. 그녀는 새로운 시작이 충실을 불러올 수 있기를 희망했다. 그러나 그녀는 오히려 상황을 반전시키고 말았다.

　제이슨이 관계에 충실하지 않다는 것을 다 알면서도 그 사실을 인정하지 않는 한, 클레어는 피해자 역할을 계속할 수 있고 제이슨을 나쁜 남자라고 욕할 수도 있다. 사실 제이슨은 두 사람 모두 아는 것을 큰 소리로 말했을 뿐이다. 그는 이 연애를 통해 두 사람의 문제를 잘 해결하지 못했다. 그러나 이 연애는 클레어가 지닌 중대한 문제, 즉 제이슨이 그녀를 아내로 선택하지 않았다는 점 그리고 그녀가 그 사실을 부인하기로 했다는 점도 바꾸지 못했다.

　다시 말하지만 '결혼은 조건'에서 살펴봤던 원칙으로 돌아가야 한다. 우리는 항상 밖에서 파트너를 찾고 있다. 클레어와 제이슨은 둘 다 기만했다. 제이슨은 클레어를 속였고 클레어는 자신을 속였다. 진실은 거기 있다. 그러나 클레어는 들으려고 하지 않았다. 진실을 들으려고 하지 않는 것은 진실을 말하려고 하지 않는 것과 동전의 양면일 뿐이다.

　안타깝게도 클레어가 여전히 제이슨에게 분노를 품고 있다는 것은 아직 자신이 어떤 역할을 했는지 모른다는 뜻이다. 그녀는 자신이 자신에게 거짓말을 했다는 것을 모르고 있다. 계속 그런 식이라면 그녀는 결혼할 준비가 되어 있지 않은 것이다.

그 남자가 결혼하지 않은 이유

잠시 남자들은 어떤지 이야기해보자. 내 경험상 대다수 남자들은 당신에게 거짓말을 하지 않는다. 적어도 직접적인 거짓말은 하지 않는다. 특정 화제를 회피할지는 돌라도. 당신이 조만간 결혼할 생각이 있느냐고 단도직입적으로 물어보면 진심이 아닌데도 대놓고 '예'라고는 말하지 않을 것이다.

그들은 당신이 당신 자신에게 거짓말하게 만들 것이다. 당신이 단지 성관계를 나누는 친구 사이에 관심이 있는 것처럼 그럴싸하게 이야기했다고 치자. 남자는 과거에 만났던 세 여자와의 관계를 통해 단지 성관계를 나누는 친구 사이라는 것이 사실상 불가능하다는 점을 깨달았으면서도(불과 한 달도 안 되어서 말이다!), 당신의 말이 설득력 있다고 자기 자신을 속일지 모른다. 그러나 대부분의 남자들은 이러한 상황에 지나친 부담감을 느끼고 (혹은 고통을 느끼고) 결국 여자가 정말로 성관계를 나누는 친구 사이에 만족할 수 있는지 혹은 임시직에 온몸을 바치면 정규직이 되지 않을까 하는 은근한 바람에 뭐든 더 열심히 하는지 감지해내는 법을 터득하게 된다.

거짓말하는 남자들이 유독 치명적인 결과를 몰고 오는 경우가 있다. 제이슨처럼 실제로는 관계에 완벽하게 충실하지 않으면서도 충실해 보이는 행동을 하는 것이다. 함께 동거하고 함께 미래를 이야기하고 심지어 중요한 살림살이의 반을 부담하기도 한다. 그러나 그들은 여전히 당신과 데이트만 한다고 생각한다. 내 친구는 이를 '깊은 데이트'라고 부르기도 한다. 이게 남자들이 당신에 대한 생각 혹은 당신과 함께하는 삶에 대한 생각을 시험해가며 자신만의 달콤한 시간을 보내는 방식이다. 내 친구는 이를 설명하기 위해 다음과 같은 표를 그려 보였다.

1

10

100

1000

10000

각 숫자는 남자와 몇 번이나 섹스를 했는가를 기준으로 관계의 점수를 매긴 것이다(뭐, 어쩌겠는가? 이런 게 남자들의 사고방식인 것을). 각 점수마다 관계에 대한, 그리고 관계의 미래에 대한 남자들의 생각이 다르다. 1, 10, 100점짜리 관계의 경우 남자는 평생 충실할 만큼 당신에 대해 충분한 정보를 갖고 있지 못하다고 생각한다. 당신은 벌써 남자를 아파트 안으로 들였는데도 말이다(말했지만, 그러지 말았어야 했다).

그러나 우리는 이른바 충동적인 일부일처제 문화 속에서 살아가고 있다. 다시 말해 당신이 나 같은 여자라면 당신과 '충실한' 관계를 맺지 않는 남자와는 100번 이상 섹스하지 않을 것이다. 이 때문에 남자들은 힘든 위치에 놓인다. 남자는 관계의 장기적인 전망에 대해 마음을 결정하고 당신의 일부일처제 프로그램을 쫓아가거나 혹은 (열 달 후에도 여전히 생각 중이라고) 사실대로 말하고 당신이 다른 남자를 찾아 떠나는 모습을 지켜봐야 한다.

생물학자인 내 친구의 말을 빌리면 이 때문에 남자와 여자는 결혼이나 데이트냐의, 이른바 군비 확장 경쟁에 나선다. 남자는 관계에 충실하지 않은 남자와는 100번 이상 섹스하지 않겠다고 거부하는 당신에게 깊은 데이트로 맞선다.

지금 이 이야기를 하는 이유는 이런 상황이 마음에 들어서가 아니라 이런 일이 실제로 많이 일어나기 때문이다. 그래서 서른셋, 서른여섯, 서른아홉 살짜리 여자가 몇 년간이나 함께 살던 남자와 결혼할 줄 알았는데 알고 보니 그 남자는 그저 데이트만 원한다는 사실을 깨닫고 결국 결별하게 되는 것이다.

깊은 데이트라니.

이런 상황에 맞서 자신을 지키는 방법은 두 가지뿐이다. 첫째, 그 남자와 결혼해야겠다면 결혼 전에 동거부터 하지 마라. 늘 말하듯이 남자는 당신이 함께 자주고 저녁 밥을 해주어도 거의 변하지 않는다.

둘째, 당신 스스로 솔직해져라. 자신에게나 남자에게나.

변화를 위한 전략

솔직해져라, 말처럼 쉽지 않다. 우선 자신이 거짓말하고 있는지 알아채는 법부터 배워야 한다. 인간 심리 중에는 자신이 알고 싶지 않은 것은 알아채지 못하는 대단한 능력이 있다. 우리 두뇌는 1100억 년 동안 어떻게든 특별히 강한 정자를 수확하기 위해 노력하는 방향으로 진화해왔다. 그러기 위해서라면 자신에게 거짓말을 해도 괜찮다. 자연은 눈곱만큼도 신경 쓰지 않는다.

그러나 현대 생활은 훨씬 더 복잡하다. 수명이 더 길어졌기 때문에 우리의 결혼생활은 네안데르탈인의 결혼생활보다 훨씬 길어졌고 그 안에서 행복하기 위해서는 현명한 선택을 해야 한다. 성공적인 결혼생활을 한다는 것은 그저 아기를 낳고 사자를 사냥하는 것 이상의 의미를 지닌다. 우리가 누구인지 알아야 하고 누구와 함께 살아가는지 알아야 하며 반드시 조화를 이룰 수 있어야 한다(누구도 점쟁이의 수정구슬을 갖고 있지 않으므로 최대한 자신의 능력을 발휘해야 한다).

나는 연애관계에 대해 여자가 스스로에게 거짓말을 하면 언제나 알아챌 수 있다. 그녀는 남자가 하거나 하지 않는 말이나 행동을 합리화하고 축소하고 정당화하고 부정한다. 내게 남자가 그렇게 술을 많이 마시는 것은 아니라고, 그의 결혼생활이 몇 년 전에 이미 끝났기 때문에 그를 만나는 거라고, 그의 행동으로 증명되지는 않지만 분명히 그는 자신을 사랑하는 거라고 말한다. 당신 스스로 이런 변명을 늘어놓고 있다면 얼른 얼굴에다 붉은 깃발을 흔들어줘라. 그냥 내버려둔다면 이 관계는 골칫덩어리로 치닫게 될 것이고, 당신이 그 충격을 감당해야 하기 때문이다.

자신을 뜯어말리고 솔직해야 할 때임을 알려주는 또 다른 신호가 있다. 바로 당신이 그 남자와는 나누지 않는 이야기를 친구들과 나누고 있는 것이다. 남자의 얼굴에 대놓고 말할 수 없는 것들, 크게 의심스러운 점들, 크게 비판하고 싶은 점들을 여자친구들에게 늘어놓고 있다면 주의해야 한다. 다른 사람에게 해를 끼치지 않으려고 조심하는 것은 현명한 행동이지만 남자에게 말하지 않았던 '관계를 깨뜨릴 수 있는 요인들'을 여자친구들에게 말하고 있다면 당신이 스스로에게 거짓말을 하고 있다는 증거다.

최악의 경우 거짓말은 최선의 결정을 내리는 데 필요한 정보를 상대방에게 주지 못하게 한다. 예를 들어보자. 나는 헤르페스에 감염되었다는 사실을 남자에게 말하지 않는다. 조금 덜 분명한 예. 내가 정말로 원하는 남자에게는 내가 루터교인이라는 사실을 말하지 않는다. 가장 일반적인 예. 나는 장기적으로 교제할 사람을 찾고 있는데 남자의 생각이 어떤지는 신경 쓰지 않는다. 그래서 어떻게든 그와 교제할 것이다. 좋은 결혼생활에 필요한 어느 정도의 성실성이 있기 마련인데 당신은 이런저런 일을 하기는 해도 성실성은 갖추고 있지 않다.

우리는 결혼할 수도 없고, 결혼을 원하지도 않는 남자를 붙잡고 있을 때도 자신에게 거짓말을 한다. 나도 어떤 남자가 결혼 상대가 아님을 알면서 몇 년 동안 사귄 적이 있다. 그가 적당한 결혼 상대가 아님을 알면서도 그를 놓아줄 준비가 되어 있지 않았다.

이런 일은 수없이 일어난다. 그러니 사람들이 상대방에게 매달리는 첫 번째 이유는 그냥 놓아주기 싫어서다(당연한 일이다). 그러면 다시 두려움에 빠지게 되니까. 혹은 돌이켜보았을 때 정말로 내 운명이었던 남자를 놓아주었다고 후회하게 될지 모르니까. 내가 이 남자를 정말로 원하는지 확신이 서지 않아도 그냥 그를 선택할 수 있는 가능성까지 잃고 싶지 않은 것이다. 때로는 당신 앞의 남자와 정착할 것인가(혹은 그냥 이 남자로 만족할 것인가), 아니면 다른 가능성을 위해 유보할 것인가를 정하지 못해서 혼란을 불러올 수도 있다. 당연히 대답하기 매우 어려운 질문이다. 그러나 정말로 자신에게 솔직하다면 그 대답을 스스로에게 숨기지 않을 것이다.

당신은 남자가 정신을 차리고 당신이 바로 그 사람임을 알아볼 것이라는 미련을 품고 있을지도 모른다. 미안하지만 그런 당신에게 해줄 말이 있다. 남자는 결코 알아보지 못할 것이다. 이미 당신이 그 사람이 아니라는 것을 알고 있기 때문이다. 당신도 알고 있다. 그렇지 않다면 왜 굳이 자신에게 거짓말을 하겠는가?

그동안 데이트부터 결혼까지 남자들을 움직이는 동력에 대해 남자들과 많은 이야기를 나눠보았다. 상당수의 남자들은 한 여자가 장기적인 교제의 대상인지 아닌지를 곧바로 알아본다고 말했다. 그 여자가 장기적인 교제의 대상이라는 생각이 들면 남자들은 관계를 밀어붙이기 시작한다. 그렇지 않다는 생각이 들면 거의 아무것도 하지 않는다. 어쩌면 가벼운 섹스나 나눌까 싶어서 내키지 않는 전화를 걸거나 문자를 보낼 수는 있지만.

남자에 대해 자신에게 거짓말하고 있음을 깨달았다면 어떻게 해야 할지 궁금할 것이다. 할 일은 단 한 가지다. 멀어져라. 물론 쉽지는 않을 것이다. 좋아하는 남자에게서 멀어지는 것보다 더 어려운 일은 없다. 진심이다. 특히 그 남자와 한두 번 혹은 대여섯 번 즐거운 시간을 보냈다면 더욱 어려울 것이다. 여러 번 오르가슴을 느꼈다면 세 배는 더 어려울 것이다. 분경히 방법이 있을 것이다. 주말에만 만나거나 한 달에 한 번만 만나거나? 놓아주기가 어렵다.

그러나 앞으로 나가고 싶다면 반드시 놓아줘야 한다. 마음속으로는 이런 놓아줌이 일시적이기를 바랄 것이고 때로는 정말 일시적이기도 하다. 남자가 엄청나게 발전하거나 변화한다면. 또는 진지한 관계를 원하지는 않지만 당신을 정말로 사랑한다는 사실을 알게 된다면. 여기서 핵심은 그가 당신을 사랑한다는 사실을 당신이 아니라 그가 알게 된다는 점이다. 당신이 혹시 이런 상황에 처해 있다면 떠나라. 전화도 문자메시지도 이메일도, 오, 제발 섹스만을 위한 만남도 절대로 허락하지 마라. 그가 당신을 향한 사랑을 깨닫더라도 한두 달 후의 일일 테니까.

한두 달을 훌쩍 벗어나면 그는 돌아오지 않을 것이다. 그러면 당신은 한바탕 울고 잠시 바쁘게 살다가 어쩌면 여자들끼리 샌타바버라에서 주말을 보낼 수 있을지도 모른다. 재미있지는 않겠지만. 좋은 소식이 하나 있다. 전화도 문자메시지도 이메일도, 오, 제발 섹스만을 위한 만남도 허락하지 않으면서 자신을 잘 다스려왔기 때문에 이때쯤 당신은 그 남자를 꽤나 잘 극복하고 있을 것이다.

당신은 절대로 세상을 속일 수는 없다. 그를 완전히 정리한 척하면서 여전히 그를 위한 여지를 남겨둔다면 발전할 수 없다. 그러니 반드시 자신에게 솔직해지는 연습을 해야 한다. 자신에게 충실해야 하고 그래야 마땅하기 때문이다.

변화를 위한 실천

비결은 이것이다. 네 자신을 알라. 자기기만에서 벗어난다는 것은 자신이 누구이고 무엇이 필요한가를 이해한다는 말이다. 당신이 누구인지 안다면 자신에게 좋지도 않은 일을 저지를 가능성이 한결 줄어들 것이다. 일단 자신에 대해 깨달아야 한다. 그러려면 발굴이 필요하다.

자신에 대한 진실을 발견하는 과정은 고고학적 발굴과 같다. 일단 무의식적으로 자신이 존재하는 영역을 찾는 것부터 시작한다. 당신이 어디에 묻혀 있는지 알려면 사람들이 당신에 대해 어떤 이야기를 하는가를 살펴봐라. 전에도 말했듯이 당신 입장에서는 터무니없을 뿐만 아니라 화나는 이야기들도 살펴야 한다. 뭐든 당신의 심장을 조금 더 빨리 뛰게 하는 것, 상대방이 얼마나 잘못 생각하고 있는지 열렬한 혹은 방어적인 혹은 분노에 찬 이메일을 쓰고 싶게 만드는 것을 찾아라. 그게 땅 밖으로 삐죽 솟아오른 깨진 도자기 손잡이다. 거기서부터 파 들어가라.

다음으로 관계에서 비정상적으로 큰 감정적 반응을 불러일으키는 것이 무엇인지 알아봐라. 누군가 당신에게 거짓말하고 있을 때인가? 누군가 생색을 낼 때인가? 누군가 미적거리고 있을 때인가? '내가 신경질적으로 나오면 그건 역사적인 일이다'라는 말이 있다. 자신에게 거짓말을 중단할 생각이라면 의식적인 노력이 필요하다. 자신에게 하는 거짓말은 고통스러운 사실 혹은 깨달음이 의식 밖으로 튀어나오지 못하도록 이성이 지시한 일이기 때문이다.

이 과정에 참여하려면 오랜 시간이 걸릴 테니 마음의 준비를 해라. 어쩌면 평생이 걸릴지도 모른다. 깨진 도자기 손잡이 주위의 흙을 조심스럽게 붓으로 털어내면서 당신은 '이 밑에 우라지게 커다란 도시 하나가 묻혀 있지!'라고 깨닫게 될 것이다(그래서 인간적이라고 부르는 것이다). 고대 미술품을 발굴하는 일은 일생의 업적이다. 그보다 더 중요한 일이 뭐가 있겠는가? 영화 보기? 진실만이 당신을 자유롭게 하리라.

당신은 알고 싶을 것이다. 이게 마지막 퍼즐 조각이다. 당신의 두려움이 애써 멀리해왔던 것들을 이제 당신 마음속으로 들여보내야 한다. 당신이 무의식적으로 고통스러운 것들을 보이지 않게 감추는 이유는 어렵지 않게 이해할 수 있다. 진실은 상처를 주기 때문이다. 그러나 길게 보면 진실은 아주 잠깐만 고통스러울 뿐이다. 반면 거짓말은 당신을 헤어날 수 없는 늪에 빠뜨리기 때문에 영원한 상처를 준다.

그럼, 어떻게 시작할까? 한 가지 방법이 있다. 운전이나 설거지, 뜨개질이나 산책처럼 크게 신경 쓰지 않아도 되는 일을 하면서 질문을 던져보라.

"내가 미처 못 보는 게 뭘까?"

그리고 다시 질문에서 멀어져라. 편안하게 운전하거나 설거지하거나 뜨개질하거나 산책해라. 계속 정원을 손보거나 빨래를 개거나 세차를 해라. 그러면 그동안 대답이 표면 위로 돋아날 것이다. 때로는 하나의 이미지, 한마디의 말, 하나의 단어 형태를 띠기도 한다. 아무것도 알아보지 못했다고 너무 걱정하지는 마라. 정기적으로 '내 인생의 발전을 위해 내가 알아야 할 것은 무엇일까?'라는 질문을 던지면 알고는 있지만 알 준비가 되어 있지 않은 것들을 차곡차곡 담아놓은 마음의 일부분과 대화를 나눌 수 있게 될 것이다. 이 마음의 일부분은 당신이 더 알아주기를 기다리고 있을 뿐이다. 우리는 자유의지가 있기 때문에(혹은 그렇게 보이기 때문에) 물어보아야 한다. 이상하게 들리겠지만 효과는 있다.

이 일이 가능해지면 이제 다음 단계로 나갈 수 있다. 자기 전 당신이 답을 구하는 질문에 대한 대답이 꿈에 나오게 해달라고 빌어보자. 예를 들면 "존 도는 내 남자일까요? 나는 존 도를 부인하고 있나요?"와 같은 질문이다. 명확한 답이 올 때까지 빌어보라. 오래 걸리지는 않을 것이다. 당신의 이성은 알고 싶은 의지만 보여주면 곧바로 답을 드러낸다.

자신의 무의식적인 마음과 대화를 나누는 또 다른 방법이 있다. 이 방법은 애매하게 불편하거나 거북한데 정확히 무엇 때문에 그런지는 알 수 없는 상황에서 특히 유용하다. 침대에 누워 이불을 덮고 30분간 당신의 마음이 무슨 말을 하려고 하는지 물어봐라. 그냥 이렇게 물어봐라.

"무슨 일이지? 무슨 일이 벌어지고 있지?"

뭔가가 수면으로 모습을 드러낼 때까지 조용히 누워 있어라. 마음에 떠오르는 생각에 집중하라. 꿈을 읽는 것과 약간 비슷하지만 정기적으로 해보면 당신의 관계와 삶에 대해 많은 정보를 안겨줄 것이다.

• 당신은 거짓말쟁이

남자에게, 더 중요하게는 자신에게 솔직하지 못하다. 이러면 자신의 행동이 어떤 결과를 낳는지도 못 보게 된다.

• 현실적이 되라

진지한 관계를 원하면서도 성관계를 나누는 친구 사이로 지낼 수 있다고 말하면 거짓말이다. 게다가 이런 관계는 별로 보기 좋지도 않다. 자신을 원하지 않는 회사에 가서 자원봉사를 하겠다고 매달리는 것과 같다.

• 스스로를 점검하라

자꾸만 남자의 행동을 합리화하거나 축소하거나 정당화하거나 부정하고 있다면 뭔가 문제가 있다는 뜻이다. 자기기만이 시작되는 지점이다. 남자를 당장 떠나라는 말은 아니지만 우선 정신은 차려야 한다.

• 발굴하라

자기기만을 피하는 가장 좋은 방법이다. 늘 진실을 아는 마음 일부분과 적극적인 대화를 시도하라. 의식적인 지각 아래 무엇이 놓여 있는지 적극적으로 찾아내라.

잘나가는 커리어우먼의 함정
남자 같은 여자

1. 섹스가 아니라면 굳이 남자가 필요하지 않은가?
2. 마음에 드는 남자를 만나면 그를 쫓아다니는 편인가, 아니면 편하게 데이트나 하는 편인가?
3. 새로운 관계를 발전시키기 위해 곧바로 섹스에 뛰어들 때가 있는가?

여기서 잠깐 비욘세 이야기를 해볼까? 그녀가 고혹적이고 재능 있고 힘 있고 부자(엄청난 부자!)라는 사실은 빼고. 그녀가 엄청나게 유명한 남자와 결혼해서 아기까지 낳았다는 사실도 빼고. 또는 그녀와 그녀의 엄마가 그녀의 머리카락을 영구적인 금발로 바꾸는 방법을 찾아냈다고 해도 내가 전혀 놀라지 않으리라는 사실도 빼고. 물론 그런 이야기들도 흥미롭기는 하지만 당신이 결혼하지 못하는 이유를 다룬, 나의 재미있고 자기계발적이고 큰언니 같고 영적이고 전혀 어이없지는 않은 이 책의 한 단락을 통째로 바칠 정도는 아니다.

내가 굳이 비욘세 이야기를 하는 것은 그녀가 노래하고 춤추는 크리스티안 아만푸어(CNN 국제특파원-옮긴이) 같기 때문이다. 비욘세는 남녀의 전투 현장에서 뛰는 특파원이다. 가장 크게 히트한 작품은 「인디펜던트 위민」, 「런 더 월드」, 그리고 어딜 가나 들려오는 「싱글 레이디」다. 한마디로 그녀의 노래는 내가 여기서 다루고 싶은 현대 여성들의 현실을 아주 기본적이고 매우 중요하며 몹시 해결 가능한 이야기들로 압축해놓았다.

아무래도 사랑이 가까이 오지 않는 뭔가 이해하기 어려운 이유가 있을지도 모른다는 의문은 들지만 그게 뭔지 전혀 알 수 없다면 그 이유를 한 가지로 압축할 수 있다. 97퍼센트 확실하다. 그건 바로 당신이 남자처럼 행동한다는 것이다.

비욘세의 노래들을 자세히 들어봐라. 노래 속의 여자들은 노골적으로 독립적이다. 그들은 돈을 벌고, 자기 물건을 사고, 남자와 섹스를 하고, 끝나면 남자에게 집으로 돌아가라고 말한다. 그게 나쁜 일은 아니다. 여자들이 남자들에게 모든 걸 의존해야 했던 시대로 돌아가야 하는 것도 아니고. 그런데도 「싱글 레이디」 속의 남자가 여자에게 반지를 끼워주지 않은 게 정말로 놀랄 일인가? 그 남자가 왜 그래야 하는가? 어떤 일에도 그 남자가 필요하지 않은데! 남자들은 당신 곁에 머물며 당신의 허튼짓을 지켜보기보다는 본인이 허튼짓을 하고 싶어 한다.

222

사실 나는 여자가 남자처럼 행동하는 상황을 관찰하면서 짝짓기 세계의 커다란 비밀 한 가지를 알게 되었다. 또 당신이 끔찍한 파트너를 얻을지도 모른다고 자신 있게 말할 수 있는 이유도 한 가지 생겼다. 이 비밀만, 이 이유만 알게 되면 광고판에 등장할 만큼 아름답지 않아도 훌륭한 남편을 찾을 수 있다. 이 한 가지만 있으면 신시내티 출신의 평범한 여자여도 된다. 이 책 전체를 통틀어 말하고자 하는 한 가지, 남자들이 그전에는 단 한 번도 끌려본 적이 없는 방식으로 당신에게 끌리고 있음을 깨닫게 할 그 한 가지.

좋은 소식이 있다. 당신은 이미 그 한 가지를 갖고 있다. 모든 여자가 갖고 있다. 모든 여자가 그걸 갖고 태어난다. 그러니까 그냥 그 일이, 뭐랄까, 일어나게만 하면 된다.

당신이 외면한 불편한 진실

나는 내면의 여성성에 대해 말하는 것이다. 누구는 '여성적 에너지', '여성성의 원리', '신성한 여성성' 혹은 조금 우스꽝스럽게 '거친 여성 자아'라고 부르기도 하지만 기본적인 의미는 모두 같다. 삶의 여성적인 면에 뿌리를 두고 있다는 말이다. 매우 중요한 말이니 지금부터는 그냥 여성성이라고 부르겠다.

여성성이란 무엇일까? 레이스장식, 하이힐 같은 것은 아니다(반드시 그렇지는 않다). 내가 말하는 여성성은 남자와 여자 모두 갖고 있다. 남녀 모두 남성성을 갖고 있듯이 여성성을 갖고 있다. 그리고 지구에 북극과 남극이 있듯이 여성성과 남성성 역시 서로를 끌어당긴다.

중국인들은 남성성과 여성성의 양극인 음양을 상징하는 문양을 만들어냈다. 서점이나 여자의 문신에서 본 적이 있을 것이다. 음양을 상징하는 문양은 아래와 같이 생겼다.

음=여성성. 양=남성성. 동양철학에서 이 두 가지 '것'은 개별적이거나 서로 반대되는 개념이 아니고 전체의 일부분으로 서로 연관을 맺고 있다. 함께 헤엄치며 서로 쫓아다니는, 떼려야 뗄 수 없는 관계다. 마치 시소의 양쪽처럼 반대되는 것처럼 보이지만 두 에너지는 긴밀하게 연결되어 있다. 가까운 관계에는 항상 남성성과 여성성이라는 두 가지 힘 사이의 상호작용(작용과 반작용)이 개입한다. 한 관계 속에서 두 사람이 늘 같은 역할을 해낼 수는 없다. 마치 볼룸댄스에서 두 사람 모두 뒤쪽 방향으로 춤을 출 수 없고 두 사람이 동시에 한 대의 자동차를 운전할 수 없는 것과 같다. 심지어 성별에 기초하는 것도 아니다. 남녀 커플뿐 아니라 동성 커플도 마찬가지다.

두 에너지에 대해서는 다들 직관적으로 알고 있겠지만 그것들이 어떻게 작용하는지를 조금 더 이야기하고 넘어가자. 남성성은 사물을 정복한다. 사물(감정에 상대되는 개념)에 대해 생각하고 주장하고 경쟁한다. 그리고 다리와 고층건물을 건설하고, 점수를 기록하고, 돈을 벌고, 달에 간다. 남성성은 단단하고 건조하다. 남성이라는 동굴 속에서, 운동경기를 보면서, 다른 남자들과 별말 없이 나란히 앉아서 텅 빈 채 있기를 바란다. 무엇보다 자유롭기를 원한다.

여성성은 당신이 이 책을 읽는 이유다. 관계, 결합, 사랑, 양육의 충동과 관련 있다. 여성성은 가정을 창조하고, 정원을 가꾸고, 가족을 부양하고, 커튼을 달고, 주변 사람들을 직관적으로 깊이 이해하기를 바란다. 공동체 속에, 특히 다른 여성들과 함께 있기를 원하고 남성성을 향해 경계를 정함으로써 사회를 건설하기를 바란다. 여성성이 존재하지 않으면 남성성은 사람과 사물을 양육의 원천으로 보기보다 이용이나 착취의 원천으로 보게 될 것이다. 여성성은 부드럽고 야생적이고 예측 불가하고 아름답다. 마치 자연과 같다. 무엇보다 여성성은 사랑을 바란다. 관계 속에서 두 에너지는 서로 끌어당긴다. 동시에 서로 힘을 풀어놓는다.

그런데 요즘 상황은 이렇다. 당신이 매일 출근해서 정해진 업무를 직선형으로 집중해서 수행하고 성취하는 것을 중시하는 보통의 여자라면 깨어 있는 시간의 대부분을 남성성으로 채울 것이다.

이렇게 깨어 있는 시간의 대부분을 여성성을 구축하기 위한 어떤 일도 하지 않고 남성성만으로 채워간다면 30대에 이르러 남자에게 먼저 구혼할 가능성이 크다. 그러나 정작 그를 매료시킬 능력은 없어 보인다. 당신이 나이가 들었기 때문이 아니다. 남성적인 측면을 지나치게 발달시켰기 때문이다.

직장 여성 사이에서 이런 모습을 많이 볼 수 있다(나도 직장 여성으로서 하는 말이다). 훌륭한 직장생활에 필요한 자질은 애정생활을 철저히 망쳐버리는 자질이기도 하다. 여자들이 당장 일을 그만두고 퀼트 동아리에 가입해야 한다는 말이 아니다. 그건 지나치게 단순한 방책이다. 내가 하고 싶은 말은 당신이 거의 의식하지도 못한 사이에 관계 속으로 당신의 여성성을 들여온다는 것이다. 마치 포트럭 파티에 냄비 요리를 가져오듯이 말이다. 남자도 여성성을 들여올 수는 있지만 일반적인 일은 아니다. 아마 그는 원하지도 않을 것이다.

내 생각에 당신이 남성성을 가지고 남녀관계에 임하는 것은 오른손잡이가 왼손으로 글씨를 쓰는 것과 비슷하다. 글씨를 쓸 수는 있지만 거침없이 쓰지는 못할 것이다. 남성성은 여성인 당신이 지닌 중심 힘이 아니다.

그렇다면 어떻게 해야 여성성 쪽으로 옮겨갈 수 있을까? 처음에는 남자와의 관계 속에서 여성성의 원리를 실천하는 것이 '뭐든 거꾸로 하는 것'으로 느껴질 것이다. 평소에는 의식하지 않고 자연스럽게 했던 일들을 그만두는 대신 영 거북하게 느껴지는 일들을 시작할 것이다. 몇 가지를 예로 들어보자.

🕊 **기꺼이 그를 필요로 해라** 남자들은 어떤 일을 하는 걸 좋아한다. 사실이다. 그러나 뭔가를 하고자 하는 욕구는 더 깊은 요구, 즉 당신에게 쓸모 있는 사람이 되고자 하는 요구에서 나온다. 그런데 당신이 남자를 필요로 하지 않는다면 남자도 당신에게 쓸모 있는 사람이 될 수 없다. 여기서 필요라고 말한 것은 당신이 애정결핍이라는 뜻이 아니다. 그가 당신을 섬길 수 있게 허락한다는 뜻이다. 그가 당신에게 중요한 의미를 지닌 사람이 될 수 있게 허락하라는 말이다. 당신 마음속 그리고 몸속 깊은 곳도 그가 자리를 차지할 수 있게 허락하라. 그가 떠나면 상처를 입을 정도로. 그가 당신에게 상처를 입힐 수 없다면 당신은 지나치게 방어적인 것이다.

🕊 **언쟁을 중단하라** 당신도 나 같다면 정말 힘들 것이다. 남자와 대화할 때 당신이 늘 옳다고 우긴다면 당신은 남성적인 에너지 속에 있는 것이다. 근무 중이라면 괜찮다. 근무 중에 어떤 사람과 섹스를 하지는 않을 테니까. 하지만 대개 남자와 함께 있을 때는 다른 목적(사랑)이 있다. 간단히 말해 언쟁은 사랑을 만들어내지 않는다. 언쟁이란 원래 차이에 중점을 둔다. 때로 좋은 언쟁은 관계에 자극적인 요소가 될 수 있지만 싸움보다는 사랑에 초점이 맞춰져

있어야 가능한 일이다.

🕊 **마음을 열어라** 사랑하는 관계를 위해 또 한 가지 필요한 것은 개방성이다. 마음을 여는 건 쉽지 않다. 우리 삶은 바쁘고 스트레스로 가득하며 매일 그만두고 싶은 일이 수백만 개씩 존재한다. 출퇴근, 세금, 영업부의 그 멍청한 녀석 등. 당신의 삶에 더 많은 사랑을 끌어당기고 싶다면 마음을 열어라. 당신의 심장에서 분홍색 빛이 반짝이며 흘러나오는 모습을 상상해봐라. 그 빛의 밝기를 높이고 그 빛을 끌고 다녀라. 당신 자체가 대단한 분홍색 등대인 것처럼 곳곳을 비추고 다녀라. 반응이 얼마나 빨리 오는지 알면 아마 충격을 받을 것이다. 다소 진부한 표현인 줄은 알지만 남자들이 떼를 지어 당신 곁에 몰려들 것이다. 그리고 곧 여자들과 아이들도 몰려올 것이다.

여성성의 원리에 대해 지금껏 말한 것을 한마디로 요약하면 '부드러워져라'가 될 것이다. 이제 당신은 더 이상 자신을 보호하거나 방어할 필요가 없다. 다소 성급한 말이다. 대부분의 사람들은 상처 받지 않게 자신을 보호해야 한다고 믿으며 살아간다. 그러나 여성성이 완전히 깃들이면 더 이상 그러지 않을 것이다.

이제 당신은 두 가지 이유 때문에 이 모험을 떠안을 수 있다. 첫째, 당신이 자신을 매우 사랑하고, 당신에게 진심인 남자들하고만 깊은 관계를 맺는다면 예전처럼 자신을 보호할 필요가 없어질 것이다. 당신은 남자가 당신을 사랑하고 지지한다는 사실을 알게 될 것이다. 왜냐하면 남자에게 완전한 애착을 형성하기 전에 이미 그런 상황을 구축했기 때문이다. 남자가 당신에게 절대로 상처를 주지 않을 것이라는 말은 아니지만 남자가 당신과 가벼운 관계만 맺고 냉담하게 무시하면서 상처를 주지는 않을 것이다.

그러나 훨씬 더 중요한 것은 당신이 의식적으로 자신의 여성성을 개발한다면 파악하기도 어렵고 보이지도 않는 힘의 원천과 연결된다는 사실이다. 이 원천에 대해서는 '남자는 신이다'에서 더 자세히 살펴보겠지만, 여기서 하고 싶은 말은 사실상 당신은 절대로 상처받지 않을 수도 있다는 것이다. 누구도 상처받지 않을 것이다. 모두의 내면에는 어떤 일이 있어도 안전한 장소가 있기 때문이다. 세계로부터 철저히 격리되어 있어서가 아니라 이 세상 너머에 있기 때문이다. 이곳은 당신이 여성성에 깊이 잠겨 있을 때 비로소 의식하게 되는 끊임없는 사랑의 장소다. 이는 당신이 기본으로 삼는 곳으로, 당신의 남자와 아이들 그리고 주변 사람들에게 당신이 사랑의 원천이 될 수 있는 이유이기도 하다. 변기가 막히고 냉장고에 저녁거리가 전혀 없을 때조차도. 당신은 보다 큰 것에 연결되어 있기 때문이다.

지금 내가 말한 그 장소는 바로 당신의 내면에 있다. 그러나 우리가 지닌 고유한 재능(직관, 감정 중심의 세계, 관계를 맺는 능력, 필요한 것을 끌어당기는 능력, 파악하기 어려운 것들을 보는 능력, 삶의 원천이 되는 능력)은 이 사회가 가치 있게 생각하는 로켓과학, 은행, 득점 등 남자들의 존재 방식만큼 그 가치를 인정받지 못한다. 기술 시대에 우리 여자들은 상당수가 여성적인 면을 포기했다. 일부러 그런 것은 아니다. 그보다는 여성성이 무엇인지, 관계에서 여성성이 어떻게 작용하는지, 왜 우리에게 여성성이 필요한지 등을 잊었다고 보는 것이 타당하다. 부분적으로는 우리 윗세대가 우리에게 집단의 지혜를 물려주지 않아서이기도 하다. 내가 육아법을 배우기 위해 책을 사야 했던 것처럼 말이다.

이제 여성성을 되찾을 때다. 여성성은 성공적인 관계에 없어서는 안 될 결정적인 요소다. 다행히 당신이 여성성을 더 많이 개발하고 남자와의 관계에 더 많이 불러들일수록 이 세계에도 여성성이 늘어날 것이다. 자신의 여성성을 깊이 자각하고 이를 기본 원리로 삼는 여자를 사랑하는 남자는 간단히 말해 더 훌륭하고, 더 의식 있는 남자다.

그 여자가 결혼하지 않은 이유

내 친구 발레리는 자신의 남성성이 연애생활에 문제를 일으키고 있음을 알지 못했다. 그녀가 라디오 방송국에서 일하며 돈을 많이 벌어서가 아니다. 그녀가 스포츠를 좋아하고 바지를 입고 등산을 가고 머리를 짧게 깎고 남성성의 전통적인 개념들을 좋아해서도 아니다. 이런 점들 때문에 남자처럼 보일 수는 있지만 그게 발레리의 연애에 반드시 영향을 끼치는 것은 아니다.

발레리는 무엇이 남자를 곁으로 불러들이는지 모른다. 그녀는 자신에게 남자를 끌어당기는 힘이 있다고 생각하지 않는다. 오직 목표를 이루는 힘만 있다고 생각한다. 원하는 것을 알아내고 추구하는 힘 말이다. 그녀는 이를 데이트 세계에도 적용한다. 발레리는 파티장에 들어설 때 그 안을 죽 훑어보며 관심 가는 남자를 찾는다. 한 명이 눈에 띄면 망설이지 않고 곧장 다가가 대화를 시작한다. 남자들에게 전화번호를 주고 남자가 먼저 연락하지 않으면 자신이 먼저 전화를 하거나 문자메시지를 보내거나 이메일을 보낸다. 때로 남자들은 발레리와 데이트를 하기도 하고 가끔 섹스를 하기도 한다. 발레리는 이런 데이트를 성공적이라고 생각한다.

그러나 나는 그렇게 생각하지 않는다! 이런 관계는 잠시 재미와 섹스를 즐기고 싶은 여자애에게는 괜찮을지 몰라도 평생 충실한 관계를 시작하는 방식은 아니다. 발레리는 그래서 여성성을 개발해야 한다. 내 방송국 에이전트가 말했듯이 사냥감이 먼저 다가오게 만들어야 한다. 발레리는 여자가 먼저 남자를 불러내도 괜찮다고 고집한다. 성역할을 분리하는 것은 어리석은 짓이며 자신은 '사냥당하고' 싶지 않다고 말한다. 발레리 생각에 여자들은 평등을 위해 투쟁해왔다. 여기서 평등은 삶의 모든 영역에서 남자처럼 행동한다는 의미다. 그러나 발레리는 10년 넘게 '평등한' 데이트를 하면서 자신이 쫓아다닌 남자들 가운데 자신과 장기적으로 교제한 사람은 없다는 사실을 미처 깨닫지 못하고 있다(물론 예외적인 관계가 있기는 하지만 이 책을 읽고 있다면 당신은 그 예외에 속하지 않을 것이다).

상당수의 남자들이 보기에 발레리가 남자를 대하는 방식은 매력적이지 않다. 여기서 매력적이라는 것은 발레리의 얼굴과 몸매와는 상관이 없다(그녀의 얼굴과 몸매는 멋지다). 내가 말하고 싶은 것은 수백만 개의 작은 입자가 붕붕 날아다니고 있다면 그중 어떤 것이 발레리에게 꽂히겠느냐는 것이다.

또 다른 비유를 들어볼까? 관계는 진동기에 넣는 건전지와 거의 같다. 양극(남성성)이 있으면 음극(여성성)이 있다. 진동기가 웅웅거리려면 양극과 음극이 만나야 한다. 양극끼리 만나면 아무 일도 일어나지 않는다. 음극끼리 만나도 아무 일도 일어나지 않는다. 진동기에 전원을 켜고 싶다면 서로 반대되는 에너지끼리 만나게 해야 한다. 전원이 먼저 켜지지 않으면 당신도 켜질 수 없다.

그런데 발레리는 '양극끼리 만나게 해서' 관계를 죽음에 이르게 했다.

내 삶이 들려주는 이야기

처음 아내로 살기 시작했을 때는 여성적으로 사는 게 아주 자연스러웠다. 왜? 겨우 열아홉 살이었으니까. 나는 큰 바다처럼 물결치고 있었고(물은 음의 강력한 상징이다) 앞으로 어떤 삶을 살게 될까 궁금했다. 그런 내가 매우 남성적이었던 첫 번째 남편에게 매력적으로 보인 것은 그리 놀라운 일이 아니다. 그는 〈포춘〉이 선정한 세계 500대 기업에 막 입사했고 승승장구 승진했다(위계질서야말로 남자들의 일이다). 당연히 그는 내가 보살펴줘야 하는 사람이라서, 자신에게 강한 남자라는 느낌을 주는 사람이라서 좋아했다. 그렇다. 그게 바로 남자의 정의다. 그러나 많은 사람들이 함께 일할 때 생각하는 정의이기도 하다. 특히 남자들이.

10년 후 나는 훨씬 강해졌다. 스물두 살에 첫 번째 남편과 이혼했고 대학을 졸업했으며 미국 전역을 옮겨다녔고 돈을 벌었으며 TV 뉴스 작가로 꽤 괜찮은 경력을 쌓았다. 한 가지만 빼고 다 잘하고 있었다. 그 한 가지는 열다섯 살 이후 사실상 쉬지 않고 연애를 해왔는데 갑자기 누군가를 매료시키는 일이 어려워졌다는 것이다. 하필 이제 정착해서 아기를 가질 준비가 되었다고 생각한 때였다. 이유를 알 수가 없었다.

내가 연약하거나 심지어 무능하다고 생각하는 여자들이 나보다 훨씬 더 남자를 잘 낚았다. 그래서 화가 났다. 이 여자들보다 내가

더 좋은 남자가 되고 싶게 만들어라

며칠 전 친구 루시아가 데이트를 하면서 재미있는 일을 겪었다. 이 일을
계기로 나는 여성성에 기초한다는 것이 뭔지 생각하게 되었다. 그녀는 결
혼 상대로 적합한 남자와 맞선을 보았다. 잘생기고 잘나가는 사업가였다.
게다가 그는 시를 전공한 남자였다. 돈도 많은데 감수성까지 갖췄다고?
자, 당장 웨딩드레스를 골라보자!

그런데 이 남자가 아주 당황스러운 짓을 저질렀다. 이메일을 통해 화요일
쯤(일주일 후) 데이트를 하기로 약속했는데 화요일 밤 12시 30분이 넘도록
(정확히 말하면 수요일 새벽이다) 아무 연락도 하지 않은 것이다. 시를 전공
했다는 이 남자는 동료들과 중요한 저녁 약속이 있었다면서 대신 내일 밤
(사실상 오늘 밤)에 만나 술이나 한잔할 수 있겠느냐고 (물론 시적으로) 물
었다.

루시아는 어떻게 하면 좋겠냐고 내게 물었다. 나는 다음과 같은 이메일을
보냈다.

루시아에게.

무엇보다 먼저 황당하기 짝이 없구나. 그 남자는 화요일에 약속이 있
다는 것을 알고 있었어. 그러니까 변명도 하고 그날 밤 네게 이메일도
보냈겠지. 그렇다면 말을 돌려서 할 필요가 없겠지? 나라면 완전히
솔직하게 말하겠어. 직관적으로 이 남자에게 뭔가 있다고 느낀다면
술 한잔하자는 데 동의하고 솔직히 말할 거야.

너 : 사실 오늘 밤 나오지 않으려고 했어요(웃으며).
그 : 정말요? 왜요?
너 : 당신이 약속이 있던 날 밤 12시 30분에 이메일을 보내, 다음 날
　　저녁에 술이나 한잔하자는 황당하기 짝이 없는 제안을 했으니까요.

사실 다음 날이 아니라 같은 날이네요.

그 : (할 말을 잃는다.)

너 : 평소라면 답장조차 보내지 않았겠지만 당신은 시를 전공한 사람인 데다 음, 뭔가 있을 것 같은 느낌이 들거든요. 그래서 당신에게 한 번 더 기회를 주려고요. 하지만…… (웃으며) 제가 원래는 이렇지 않다는 걸 알아주었으면 좋겠어요(윙크, 미소).

그러면 둘 중 하나겠지. (1)그가 너를 정말로 자기 여자로 생각한다면 네 말을 받아들이고 다시는 그런 짓을 저지르지 않겠지. 아니면 (2)다시는 네게 전화하지 않든지. 어느 쪽이든 네가 이기는 거야. 그가 (3)너와 데이트하면서 함부로 굴지는 않을 거라고 확신해. 물론 일부 엄청나게 거만한 남자들이 있기는 하지만. 그래도 그 사업가는 그런 부류에 속하지 않을 거야! 그보다는 너 자신을 더 많이 사랑하는 것, 잊지 마.

트레이시가

우리는 모두 열여섯 통의 이메일을 주고받았다. 이 시점에 나는 이 남자가 루시아를 가벼운 데이트 상대로만 여길지 모른다는 말을 해주었다. 만약 그런 관계를 허락한다면 남자는 그녀에게 늘 태만할 것이다. 허락하지 않으면 남자는 성숙해지거나 자기 기량을 키우거나 집에 돌아갈 것이다. 나는 남자들이 자신의 기량을 키워줄 여자를 정말로 원한다고 굳게 믿는다. 잭 니컬슨도 「이보다 더 좋을 순 없다」에서 헬렌 헌트에게 더 좋은 남자가 되고 싶게 만들었다고 말하고 오스카상을 받지 않았던가. 여성성에는 남자를 키워주는 뭔가가 있고, 우리는 그것을 직관적으로 이해하고 있다. 루시아 이야기로 돌아가면 그녀는 술 한잔하자는 남자의 데이트 신청을 거절했다. 강인한 여자다.

훨씬 우월하다고 생각하고 싶은데(그녀들이 대체 무엇을 성취하고 있단 말인가?) 남자들과의 관계에서는 그녀들이 나보다 훨씬 성공적으로 보였기 때문에 우월감을 느낄 수가 없었다. 인정하고 싶지는 않았지만 남자들과의 관계에서 성공하는 것이 내게는 중요했다. 나도 남자들이 원하는 여자가 되고 싶었다.

이 무렵 나는 『주역』과 신성한 여성성에 대해 공부하기 시작했고 내게 무엇이 빠졌는지 이해하기 시작했다. 나는 주인 없는 물건이 될 필요도 없었고 어떤 식으로든 자신을 '덜어낼' 필요도 없었다. 무엇보다 기본을 확립할 필요가 있었다. 즉 나의 여성성을 개발해야 했다.

처음에는 이런 생각이 싫었다. 나는 스스로 페미니스트라고 생각했다. 물론 1990년대 중반에 페미니스트라는 것이 정확히 어떤 의미인지 확실히 알 수는 없었지만. 물론 당시 내 행동이 별 의미가 없다는 것도 알고 있었다. 그래도 스스로 '굴복'이라고 여기는 일은 하지 않으려 했다. 그 후 몇 년 동안은 '해도 욕먹고 안 해도 욕먹는' 상태를 고수했다.

그러다가 이제 막 데이트를 시작한 아주 좋은 남자 덕분에 임신이라는 엄청난 행운을 맞이했고 아홉 달 후 아름다운 남자 아기를 낳았다. 그리고 엄마 노릇이라고 알려진 강요된 굴복의 과정 속에서 여성적인 힘에 발을 들이는 것이 진정 어떤 의미인지를 처음으로 깊이 알게 되었다.

모성애는 내 목표와 계획과 방식을 더 이상 고집하지 않는 법을 배우게 했다. 나는 일정이 아닌 순환의 세계에 들어섰다. 젖을 먹이고 자고 깨고 놀고 하는 순환. 나 자신의 완전히 다른 면에 주파수를 맞추어야 했다. 직관적으로 사물을 이해하고, 다른 방에 있는 아기의 숨소리를 듣고, 간식을 만드는 것에 다이얼을 맞추었다. 그리고 내 안의 창조적 중심을 찾기 시작했다. 밴드에 가입하고 작곡을 시작하고 정원을 아름답게 가꾸고 집을 깨끗이 정리하는 법을 배웠다. 남성적인 유니폼을 입은 어린 여자 근로자일 때는 신경도 쓰지 않았던 일이다.

몇 년 후 다시 싱글이 되었지만 이번에는 상황이 전혀 다르다는 것을 깨닫고 큰 충격을 받았다. 갑자기 한 트럭 분량의 남자들이 몰려와 나와 데이트를 하고 싶어했던 것이다. 대체 어떻게 된 일일까?

그 남자가 결혼하지 않은 이유

실제로 내 외모가 더 예뻐진 건 아니었다. 게다가 제멋대로인 세 살배기 아이까지 있었다. 그런데 왜 전과는 달리 남자들이 나를 매력적이라고 생각하게 된 걸까? 무엇이 변했기에?

간단히 말해 내가 변했다.

이제 나는 간식을 만들 수도 있고 다른 사람에게 맞춰줄 줄도 알았다. 내게 집중하지 않는 사람, 나를 행복하게 해주지 않을 사람(이게 특히 큰 문제였다)을 상대할 수도 있게 되었다. 예를 들면, 심하게 떼를 쓰는 사람이나 내게 저녁밥을 달라고 하는 사람, 혹은 손짓으로 의사소통하는 사람이 있다. 내 말뜻을 이해해주길 바란다. 남자들이 어린아이라는 말은 아니다. (그렇게 말하더라도 나쁜 뜻은 아니다. 사람들은 원래 어린아이다.) 내 말은 때로 몹시 비합리적으로 구는 타인에 대해 자신의 감정을 다스릴 줄 아는 여자가 되는 것이 결혼생활의 주요 조건이라는 뜻이다. 나도 여성성을 개발하기 전에는 그 방법을 몰랐다.

이 일로 나는 남자들에 대해 커다란 깨달음을 얻었다. 그들은 우리를 필요로 한다.

대중문화는 남자들이 정말로 원하는 것은 매일 밤 새로운 여자와의 섹스라고 주장한다. 또 어떻게 보면, 다시 말해 동물의 시각으로 보면 그 주장이 사실일 수도 있다. (나는 보통사람만큼이나 동물이 되는 것도 좋아한다. 그래서 동물이 되는 것이 완전히 나쁘다고는 생각하지 않는다.) 하지만 여기서 내가 던지고 싶은 질문은, 남자들이 왜 그러지 않느냐는 것이다. 왜 남자들은 굳이 결혼을 하려고 하는가? 특히 지금. 반드시 결혼하지 않아도 되는 21세기에 말이다.

남자들이 매일 밤 새로운 여자와 섹스하는 것 이상으로 원하는 무언가가 있기 때문이다. 그들이 필요로 하는 무언가 말이다. 그것은 바로 감정적, 영적인 기초로서 이 세상에서 자신을 확장시키나갈 수 있게 도와주는 견고한 여성적 에너지의 원천이다. (좋다, 모든 남자가 다 그런 것은 아니다. 조지 클루니는 2년에 한 번씩 새로운 30대 여자친구를 구해 아주 잘살고 있다.) 그들의 삶에 따로 여성성의 원천이 있는 경우가 아니라면, 예를 들어 서퍼라서 많은 시간을 바다에서 보내거나 밴드 멤버라서 창조적인 추구를 통해 여성성을 공급받는 경우가 아니라면 대다수 남자들은 여자에게서 여성성을 얻을 것이다.

생물학적인 관점으로 봐도 마찬가지다. 남자가 자신의, 음, 씨앗을 땅에 뿌리면 아무 일도 일어나지 않는다. 그냥 뭔가 쌓여 있기만 할 것이다. 그러나 씨앗을 멋지고 관능적인 여성성에 맡기면 아기가 생긴다. 남자의 유전자는 다음 세대로 전달된다. 남자가 세상으로부터 얻고자 하는 것, 즉 남자의 일도 마찬가지다. 훌륭한 관계를 통해 남자는 비옥한 여성성과 연결되고 혼자일 때보다 훨씬 많은 것을 획득할 수 있게 된다. '모든 위대한 남자 뒤에는 위대한 여자가 있다'는 말 뒤에 숨은 기본적인 의미다.

그렇다면 당신은 이런 질문을 던질 것이다. 어떻게 하면 여성성이라는 에너지를 담은 거대한 건전지가 될 수 있을까?

변화를 위한 전략

뭐, 나처럼 엄마가 될 필요는 없다. 물론 엄마가 되면 여성성을 개발할 수 있기는 하지만 당신에게 필요한 것은 일상의 어느 부분 만은 당신의 건전지를 양극에서 음극으로 뒤집는 것이다. 이상적 인 것은 주어진 상황에 따라 남성성에서 여성성으로 왔다 갔다 하 는 방법을 배우는 것이다. 마치 양손으로 모두 글씨를 쓸 수 있는 것처럼.

자신의 여성성을 인식하는, 정말로 간단한 방법 세 가지를 알아 보자.

당신은 끌어당기는 힘이다 당신은 스스로 끌어당기는 힘이 되 고 싶다. 그렇다면 당신이 이미 어떤 사람, 생각, 사물을 끌어당기 고 있는지부터 살펴보자. 예를 들면 당장 오늘 점심시간에 실험을 해보자. 자리를 잡고 앉아서 계속 자신을 의식하라. 누가 당신을 보고 있는지 봐라. 누가 당신의 에너지를 알아채고 그 힘에 끌리고 있는가? 당신이 남자든 여자든 노인이든 젊은이든 아기든 개든 누 군가를 끌어당기고 있다고 느끼면 웃어라! 당신이 매력적인 존재 임을 긍정하라. 그 감정을 즐겨라. 여성성은 느낌이다. 잊지 마라. 이는 감정과 감각의 수준에서 기능한다.

🕊 **당신은 보물이다** 자신의 매력을 느끼기 시작했다면 이제 자신을 보물로 여겨라. 정말 보물이니까! 지구상의 모든 남자가 두 가지 야망, 즉 후대에 자신의 유전자를 전달하고 세상에 뭔가를 세우기 위해 필요로 하는 것을 당신은 지니고 있다. 자신을 강력한 에너지원으로 바라봐라. 당신이 여성성을 계속 개발해나가는 동안 이 에너지도 함께 쌓인다(혹은 충전된다). 이 보물 덕분에 당신은 지금부터 남자들을 향해 완전히 새로운 접근법을 택하게 된다.

🕊 **사냥감이 다가오게 해라** 생물학적 관점으로 보면 당신은 난자다. 난자는, 자전적인 랩 영화에서 에미넴이 말했듯이 단 한 번의 기회를 갖는다. 그래서 좋을 수도 나쁠 수도 있다. 난자는 누구를 허락할 것인가에 대해 엄청나게 까다로울 수밖에 없다. 그러므로 자신을 얻으러 오는 모든 정자 중 최고의 '남자'가 성공하기를 바란다.

여자는 난자에 대한 투자액이 정자에 대한 투자액보다 훨씬, 훨씬, 훨씬, 훨씬, 훨씬 더 크다는 것을 본능적으로 알고 있다. 남자들은 정자공장이다. 매일 천문학적 숫자의 애송이들을 배출한다. 당신은 한 달에 하나의 난자를 만들고 누군가에게 수정을 허락하면 그 난자에 18년을 더 투자해야 한다. 그러니 당신은 반드시 식별력을 갖추어야 한다.

그래서 발레리가 정자를 보물처럼 여기는 것을 말리고 싶었던 것이다. 정자는 씨앗이다. 난자가 보물이다! 당신은 (그리고 발레리는) 남자가 기꺼이 당신과 자고 싶어 하는지를, 다시 말해 정자를 기증할 의사가 있는지를 알 필요가 없다. 답은 확실히 '예'일 테니까! 당신이 알아야 할 것은 그 남자가 당신의 난자를 대학에 보내 줄 것인가다. 남자가 귀찮다고 전화를 하지 않거나 당신에게 일부러 다가와 말을 걸지 않는다면 당신은 그 질문에 대한 대답이 노골적인 '아니오'임을 확신할 수 있다.

이제 당신은 남자와의 데이트를 쉽게 허락할 필요가 없다. 단언하건대 자신에게 필요한 사람이 바로 당신임을, 여성성의 원천인 당신임을 직관적으로 알아보는 남자라면 당신 곁에 있기 위해 산더미 같은 당신의 허튼짓도 참아낼 것이다. 남자들은 원래 그렇다. 일단 뭔가를 원하면 쉽게 단념하지 않는다.

이렇게 말할 수도 있다. 남자들은 여성성이 넘치는 여자를 보며 자신에게 권한이 생겼다고 느낀다. 여성성은 남자를 끌어당길 때만 작용하는 것이 아니다. 일단 관계가 시작되면 관계를 완성하는 과정에도 여성성이 작용한다. 여성성은 가정의 분위기를 만들어준다. 내가 여성성과 건강한 결합을 이룰 때 우리 집과 내 주변 사람들이 모두 행복했다.

옛 속담처럼 '행복한 아내가 곧 행복한 삶이다.'

남자의 명함을 받지 마라

남자가 전화번호를 건네며 연락하라고 하면 나는 고개를 저으며 다정하게 미소 짓는다.

"저는 남자에게 전화하지 않아요."

나는 단도직입적으로 말한다. 이러면 항상 남자들은 관심을 보인다. 그들은 보통 고개를 갸웃하며 나를 바라본다. 뭔가 색다르다는 생각이 든 것이다.

그들은 곧장 내게 더욱 끌리게 된다. 성적으로 끌린다기보다는 내가 전화하지 않는 이유를 궁금해하는 것에 더 가깝다. 언제나. 남자들이 도전을 좋아하는 것은 사실이다. 그래서 당신이 신중을 기하려고 뭔가를 해야한다고 말하면 그들은 즉시 호기심을 품는다. 남자들은 이런 여자에게 익숙하지 않기 때문에 거의 모두 반응을 보인다.

음양의 이치다. 당신이 여성성을 뿜어내면 남자는 자신의 남성성을 드러내거나 혼란스러워하며 떠나버린다. 떠나면 오히려 잘된 일이다. 당신에게 명함을 건네며 전화하라는 남자와 연애하고 싶지는 않을 테니까.

변화를 위한 실천

여성성은 재미있는 주제 아닌가? 남자들은 당신의 전화번호를 따려고 하고 당신에게 전화를 걸어 애원한다. 얼마나 대단한가. 그러나 실제로는 그렇게 간단하지 않다. 적어도 영적인 관점에서 보면 모두가 받기와 관련되어 있기 때문이다. 다른 식으로 말하면 허락하기다. 데이트에 관해 완전히 새로운 방식을 배워야 한다는 뜻임을 깨닫기 전에는 그럭저럭 좋게 들린다.

한 남자와 한 달 동안 데이트를 하고 있고 정말 잘 되어가고 있었는데, 그가 하루나 이틀 동안 당신에게 전화도 문자도 하지 않는다면 당신은 마음속으로 연락을 해보기 위해 몇 가지 전제를 떠올릴 것이다. 당신이 내내 남성성에 빠져 살아왔다면 행동하지 않는게 오히려 이상하다. 당신은 일을 벌이는 법을 아니까! 그러나 유혹에 넘어가지 마라. 스스로 한 가지만 알면 된다고 일깨워줘라. 그는 당신을 얼마나 간절히 원하고 있는가? 당신 난자의 결혼식 비용을 대줄 만큼 많이?

당신의 여성성은 어떻게 나올까? 남자를 만날 때는 그가 당신을 좋아하는지 알아보아야 한다. 그가 당신을 만나고 싶어하는지 같이 있고 싶어하는지. 잊지 마라. 그는 당신의 에너지를 빨아들이고 싶어 한다! 처음에는 조금 갈팡질팡할지 몰라도 당신을 좋아한다면 곧바로 다가올 것이다. 그러면 당신은 그를, 그의 관심과 생각과 존재를 받아들일 것이다. 이때 당신이 남성성을 작동시킨다면 그에게 이런저런 지시를 하고 싶을 것이다. 저기 주차장을 가리키고, 그의 직업에 관해 제안을 하고, 당신이 엿본 그의 어린 시절에 대해 말하고 싶을 것이다. 그러나 성급히 나서지 말고 어떤 일이 벌어지는지 지켜보라! 남자는 그동안 데이트에서는 볼 수 없었던 다른 면을 보여줄 것이다.

정말로 좋아하는 남자와 데이트를 하면 여성성을 작동시킬 기회가 불처럼 빠르게 찾아올 것이다. 어떻게 보면 데이트는 당신이 얼마나 여성성에 기초하고 있는가에 좌우된다. 당신은 결과를 모두 통제하려는 습관을 버려야 한다. (남녀관계에서만 그렇다. 일할 때는 실컷 강해져도 된다.) 시험처럼 느껴지는가? 맞다. 실제로 어떤 일이 벌어져도 당신이 그보다 자신을 더 많이 사랑할 수 있는지를 알아보기 위한 시험이다. 동반을 위한 핵심 기술이다.

당신은 동반을 위한 핵심 기술을 분주하게 쌓아가는 동시에 당신이 그의 삶을 좋아하는지를 그가 궁금해하는지 알고 싶어 한다. 그와 결혼하면 그의 삶은 당신의 삶이 되기 때문이다. 미용사 친구가 말했듯이 남자는 변하지 않는다. 정말로 변하지 않는다. 조금 혹은 많이 개선될지는 몰라도. 남자가 리트리버종 개라면 결혼 후에도 변함 없이 리트리버종 개일 것이다. 결혼으로 더 좋은 리트리버종이 될 수는 있겠지만 말이다(혹은 더 나빠질 수도 있다). 절대로 리트리버종이 도베르만핀셔로 바뀌지는 않는다.

데이트를 하면서 이 허락하기(또는 허락받기)를 실천하면 내면에 '상처받기 쉬운' 감각이 새로 생겨났음을 감지하게 될 것이다. 상처받기 쉬운 감정은 그 자체로는 좋아 보이지 않는다. 적어도 처음에는 그렇다. 스스로 상처받기 쉬운 성격이라 남자에게 상처받는 것처럼 느껴진다. 그래서 벽을 세우거나 냉소를 뿜어내거나 곧장 섹스에 뛰어드는 식으로 자신을 보호하기 위한 방책을 쓰지 않는다면 당연히 끔찍한 기분이 들 것이다(특히 섹스는 강렬한 느낌을 안겨주고 종종 상처에 대한 불안감을 줄여준다). 당장 불안과 눈물과 관계로부터 도망치고 싶다는 바람이 생길지도 모른다.

걱정하지 마라! 좋은 신호다. 친밀함에 대한 두려움은 원래 있던 자연스러운 것이다. 그래서 다들 처음에는 여성성을 드러내려 하지 않는 것이다. 상처받기 쉬워지면 힘들어지니까. 그러나 점점 익숙해질 것이고 익숙해지면 완전히 새로운 힘을 발견하게 될 것이다.

이 힘은 남자가 당신을 사랑해서, 당신과 함께 있고 싶어서 당신 곁에 머문다는 사실을 알게 되었을 때 솟아난다. 여성성의 원칙을 편안하게 받아들이면, 남자에게서 어떤 것도 '얻으려고' 애쓰지 않게 되면 남성성은 당신을 선택할 것이다. 당신은 남자를 사냥하기 위해, 남자를 죽이기 위해 경계를 넘지 않았고, 남자도 그것을 느낄 수 있다. 이게 바로 충실함의 영적인 본질이다. 이 순간에 사람들은 관계를 맺기로 결정한다.

당신이 보물이기 때문에.

당신이 지금 알게 되어 남자친구가 무척 행복해할 일들

• 당신은 남자처럼 행동한다

물론 돈을 많이 벌고 카디널스팀을 좋아하는 것도 좋다. 그러나 데이트에 관해서라면 상대를 끌어당기는 매력이 따로 있음을 인정하라.

• 당신은 보물이다

남자가 기꺼이 당신과 섹스할지를 알 필요는 없다. 기꺼이 당신에게 다가와 전화번호를 묻고 나중에 연락할지를 알아야 한다. 그러지 않으면 그는 당신의 남자가 아니다. 훌훌 털고 전진하라.

• '여자 티를 내는' 것과는 다르다

여성성을 개발하는 것은 분홍색 옷을 입거나 나약한 사람이 되라는 말이 아니다. 순환과 직관 같은 창조적 힘을 깊이 있게 알고 탄탄한 기초로 삼으라는 말이다. 여성성은 이미 존재한다. 다만 개발이 필요할 뿐이다.

• 받아들이는 연습을 하라

남자보다는 자신을, 자신의 인생을 더 많이 사랑하라. 필요하면 갖게 될 거라고 믿어라.

• 상처 입기 쉬운 상태에 머물러라

여성성의 원칙에 의해 관계를 맺으면 두려움이 생길 수 있다. 방어책으로 다시 남성성을 불러오고 싶을 것이다. 그러지 마라! 당신과 함께 미래를 건설하고자 하는 남자에 맞서서 보호막을 칠 필요는 없다. 당신은 그와 함께하기를 원하니까.

남자가 신이다

'신'이 없는 여자

1. 사랑을 찾을 가능성에 대해 점점 냉소적으로 느끼고 있는가?
2. 마음 깊은 곳에 사랑할 가능성보다 훨씬 더 강력한 뭔가가 있을 거라는 믿음이 있는가?
3. 그 믿음을 실천으로 옮길 생각이 있는가?

이 책에 영적인 내용이 실릴 것이라고 말했는데 생각나는가? 자, 이제 그 대목에 이르렀다.

당신이 바닥에 책을 패대기치고 싶어질지도 모를, 완전히 미친 짓을 제안할 순간이 왔다. 우리가 앞에서 함께 이야기를 나눈 모든 것을 하나로 종합할 이 완전히 미친 짓이 당신의 전체 여정을 다음 단계로 데려다주기를, 그리하여 마침내 당신이 원하는 관계(자신과, 남자와, 인생과의 관계)를 가져다주기를 진심으로 바란다.

당신에게 신이 생겼으면 좋겠다(일반명사 신이다).

좋다. 많은 이들에게 신은 출입 금지 구역이지만 여기서 말하는 신은 아주 융통성 있고 개인적이라서 거의 모든 사람(심지어 완고한 무신론자조차)이 자기에게 맞는 신 하나쯤은 찾을 수 있다. 늦은 밤 홈쇼핑 채널에서 29.99달러에 판매하는 튜브 드레스를 손수 끈 달린 드레스나 머리띠나 치마로 개조하는 것처럼 쉽다. 어떤 종류의 신을 원하더라도 가능하다.

확실하게 말할 수 있는 한 가지. 나는 지금 늘 당신을 지켜보다가 당신이 착한 일을 하면 벤츠와 남편을 내려주고, 나쁜 짓을 하면 벌을 내리는 하늘 위의 수염 난 사내를 말하는 것이 아니다. 신이 아니라 산타클로스일 수도 있다. 특정 종교의 신을 말하는 것도 아니다. 모르몬교, 힌두교, 가톨릭교, 불교, 사이언톨로지도 아니다(물론 당신이 원하지 않는다면). 당신은 어린 시절 집안에서 믿었던 종교가 마음에 들지 않을 수도 있다. 혹은 지금 믿는 종교가 멋지고 대단해서 다른 신을 두고 싶지 않을지도 모른다. 어느 쪽이든 상관없다. 우선 내가 굳이 신이라는 말을 쓰는 것은 우리 모두 그 뜻을 잘 알기 때문이다.

더 좋은 용어로 '영혼'도 있다. 이는 당신을 당신답게 만드는 것이다. 누구는 이를 창조적 지능이라고 부른다. 「스타워즈」에서는 '포스'라고 불렀다. '더 높은 자아'라고 생각하는 사람들도 있다. 동양철학에서는 '도'라고 한다(길이라는 뜻이다). 뭐, 제시카라고 불러도 상관없다. 뭐라고 이름 붙이든 이것은 대양과 중력과 초콜릿과 비틀스 뒤에 존재하는 힘이다. 당신의 심장을 뛰게 하는 바로 그것이다.

영혼은 모든 종파에 속해 있기도 하고 어떤 종파에도 속해 있지 않기도 하다. 영혼은 모든 곳에서 발견할 수 있다. 그리고 당신이 찾는 관계에 이르게 해주고 그 관계를 이끌어주기도 하는 엔진이다. 말했듯이 정말로 완벽한 사람은 존재하지 않는다. 존재하는 것은 당신과 함께 걸어갈 사람, 당신이 함께 걸어갈 사람이다. 그 사람이 누구인지는 어떻게 알 수 있을까? 어떤 모습이어야 할까? 만약 그 사람에게 결점이, 그것도 큰 결점이 있어서 당신이 그와의 진지한 관계를 두려워하고 있다면 어떨까? (이런 상황은 얼마든지 있을 수 있다. 당신은 완벽하지 않으니까. 그 역시 완벽하지 않으니까.) 또한 왜 당신은 당신의 단점만을 보고 당신 곁을 떠나려는 평범한 남자 때문에 멋진 아파트를 포기하려고 하는가? 이보다 더 이해하기 어려운 일도 없을 것이다.

당신이 관계 전체를 훨씬 크게 키우겠다고 결심하지만 않는다면 말이다.

당신이 외면한 불편한 진실

사실 우리가 이 책을 만난 것도 사랑 때문이다. 사랑은 우리 인류가 이 지구에서 배우게 되는 정말 대단한 일이다. 살면서 돈과 성공이 아닌 사랑을 좇겠다고 결심했다면 말이다. 누군가를 사랑한다는 것은 결점이 있는 상태로 그들을 인정하는 것이다. 그들과 결혼하는 것은 결점이 있음에도 그들에게 사랑이라는 선물을 주는 것이다. 그중에는 당신도 포함되어 있다.

사랑은 가능성을 의미한다. 이벤트성 사랑을 말하는 게 아니다. 현실의 사랑을 말하는 것이다. 영혼은 결혼하지 못한 당신을 위한 해결책이다. 즉 충분한 남자가 없어서인지, 당신이 한 남자에게 '정착'하지 못해서인지, 당신이 약간 헤픈 여자라서 그러는지를 결정한다. 영혼은 적어도 인구통계학자들이나 광고책임자들이나 진화생물학자들이 보기에 불가능하거나 가능성이 낮은 일들을 성취할 수 있게 해준다. 이들은 당신이 파트너를 찾으려면 나이가 적당해야 한다거나 미모가 적당해야 한다거나 남아 있는 난자의 수가 적당해야 한다고 말할 것이다. 그러나 영혼은 다른 이야기를 들려준다.

영혼은 그런 말들이 어느 정도 사실에 근거할지는 몰라도 100퍼센트 진실은 아니라고 말한다. 둘 사이에는 차이가 있다. 당신의 애정생활에 영혼이 개입하면 더 이상 불평등은 없다. 인구통계학도 없다. 오직 영적인 임무에 임하는 두 사람만이 존재한다. 영혼은 산을 움직이고 불가능한 것을 가능하게 한다. 당신도 마음 깊은 곳에서는 그렇다는 것을 알고 있다. 누구나 알고 있다. 그렇기 때문에 그 많은 러브스토리를 듣고도 질리지 않는 것이다. 러브스토리는 불가능한 것들이 일어날 수 있고 실제로 일어나고 있음을 깨우쳐준다. 당신도 지금 당장 알고 있는 그 사실에 충실했으면 좋겠다. 불가능한 일을 가능하게 하는 것은 바로 그러한 충실한 실천이기 때문이다.

이제 이 책을 통틀어 내가 말하고자 하는 바가 나왔다. 바로 변혁이다. 오글거리는 단어를 써서 미안하지만 내가 말하고 싶은 것을 가장 정확히 표현한 말이다. 변혁은 당신의 현재 모습에서 당신이 원하는 모습(새로운 삶의 방식)으로 가는 과정이다. 멋지지 않은가?

당신 맘대로 이룰 수 없다는 점만 빼면 말이다. 잠깐, 기다려라. 때로는 당신도 이룰 수 있다. 순전히 신체적인 면에서는 가능하다. 윗몸일으키기와 팔굽혀펴기와 이두근운동을 한 달 동안 매일 400번씩 한다면 당신의 몸매는 완전한 근육질로 변할 것이다. 하지만 그와 동시에 못된 여자처럼 굴거나 질투심을 활활 불태우거나 오직 만점짜리 남자들하고만 데이트하려고 해봐라. 팔굽혀펴기가 그다지 효과를 보지 못할 것이다. 의지력이 작동할 때는 효과를 보지만 의지력이 작동하지 않을 때는 효과가 없기 때문이다. 이렇게 의지력이 효과를 보지 못할 때 무슨 일을 해야 할까?

이때가 바로 영혼이 필요한 순간이다. 자꾸만 실패를 거듭하는 곳에서 변화를 일으킬 수 있는, 지구상의 그 어떤 것보다 더 큰 힘을 개척하고 이용할 수 있다. 이 힘은 완벽한 관계를 불러오고 당신의 아기들까지 불러오기도 한다.

당신이 신에게서 얻을 수 있는 또 다른 것이 있다. 바로 의미다. 의미는 당신의 삶에, 그 안에서 일어나는 일들에 중요성과 중대성을 더해준다. 의미를 필요로 하지 않는 사람들도 있다. 그들에게 의미는 불필요한 것, '인민의 아편'처럼 바람직하지 않은 것이다. 당신도 그런 사람일지도 모르겠다(정말 그렇다면 본인이 알 것이다). 철학을 전공한 내 친구들도 대부분 그런 사람들에 속한다. 그들의 세상에서는 모든 일이 완전히 임의적이다. 그래도 전혀 문제가 없다. 그러나 나는 아니다. 나는 사물에 어떤 의미가 있는 것이 좋다. 예를 들어 교통국에 갔는데 당신이 내 옆에 앉았다고 하자. 내게 그건 내 인생에 무슨 일이 일어나려 한다는 뜻이고 당신이 어떤 일을 시작하게 된다는 뜻이다. 갑자기 당신이 그곳에 온 이유가 생긴다. 그리고 그 이유는 우리가 관계를 계속 이어가는 부분적인 이유가 된다. 어쨌든 우리는 함께할 테니까.

그래서 임의적인 일에 의미를 부여하면 이야기가 되고 나는 이야기를 아주 좋아한다. 좋은 관계에는 모두 이야기가 필요하다. 앞서 말했듯이 이야기는 인간이 자신의 경험을 조작하는 방식이다. 이야기는 관계에 있어서 특히 중요하다. 이야기가 없으면 왜 우리가 굳이 어떤 남자의 단점(학대에 가까운 단점 말고 그냥 평범하고 정상적인 단점)을 참아주고 있는지 이해하기 어려워진다. 앞으로 45년간 결혼생활을 해나가다가 어느 순간 갑자기 내가 왜 이 남자의 단점을 참는 것인지 스스로 궁금해하는 순간이 분명히 올 것이다.

의미에 대해 살펴볼 또 한 가지는 당신이 의미를 만들고 싶어 하든 말든 의미를 만들어가고 있다는 사실이다. TV 뉴스 작가로 일하던 시절 뉴스 진행자에게 편지를 보내던 몇몇 미친 사람들 외에는 모든 일이 아무렇게나 일어난다고 믿는 사람은 거의 없다. 대다수 사람들을, 심지어 철학 전공자들까지도 협박한다면 그들의 삶에 뭔가 더 큰 힘이 존재한다는 느낌을 안겨준 사건이 적어도 한 번쯤은 있었다고 실토할 것이다. 오감으로는 감지할 수 없는, 가장 강력한 망원경이나 현미경으로도 측정할 수 없는, 수학공식으로 풀 수 없는 무언가. 모든 것을 설명할 수는 없다. 하물며 모든 결혼을 설명할 수도 없다.

그러므로 영적인 감각을 키우는 것이야말로 결혼으로 가는 마지막 퍼즐 조각이다.

내 삶이 들려주는 이야기

태어나서 40년 남짓한 세월을 싸구려 폐가로 살았다(그나마 너그럽게 표현한 말이다). 그것도 아주 심각한 폐가였다. 더러운 벽지와 얼룩진 카펫 밑을 살펴보면 좋은 것이 나올지도 모르지만 거기까지 살펴보기가 쉽지 않았다.

더욱이 내 인생을, 나 자신을 새로 개조하는 일이 지나치게 부담스럽게 느껴졌다. 영적인 발달 과정에서 어떤 일이 어떻게 일어나는지 내가 볼 수 없다면 정말 그런 일이 일어나고 있는지 믿을 수도 없지 않은가. 「익스트림 메이크오버 : 홈 에디션」이라는 프로그램에 선정되어 진행자 타이 페닝턴과 방송팀이 우리 집에 우르르 몰려오는 식이 아니었다. 내가 직접 봐야 믿을 수 있었다. 볼 수 없으면 믿을 수도 없었다.

그런데 알고 보니 나는 모든 일을 완전히 거꾸로 하고 있었다. 사실은 믿어야 볼 수 있었다. 『더 시크릿』처럼 하라는 말이 아니다. 어떤 일을 보기 전에 믿을 수 있어야 한다는 뜻이다. 예를 들어 당신이 뭔가를 발명 중이라고 하자. 음, 휴대전화라고 치자. 위젯이니 뭐니 하는 것들을 조립하기 전에 우선 길을 걸어가며 휴대전화로 통화하는 모습을 상상해봐야 한다. 그 일이 일어날 수 있다고, 어떤 세상에서는 그런 일이 가능하다고 믿어야 한다. 비록 평생 부엌을 돌아다니면서 꼬불꼬불하게 엉킨 전화선이 다리에 얽히는 삶을 살아왔을지라도.

이 두 가지 생각에 충실하면 이제 위젯이니 뭐니 하는 것들을 조립할 수 있게 된다. 그 후로 마당까지만 통하는 무선전화기 같은 중간 시제품을 만드는 데 또 몇 년이 걸릴 수 있다.

나의 진화도 이와 같았다. 유선전화기부터 무선전화기를 거쳐 지금의 '대박' 상황까지 왔다. 이곳은 자기애의 자리다. 현재 내가 연애를 하든 안 하든 상관없이 말이다.

그 여자가 결혼하지 않은 이유

나도 앤지처럼 살 때가 있었다. 앤지는 신이 없는 여자의 아주 좋은 본보기다. 사실 그녀에게 정말로 신이 없는 것은 아니다. 다만 그녀의 신이 개떡 같을 뿐. 일단 누군가의 신을 알아보는 방법을 알려주겠다. 신은 인생에 문제가 생겼을 때 사람들이 의존하는 사람이나 장소나 사물이다. 모든 것을 괜찮은 상태로 되돌려주는 것이다. 강박에 사로잡히는 대상이지만 보통은 그렇게 부르지 않는다. 그저 자신이 그것을 많이 좋아한다고만 생각할 뿐이다. 그것 없이는 살고 싶지 않을 정도로.

앤지에게 그것은 남녀관계다. 앤지는 남자가 곁에 없으면(어떤 남자라도 괜찮다) 불안하고 불행하다. 연애를 할 때는 아무리 나쁜 관계라도 그녀의 삶 자체가 한결 좋아진다. 의지할 남자가 있다고 생각하면 직장의 힘든 일도 견딜 수 있다. 마치 하루 끝에 마시는 와인 한잔처럼 그녀의 파트너는 그녀를 달래주고 원기를 회복시켜준다. 정말로 충실하지 않거나 분명히 잘못하고 있는 파트너일지라도. 그뿐만이 아니라 아무리 엉망진창 연애라도 연애 중일 때는 그녀가 저지르는 최악의 행동이 줄어들거나 심지어 완전히 사라진다. 과음이 중단되고 강박적인 청소도 사라진다. 그녀는 늘 남자가 자신에게 유익하다고 말하는데, 어떻게 보면 사실이다. 적어도 일시적으로는.

하지만 이제 서른네 살인 앤지는 자기 자신이나 남자들을 감당하는 것이 점점 힘겹다. 앤지는 자신을 좋게 생각하기 위해서는 반드시 연애를 해야 하기 때문에 늘 대관람차 방식으로 남자들에게 다가간다. 한 남자가 맨 꼭대기에 올라가 전망을 굽어보는 사이 그녀는 맨 아래 좌석에 예비 남자를 싣느라 바쁘다. 그러나 요즘은 앤지와 함께 대관람차를 타려는 남자들이 점점 줄어들고 있고 앤지는 이런 현실에 큰 영향을 받고 있다. 삶이 단조롭고 지루하게 느껴지는 것이다. 그녀는 항우울제를 먹어볼까 생각 중이다. 앤지에게 남자는 단순한 파트너 이상이다. 그녀에게 남자는 보다 높은 힘에 가깝다. 이들은 앤지 혼자서는 할 수 없을 것만 같은 일들을 해주고 그녀의 가장 아름다운 모습, 즉 그녀 자신을 드러내준다.

그래서 앤지에게 신은 바로 남자들이라는 것을 알 수 있다. 그들은 앤지의 기분을 한결 좋게 해주고, 살아 있다는 느낌을 안겨주며, 자신이 보다 완전해진 것 같은 기분을 선사한다. 이런 것이 문제라고 단정 짓기는 어렵다. 우리 문화는 불완전한 우리가 사랑으로 완전해진다고 주장하기 때문이다. 화학적인 관점으로 봐도 사실이다. 사랑할 때 우리 몸에서 매우 강력한 호르몬 물질이 분비되어 우리가 완전히 새로운 사람이 된 듯한 기분을 느끼게 하니까. 차이가 있다면 대다수 사람들이 이 근사한 단계 이후 다음 단계

258

로 안착하는 반면 앤지는 더 근사한 것을 찾아 떠나야 한다는 점이다.

그리고 앤지에게 더 근사한 것은 새 남자다.

그 남자가 결혼하지 않은 이유

남자들은 사실 여자의 신이 되고 싶어 하지 않는다. 거기에는 그럴만한 이유가 있다. 우선 남자들은 언제든 다른 멋진 남자가 나타나면 신의 자리를 빼앗기리라는 사실을 직관적으로 안다. 또 어차피 죽을 운명인 인간을 삶의 원천으로 삼는 것은 약간 불안정한 정신 상태를 드러내는 것임을 안다. 적어도 10대가 아닌 인간이 그런다면 불안정하다는 징후다. 마지막으로 남자들은 당신이 자신들을 신으로 섬길 경우 사람들이 보통 '신'에게 그러듯이 자신들에게도 아무 짓이나 저지를 것을 알고 있다. 그건 정말로 오싹한 일이다.

어떤 남자도 아무 짓이나 저지르는 여자와 함께하고 싶어 하지 않는다. 사실 '아무 짓'이란 이별 후에 그의 집 앞에서 흐느껴 울거나 그의 옆집으로 이사 오는 등의 일을 의미한다. 또는 임신을 하거나 그의 이메일을 그의 직장상사나 엄마에게 재전송하는 등 매우 극적인 행위를 연출한다는 뜻이기도 하다. 어떤 남자도 그런 일을 원하지는 않는다. 남자들이 원하는 것은 당신을 신뢰하는 것이다.

그러나 당신이 남자 없이 살 수 없는 사람이라면 남자는 당신을 전혀 신뢰하지 않을 것이다.

당신을 신뢰할 만한 사람으로 만들어주는 것은 '남자는 당신의 영혼이자 신이자 여호와가 아니다'라고 자각하는 것이다. '잘나가는 커리어우먼의 함정'에서 우리는 남자가 세계 속에 자신을 확장시키기 위해 어떻게 여성성 안으로 들어가는가를 알아보았다(상징적으로나 노골적으로나). 그 힘은 당신이 당신의 신과 연결될 때 나온다. 그 힘은 남자에게서 나오는 것이 아니다.

자신만의 신을 가지게 되면 관계의 pH 수준이 다음 세 가지 방식으로 바뀐다. (1)남자는 자기가 있거나 없거나 당신이 괜찮을 것을 알고 있다. (2)남자는 당신에게 잘하지 않으면 당신이 곧바로 그 무능한 엉덩이를 뻥 차버릴 것을 알고 있기에 당신에게 잘하려고 노력한다. 그러나 가장 중요하게는 (3)당신의 신이 클수록 남자 역시 당신과의 동반관계에서 더 큰 사람이 될 수 있다.

신은 남자가 특정 여자를 자신의 동반자로 선택하게 만드는, 눈에 보이지 않는 어떤 '것'이다. 당신이 귀여운지, 적당한 집안 출신인지, 괜찮은 학교를 나왔는지는 중요하지 않다. 물론 그런 것들도 중요하지만 좋은 결혼생활을 보장해주지는 않는다. 남자가 그 관계 안에서 더 큰 사람으로 성장할 수 있음을 알고 그 관계에 충실하기로 마음먹어야 결혼이 성사된다. 당신에게 더 높은 힘이 존재해야 가능한 일이다.

변화를 위한 전략

지금껏 우리는 변화의 방법들을 살펴보았다. 그리고 이제 순환적인 질문에 이르렀다. 변화할 수 있으려면 어떻게 변화해야 하는가? 지금쯤이면 손가락 한 번 튕겨서 변화를 일으킬 수 없다는 사실을 다 알아챘을 것이다. 그럴 수만 있다면 「그녀는 요술쟁이」 같은 영화가 성공하지도 못했을 것이다. 예쁜 금발 여자가 바로 옆집에 살면서 코 한 번 찡긋하면 새 옷이 나오고, 집이 깨끗해지고, 나를 사랑하지 않는 남자와 더 이상 섹스를 하지 않아도 되는, 그런 능력이 별로 대수롭지 않게 보였을 것이다.

문제는 우리 인간이 어떤 식으로든 변화를 일으키기 전에는 현재에 틀어박혀 꼼짝도 하지 않는다는 것이다. 그래서 나는 변화를 일으키는 그것을 각자의 신으로 삼아야 한다고 제안한다. 보다 정확히는 신영혼 어쩌고저쩌고다.

그렇다면 그것을 어디서 구한단 말인가? 좋은 소식이 있다. 당신이 직접 만들 수 있다. 그것도 공짜로. 지금 당장. 모든 것이 당신 마음이니까. 인형 놀이처럼 당신 마음대로 꾸밀 수 있다. 어떤 개념, 어떤 느낌, 어떤 특성, 어떤 능력을 지닐 것인가는 당신이 정한다. 한 가지 주의할 것은 처방약처럼 효과 있게 만들어야 한다는 점이다. 당신의 신은 반드시 변화를 불러올 힘이 있어야 한다. 그리고 그게 그렇게 어렵지는 않다.

내가 좋아하는 영혼의 몇 가지 속성을 소개한다. 이 중 마음에 드는 게 있으면 당신도 맘대로 가져다 써도 좋다.

엄청나게 다정하다 할머니처럼 다정하다. 벌을 주지도 않고 고통스러운 설교를 늘어놓지도 않는다. 나를 닦아세우지도 않고 나도 특별하게 조심할 필요가 없다. 안전벨트를 풀고 인생의 오두막을 돌아다닐 수 있다. 간혹 뭔가에 부딪히기도 하면서.

정말로 강력하다 아무리 오래된 얼룩도 깨끗이 없애준다. 나의 발전을 가로막는 마음속 장애물이 하나의 나라만큼 크더라도 거뜬히 옮길 수 있다.

온정이 넘친다 내가 일을 완전히 개판으로 만들 때조차도 나를 사랑스럽게 생각해준다. 내게 늘 또 한 번의 기회를 준다. 내가 또 한 번 무너지려고 한다는 것을 잘 알면서도 절대로 내게 비난을 퍼붓지 않는다.

모르는 사람이 없다 말도 안 되는 우연이 일어나게 할 수 있다. 지난주에 만난 귀여운 남자를 다음 주 화요일 전혀 다른 도시에서 우연히 만나게 해준다.

치유력이 있다 드라마 「히어로즈」에 나오는 그 치어 리더 같다. 내가 인내심 같은 것들을 개발하는 데 시간이 더 오래 걸릴지도 모른다는 점만 빼고.

늘 내 곁에 있다 정말로 가기 싫은, 그러나 꼭 가야 하는 직장에도 있다. 라스베이거스에도 있다. 가장 중요하게는, 지금 여기 말고 다른 곳에 있고 싶다는 말을 절대로 하지 않는다. 언제나 지금 여기에 함께 있다.

사랑하고 용서한다 내게 가장 좋은 일을 원한다. 지금 당장은 보기 힘든 일이더라도. 그리고 절대 뒤끝이 없다.

개떡 같은 일을 해결해준다 도대체 어떻게 우주선을 발사하고 정확히 12년 뒤에 정해진 날짜에 화성에 도착하게 하는지 아는가? 그만큼 나의 신은 예측 가능하다. 모든 일이 정말로 꽉 짜인 일정에 따라 움직인다. 나는 내 삶을 포함해 모든 계획이 이렇게 굴러가는 게 좋다.

트와일라 타프 같다 나의 영혼은 천재 안무가 트와일라 타프 같다. 그녀의 몸은 파도와 함께 움직이고 달과 함께 움직이며 해와 함께 움직인다. 그사이 나는 여기 앉아 토푸티 커티스(우유가 들어 있지 않은 아이스크림-옮긴이)를 먹으며「사인필드」재방송을 본다.

일단 '거대한 것'이 생기면 우선 알아보는 것부터 시작해야 한다. 어떻게? 모든 곳에서 그것을 감지하라. 모든 곳에서 감지한다는 것은 이런 것이다. 머릿속에 어떤 노래가 자꾸 맴도는데 라디오를 켰더니 그 노래가 나온다. 문득 초등학교 6학년 때 친했던 친구가 떠올랐는데 페이스북에 들어갔더니 그녀가 친구 신청을 했다. 어쩌다가 페루 이야기가 나왔는데 그날 밤 데이트를 하러 나갔더니 남자친구가 페루음식점을 예약해두었다. 당신은 이 모든 일의 상호 연관성을 알아차리기 시작한다. '거대한 것'이란 연관성과 관련 있기 때문이다.

우연의 일치란 모두 외계인의 조작이라고 생각하거나 앞에 가는 자동차 번호판을 보고 점괘를 읽거나 구매팀의 귀여운 남자와 텔레파시가 통한다고 믿는 등 마법의 세상을 살아야 한다는 말이 아니다. 당연히 현실에 단단히 발을 붙이고 살아야 한다!

그러나 우연으로 보였던 일들을 내 방식으로 보고 특히 내 방식으로 느끼기 시작하자 이른바 우연의 일치가 하루 종일 일어나고 있음을 깨닫게 되었다. 곧 36시간 안에 '우연'이 네 차례나 일어날 정도로 확률이 높아졌고 그 결과 실제로는 전혀 우연이 아니었음이 분명해졌다. 적어도 내게는.

나는 삶을 완전히 다른 방식으로 보게 되었다. 먼저 나는 새로운 질문을 던지기 시작했다. 내게 일어나는 일들이 무작위가 아니라면 어떡하지? 그렇다면 나는 그것을 어떻게 알아보지? 이런 질문들을 던지게 되자 모든 일을 더욱 깊이 파고들게 되었다. 특히 남녀관계에 대해서. 예를 들어 어떤 남자가 내게 전화하지 않는 이유가 어느 정도 상호연관성 때문이라고 생각하면, 그래서 내 잘못이 아니라고 생각하면 그 상황을 받아들이기가 한결 쉬워졌다. 우주에 더 큰 질서가 존재한다면 당신의 진짜 남자가 당신 곁을 떠날 리는 절대 없다고 확신할 수 있다. 당신의 남자라면 당신이 알아볼 테니까. 월요일 오전 8시 30분 당신과 함께 진료소에 앉아 있을 테니까. 혹은 부탁하지도 않았는데 당신의 쓰레기봉지를 들고 나올 테니까.

일단 '거대한 것'에 익숙해지면 당신의 삶에 이 상호연관성 어쩌고 하는 영적인 것을 초대하게 될 것이다. 자선 파티에서 아주 귀여운 남자를 만났다고 해보자. 당연히 친구에게 그 남자에 대해 물어볼 것이고 어쩌면 약간의 염탐을 부탁할지도 모른다. 그러나 앞으로 두 달 동안 그 남자가 당신을 마음에 들어했는지 어땠는지 친구에게 물어볼 필요는 없다. 심지어 링크드인(미국의 비즈니스 네트워크 사이트-옮긴이)에서 그 남자의 홈페이지를 확인해볼 필요도 없다. 지구상에서 시도한 그 남자에 대한 몇 차례의 탐문에 덧붙여 당신의 신까지 가세했기 때문이다. 당신은 그냥 이렇게 말해라. 거대한 존재여, 제가 그 남자와 함께하기를 바라신다면 엮어주세요! 그리고 편안하게 생각해라. 그 남자가 정말로 당신의 남자라면 당신과 함께 하이킹을 떠날 것이니. 만약 그렇지 않으면 그가 영원히 당신의 남자가 아니라는 뜻은 아니지만, 적어도 오늘은 당신의 남자가 아니라는 뜻이다. 그리고 산다는 것은 늘 오늘을 살아간다는 뜻이다.

처음에는 곧바로 두려움이 떠오를 것이다. 당신이 어떤 일을, 어떤 일이라도 하지 않으면 이 남자를, 혹은 다른 남자도 얻지 못하고 결국 홀로 남게 될 것이라는 두려움이다. 여기가 믿음이 필요한 대목이다. 물론 당신은 라디오에서 원하는 노래가 흘러나오게 하는 힘은 없다. 노래를 부르며 하루 종일 라디오를 켰다 껐다 할 수는 있지만 말이다. 하지만 이 세상은 그런 힘을 가진다. 하루 종일 상호연관성이 일어나는 것을 보면서 그렇다는 사실을 깨닫는다. 지구 전체를 덮고 있는 이 상호연관성의 그물망에서 당신이 어떻게든 일부분을 차지하지 않을 수가 없다. 내 말은 당신도 중력의 일부분일 수밖에 없다는 것이다. 당신이 존재하는 곳에 중력이 있다는 것을 알기에 당신에게 상호연관성이 일어나고 있다는 사실도 믿을 수 있다.

또 한 가지 해줄 말이 있다. 당신은 자발적이 되어야 한다. 자발성은 변혁의 핵심 비결이다. 왜? 뭔가를 원하기 때문에 당신은 몸을 일으켜서 문 앞으로 가지만 그 문을 여는 것은 자발성이기 때문이다. 결혼을 예로 들어보자. 당신은 경이로운 부부애를 좋아할 것이다. 그런데 잡지에서 당신이 사는 지역에는 좋은 남자가 남아 있지 않다는 기사를 읽었다. 누군가 집집마다 돌아다니면서 좋은 남자들이 모두 결혼했거나 게이거나 푸에르토리코로 이사 갔다는 것을 확인한 모양이다. (말도 안 되는 예 같겠지만 그렇지 않다. 이런 기사를 이틀에 한 번은 읽는 것 같다.) 이제 당신의 자발성을 발휘할 때다. 자발적으로 남편을 빚어낼 것인가? 기적을 일으켜서? 아니면 더 높은 힘에 기대어? 그보다는 어떤 남자, 바로 당신의 남자가 푸에르토리코행 비행기를 놓치고 하필 당신이 앉아 있는 카페에 들어올 가능성을 당신이 허락할 수 있느냐는 말이다. 앞으로 몇 달 동안은 아니더라도 앞으로 5분 동안은 이 가능성을 자발적으로 믿겠느냐는 말이다.

그게 아니라면 당신의 선택(분명히 선택이다)은 포기가 될 것이다. 당신은 마음의 문을 닫을 것이다. 원하는 것을 얻을 가능성을 차단하고 실망감에 맞서 자신을 보호할 것이다. 수많은 미혼 여성이 그러고 있다. 그래서 그들이 때때로 상처 입거나 분노하는 것이다. 마음을 닫으면 경직된 자세가 손으로 만져질 만큼 분명하게 드러난다. 그 경직된 자세는 마음을 닫은 사람에게 그리고 그녀의 상대방에게 고스란히 전달된다.

이것 하나만 알면 된다. 어떤 일이 절대 일어나지 않을 것이라는 생각은 그 어떤 일의 증거가 되지 못한다. 그저 자발성이 구름 뒤로 몸을 숨겼으니 다시 가능성을 향해 마음을 열라는 신호일 뿐이다. 다시 또다시.

이제 이 책의 마지막, 가장 크고 거대한 요점에 이르렀다. 준비됐나?

변화를 위한 실천

당신이 이 책에서 *끄집어내기*를 바라는 한 가지가 이것이었으면 좋겠다. 결혼은 영적인 길이다. 결혼은 실천, 자신에게 그리고 남자에게 사랑하는 존재가 되는 실천이다. 그리고 나중에는 당신의 아이들에게, 가족에게, 공동체의 다른 구성원에게 사랑하는 존재가 되는 실천이다.

내적이거나 외적인 도전에 맞서 마음을 늘 열어두는 능력은 결혼생활의 기본이다. 이 실천의 삶은 반드시 결혼식장 주례 앞에서 "서약합니다"라고 말할 때 시작되는 것이 아니다. 어떤 여자는 결혼 자체에 도달하기 위해 이런 삶이 필요하다. 어떤 여자는 (나처럼) 결혼생활을 유지하기 위해 이를 배워야 한다. 그러나 어떤 여자는 태어날 때부터 이미 이를 알고 있다(짜증 날 정도로 부럽지 않은가?). 문제는 언제 어디서 시작하느냐다. 우리 모두 어딘가에서는 시작해야 한다.

실천 더하기 자발성 더하기 신(당신의 가장 높은 자아)이 함께 힘을 모아 당신이 정말로 되고 싶은 사람이 되는 길을 닦아줄 것이다. 이 세 가지를 하나로 모으는 나만의 상상 방식이 있다. 나는 마야 유적지를 상상한다. 그리고 내가 놓아주려고 하는 대상을 상상한다. 그것이 버림받을지도 모른다는 두려움이라고 하자. 내게는 정말 큰 두려움이다. 나는 두려움을 손에 쥔다. 마치 마야인들이 커다란 망고 바구니를 들고 있는 것과 같다. 그리고 수백만 개의 작은 계단을 밟아 피라미드를 오른다. 그곳에 태양신에게 제물을 바치는 제단이 있다. 내게는 커다란 망고 바구니를 제단에 두고 오는 것이 엄청나게 어려운 일이다. 두려움을 품어야 내게 상처를 줄지 모르는 사람들로부터 나를 안전하게 지킬 수 있다는 생각이 들기 때문이다. 그래도 나는 자발적으로 바구니를 제단에 놓고 온다. 이제 내 삶은 내 영혼이 알아서 해결하게 놔둘 것이다. 내 삶의 모든 것을.

내가 기꺼이 이러는 유일한 이유는 마흔일곱 살이 된 지금 나 혼자서 일을 해결하는 것이 효과가 없기 때문이다. 나도 바퀴가 빠질 때까지 노력해왔다. 세 번 이혼했고 엄청난 고난을 겪었다. 그래서 마침내 관계의 어려움을 내 식으로 해결해온 기나긴 경험에 종지부를 찍고 다른 방식을 시도해보기로 한 것이다.

지금쯤 망고 바구니와 마야 유적지가 뭐라도 변화시켰는지 궁금할 것이다(아무 소용도 없었다는 뜻으로 들린다). 그러나 나는 우선 내적으로 변동이 일어나면 변혁도 일어나기 마련이라는 것을, 그리고 내적 변동이 일어나기 전에는 아무 일도 일어나지 않을 것을 경험으로 알고 있다. 내적 변동이 중요하다. 어떤 식으로 내적 변동을 일으킬 것인가는 사실 중요하지 않다. 영적인 춤이나 명상, 자원봉사, 스웨트로지(인디언식 사우나-옮긴이) 등 뭐든 할 수 있다. 그것은 각자 다르다. 곰돌이 꾸미기를 할 것인지 꿀단지 만들기를 할 것인지는 알아서 선택한다. 확실한 것은 계속 내적 변동에 충실하면 변혁이 일어난다는 사실이다. 쌓고 쌓으면 변화가 온다.

어떤 이들은 신을 사랑으로 여긴다. 자신의 변혁을 위한 정말로 멋진 정의다. 당신이 변화시키려고 하는 지점을 부드럽게 바라볼 수 있게 도와주기 때문이다. 예를 들어 당신이 결혼하지 못하는 이유를 당신 삶의 어느 부분이 조금 고장 나서라고 생각하게 해준다. 식탁을 차릴 때 나이프가 잘못 놓이거나 숟가락이 약간 비스듬하게 놓인 정도다. 이는 당신에게 엄청난 결점이 있다는 증거가 아니다. 그저 뭔가를 바로잡기만 하면 되는 것이다.

당신이 결혼하지 못하는 이유가 모두 두려움에서 기인한다고 해보자. 원하는 것을 얻지 못할 것이라는 두려움. 가진 것을 잃을 것이라는 두려움. 사랑은 두려움의 해독제다. 당신이 두려움을 품는 모든 지점에 사랑의 빛을 쬐어준다면 변혁이 시작될 것이다.

두려움보다 사랑을 더 중시할 때 당신에게 자연스러운 우아함이 나타날 것이다. 보살핌을 받고 있음을 알기에 탐욕스럽거나 경박하지 않을 것이다. 당신 것이 아닌 사람을 당신 곁에 두려고도 하지 않기 때문에 거짓말을 할 필요도 없다. 심지어 더는 그런 생각을 하지도 않을 것이다. 들판에 핀 데이지 꽃처럼 충분한 것을 받고 있음을 이제는 안다. 당신은 태양을 향해 고개를 돌리기만 하면 된다. 어떤 것도 욕심내 달려들 필요가 없다. 이미 있으므로. 당신의 것이므로.

그럼에도 변혁으로 가는 길에는 도전이 존재한다. 과정에 머물러 있는 것 자체를 어렵게 만드는 도전이다. 그중 큰 도전 두 가지가 있다.

1. 변화할 것 같지가 않다.
2. 변화했는데 여전히 원하는 것을 얻지 못하고 있다.

두 가지 모두 해결책은 같다. 더 많이 실천하라. 아무 일도 일어나지 않는 것 같고, 삶에 어떤 변화도 찾아오지 않을 것 같다는 생각이 들 때조차도 계속 당신의 전망으로, 당신의 신에게로 돌아가야 한다. 다시 또다시.

그리고 다시 또다시, 다시 또다시.

끝이 보이지 않을 때가 있다. 신념을 잃었을 때라고도 부른다. 그래도 걱정하지 마라. 마음이 바라는 것은 사라지지 않는다. 절대로 사라지지 않는다. 그저 일시적으로 숨어 보이지 않을 뿐이다. 당신은 계속 '그래, 할 수 있어'로 돌아가야 한다.

당신에 대해 '그래'. 그에 대해 '그래'. 이 세상 모두에 대해 '그래'.

정말로.

이제 아름다운 이야기를 할 차례다. 이 과정은 당신이 훌륭한 아내로서 실천하게 될 일이다. 결혼생활에 어떤 일이 닥쳐와도 긍정의 상태를 유지할 것이다. 아플 때도 건강할 때도. 더 부유할 때도 더 가난할 때도. 더 나을 때도 더 나쁠 때도. 당신은 은행 잔고보다, 시험 결과보다, 힘겨운 시기보다, 머리숱보다 더 높고 고귀한 것에 연결된 여성성의 원리가 될 것이다.

당신은 이 모든 시련을 기분 좋게 달래줄 것이다. 주변 사람들에게 기쁨이 될 것이다. 그들 삶의 빛이 될 것이다. 온갖 경이로운 것들과 사람들이 당신의 삶에 끌려 들어올 것이다. 그리고 당신도 모르게 누군가의 아내가 되리라는 사실을 깨닫게 될 것이다.

내가 짐작했던 그 모습 그대로.

이제 당신이 알고 있는 것

• 당신은 신이 없다

당신과 당신의 삶에 변화를 일으킬 수 있는 원천을 개척하라. 심지어 실패한 그 자리에서조차.

• 당신만의 신을 만들어라

뭐든 원하는 대로 당신의 영혼을 만들 수 있다. 당신이 원하는 특성을 부여해라. 자라면서 배웠거나 다른 사람들이 생각하는 신의 개념에 국한될 필요는 없다. 당신만의 신은 정말로 개인적인 존재다. 누구에게든 변명을 늘어놓을 필요도 없다. 또 영혼에 대한 생각은 당신이 성장하고 변화하는 동안 끊임없이 성장하고 변화할 것이다.

• 남자를 신으로 삼지 마라

남자들은 당신의 신이 되기를 원하지 않는다. 게다가 신 역할에 매우 서투르다.

• 자발적이 되어라

변화의 핵심 비결이다. 불가능한 일, 안 될 것 같은 일이 일어날 가능성을 허락하는 것은 일종의 선택이다. 선택해라! 유일한 다른 선택안은 마음의 문을 닫는 것이다. 마음의 문을 닫으면 보다 큰 인간으로 확장될 삶의 가장 큰 기회를 포기하게 된다.

• 실천을 시작하라

결혼은 영적인 길이다. 자신에게나 남자에게나 사랑하는 사람이 되는 실천이다. 이 실천은 사람들이 당신 주변에 쌀을 뿌리고 유튜브에 피로연 동영상을 올릴 때 시작되는 것이 아니다. 지금 바로 시작된다. 그러니 어서 시작해라!

물론 나는 남자를 만났다. 〈허핑턴 포스트〉에 '당신이 결혼하지 않은 이유'라는 기사가 실리고 한 달 뒤 나는 북카페에 앉아 노트북 자판을 두드리고 있었고 수염을 기른 그는 바로 옆자리에 빈 빨래 바구니를 놓고 앉아 있었다. 우리는 대화를 시작했다. 30분 동안 남성의 애착 호르몬, 옥시토신, 범죄자 내 아빠, 베트남 참전군 그의 아빠, 매춘부 우리 엄마, 신령론자 그의 엄마에 대한 이야기를 나누었고, 그의 빨래가 틀림없이 바삭바삭하게 말랐을 무렵 그가 내 전화번호를 물었다. "우린 더 이야기를 나눠야 해요." 그가 말했다. 그날 밤 그는 문자메시지를 보냈고 다음 날 우리는 세 시간 동안 하이킹을 했다.

우리는 사랑에 빠졌다. 연애를 시작했다. 지금으로부터(이 글을 쓰는 시점) 8개월 전의 일이다. 그는 충격적일 만큼 영리했고 최선의 방식으로 도전적이었으며 내 헛소리는 어떤 것도 받아주지 않았다. 3관왕이다.

그리고 여기서 내가 발견한 사실이 있다. 내가 이 책의 산증인이라는 사실이다! 이미 알고 있었지만 애인이 없을 때는 훨씬 더 이론적이었다. 그리고 나는 꽤 오랫동안 애인이 없었다.

지난 6개월 동안 나는 삶의 경험으로 이 책을 썼다. 그리고 그 역시 나와 함께 살았다. 그의 가슴에 축복 있으라. 하루의 매초가 귀엽지만은 않았다. 때로는 얼굴에 마스카라가 줄줄 흘러내리기도 했다. 또 어떨 때는 한 번도 경험해보지 못한 아름답고 경이롭고 탁월하고 숨이 멎을 듯 놀라운 일이 생기는 최고의 순간이 찾아오기도 했다.

다시 말하면 현실적이었다. 우리는 삶을 살아가는 두 사람이었다. 희망도, 두려움도, 꿈도, 멋진 일도, 멋지지 않은 일도 있었다. 하루라도 더, 지금 이 자리에서 서로를 사랑하고자 하는 자발성이 있었다. 그것은 정말로 선물이었다.

결혼은 언제 하냐고?

연애를 시작한 지 8개월 만에 하기엔 너무 이른 이야기다. 그러나 이것 하나만은 말할 수 있다. 우리는 현재 결혼에 대해 이야기 중이다.

KI신서 4897

당신이 아직 결혼하지 않은 이유

1판 1쇄 인쇄 2013년 4월 19일
1판 1쇄 발행 2013년 4월 25일

지은이 트레이시 맥밀런 **옮긴이** 이주혜
펴낸이 김영곤 **펴낸곳** (주)북이십일 21세기북스
부사장 임병주
해외콘텐츠개발팀장 김상수 **디자인** 표지·본문 디자인포름
해외기획팀장 조동신 **해외기획팀** 정영주 송효진 장진희
마케팅영업본부장 이희영 **마케팅팀** 김현섭 민안기 최혜령 김다영 강서영 이은혜
영업팀 이경희 정경원 정병철
출판등록 2000년 5월 6일 제10-1965호
주소 (우 413-756) 경기도 파주시 회동길 201(문발동)
대표전화 031-955-2100 **팩스** 031-955-2151
이메일 book21@book21.co.kr **홈페이지** www.book21.com
트위터 @21cbook **블로그** b.book21.com

ISBN 978-89-509-4838-2 03320
책값은 뒤표지에 있습니다.